Kohlhammer

Geschichte im Unterricht

Band 1: Kompetenzorientierter
         Geschichtsunterricht
Band 2: Vorantike und Antike Welt
Band 3: Welt des Mittelalters
         und der Frühen Neuzeit
Band 4: Neuzeit
Band 5: Zeitgeschichte

Werner Heil

Zeitgeschichte
Das 20. Jahrhundert

Verlag W. Kohlhammer

Umschlag: wikipedia commons
Umschlagkonzept: Peter Horlacher

1. Auflage 2013

Alle Rechte vorbehalten
©2013 W. Kohlhammer GmbH Stuttgart
Gesamtherstellung:
W. Kohlhammer Druckerei GmbH + Co. KG Stuttgart
Printed in Germany

ISBN 978-3-17-022639-5

Inhaltsverzeichnis

    Vorwort und Einführung 7

1   Weimarer Republik 12

1.1   Planung der Unterrichtseinheit 12
1.2   Vom Kaiserreich zur Republik 13
1.3   Die Weimarer Verfassung 14
1.4   Die innere Zerrissenheit der Republik 18
1.5   Das Krisenjahr 1923 20
1.6   Die Außenpolitik der Weimarer Republik 26
1.6.1   Der Versailler Vertrag 26
1.6.2   Der Vertrag von Rapallo 27
1.6.3   Die Locarno-Verträge 28
1.6.4   Deutschlands Eintritt in den Völkerbund 31
1.6.5   Der Dawes- und der Youngplan 33
1.7   Die Weltwirtschaftskrise 1929 35
1.8   Der Bruch der Großen Koalition
und die Skepsis gegenüber der Demokratie 38

2   Nationalsozialismus 40

2.1   Planung der Unterrichtseinheit 40
2.2   Die Stufen der Machtergreifung 41
2.2.1   Hitlers Ernennung zum Reichskanzler 41
2.2.2   Aufhebung der Grundrechte und Ausschaltung des Parlaments 43
2.2.3   Die Gleichschaltungen 46
2.3   Die Herrschaftsideologie des Nationalsozialismus 51
2.4   Die Rassenlehre und die Vernichtung der Juden 60
2.5   Die Außenpolitik des Nationalsozialismus 68
2.6   Der Zweite Weltkrieg 76
2.7   Widerstand gegen den Nationalsozialismus 84
2.8   Die Politik der Alliierten 93

3   Deutschland nach 1945 100

3.1   Planung der Unterrichtseinheit 100
3.2   Die Situation unmittelbar nach Kriegsende 101

3.3	Flucht und Vertreibung der deutschen Bevölkerung aus den Ostgebieten	104
3.4	„Vergangenheitsbewältigung" durch Alliierte und Deutsche	107
3.5	Wiederaufbau einer deutschen Verwaltung und der Weg in die Teilung	111

4 Die Entwicklung Deutschlands im Zeichen der Teilung 116

4.1	Die Entstehung eines westdeutschen Staates: Die Bundesrepublik Deutschland	116
4.2	Die Entstehung eines ostdeutschen Staates: Die Deutsche Demokratische Republik	120
4.3	Die Ära Adenauer und die Westintegration der BRD	123
4.4	Die Ära Ulbricht und die Ostintegration der DDR	130
4.5	Die DDR unter Erich Honecker	134
4.6	Gesellschaftliche Veränderungen in der BRD der 60er Jahre	139
4.7	Die Politik Willy Brandts	145
4.8	KSZE und Rüstungswettlauf	149
4.9	Kompetenzorientierte Beurteilung von BRD und DDR	152

5 Wende und Wiedervereinigung 155

5.1	Gorbatschows Bemühungen zur Reform des Sozialismus	155
5.2	Wirtschaftliche und politische Krise der DDR	157
5.3	Die friedliche Revolution	159
5.4	„Dritter Weg" oder Preisgabe des Sozialismus in der DDR	161
5.5	Kohls „Zehn-Punkte-Plan"	162
5.6	Die Wahlen vom 18. März 1990	164
5.7	Die Währungs-, Wirtschafts- und Sozialunion	165
5.8	Der Beitritt der DDR zum Geltungsbereich des Grundgesetzes	170
5.9	Die internationale Dimension der Wiedervereinigung	170

Nachbemerkung zur Kompetenzbildung 175

Anhang 176

Vorwort und Einführung

Der vorliegende Band schließt die Gesamtdarstellung der Unterrichtsinhalte ab, die in den Bänden 2–5 der Reihe „Geschichte im Unterricht" vorgelegt wurden. Band 4 behandelte das „lange" 19. Jahrhundert von der Französischen Revolution bis zum Deutschen Kaiserreich; der vorliegende Band widmet sich dem „kurzen" 20. Jahrhundert von der Weimarer Republik bis zur Wende 1990. Wie allen vorausgehenden Bänden liegt dem Unterricht das im ersten Band entwickelte Kompetenzmodell zugrunde. Dieses Kompetenzmodell versucht, durch eine systematische Entwicklung und Vernetzung von kategorialen Begriffen zu einer Kompetenzbildung zu gelangen.

Auch in diesem Band orientiert sich die Darstellung an den Bedürfnissen und den Bedingungen des Geschichtsunterrichts am Gymnasium. In den bisherigen Bänden wurde die kategoriale Wissensbasis der Orientierungskompetenz kumulativ aufgebaut. Dieser Wissensaufbau war mit der Französischen und der Industriellen Revolution abgeschlossen. Die darauf folgenden Unterrichtsinhalte dienen daher allein der Vertiefung und der Anwendung der Orientierungskompetenz. Diese Anwendung wird vor allem in der Beurteilung und Bewertung der historischen Phänomene bestehen; die Orientierungskompetenz geht damit in Handlungskompetenz über. Da die kategoriale Entwicklung der Orientierungskompetenz abgeschlossen ist, enthält dieser Band keine kompetenzorientierten Ergebnissicherungen auf der Kategorienebene mehr.

Wichtig bleibt aber nach wie vor das konsequente Wiederholen und Vertiefen der kategorialen Begriffe. Ein Nachlassen in der Konsequenz führte bei jüngeren Schülerinnen und Schülern umgehend zu einem Absinken des Leistungsniveaus; durch die Wiederaufnahme der Wiederholungs- und Vertiefungsarbeit konnte aber das höhere Niveau schnell wieder erreicht werden.

Gefahren für den kompetenzorientierten Unterricht

Man könnte beklagen, dass das Modell zu einer gewissen Schematisierung der Geschichtsbetrachtung führe. Diese Schematisierung liegt aber keineswegs in der Natur des Kompetenzmodells, sondern in seiner noch unentwickelten Anwendung. Am Anfang werden – insbesondere jüngere – Schülerinnen und Schüler das Modell zunächst in der Tat schematisch anwenden; das ist ganz selbstverständlich und gar nicht zu vermeiden, da ihnen zu Beginn noch keine elaborierte, vernetzte Begrifflichkeit zur Verfügung steht; sie muss ja erst im Laufe der Zeit im Umgang mit den Kategorien und in der Entwicklung der Kompetenz entstehen. Die schematische Anwendung entspricht den ersten tappenden Gehversuchen eines Kindes, das im Laufe der Zeit seine Beine immer geschickter und natürlicher zu bewegen lernt, wenn die entsprechende

Übung dazukommt. Nicht anders verhält es sich im kognitiven Bereich der Kompetenzbildung.

Kompetenzbildung   Durch zunehmende Vernetzung und Vertiefung der Begriffe entsteht die notwendige Gewandtheit im Umgang mit den Begriffen, die das Schematisieren als eine erste Niveaustufe der Entfaltung der Kompetenz hinter sich lässt und zu dem führt, was durch die Kompetenzbildung erreicht werden soll – eine reflektierte und begründete Urteilsbildung, die sich ihrer eigenen Voraussetzungen bewusst ist. Die schematische Anwendung der Begriffe entspricht der Niveaustufe A; sie gibt zu erkennen, dass die historische Begrifflichkeit vorhanden ist, aber noch nicht die notwendige Flexibilität hat, die der Vielgestaltigkeit des Geschichtsprozesses gerecht wird. Diese Beweglichkeit des Denkens entsteht auf der zweiten Niveaustufe, auf der die Begriffe, die die Wissensbasis der Kompetenz konstituieren, zueinander in Beziehung gesetzt werden. Dies geschieht sowohl in zeitlicher wie auch in kausaler Hinsicht. Die Schülerinnen und Schüler kommen dadurch in die Lage, Entwicklungen darstellen zu können, z. B. die Entwicklung der Herrschaftsform von der Stammesherrschaft zur heutigen Demokratie. Soll diese Darstellung über die chronologische Genese hinausgehen, muss sie auch kausale Erläuterungen enthalten. Dazu ist nötig, über die Grenzen der jeweiligen Domäne[1] hinauszugehen und die Kategorien anderer Domänen zu Erklärung heranzuziehen. Auch da wird eine solche Erklärung zunächst einfach und unbeholfen ausfallen müssen, da die Schülerinnen und Schüler sich zuerst auf eine oder zwei weitere Domänen stützen werden. So könnten sie die Entstehung der Aristokratie oder Demokratie auf eine Veränderung der Gesellschaft zurückführen. Durch Hinzuziehung weiterer Domänen wie „Wirtschaft" oder „Religion" differenziert sich die Erklärung weiter, sodass die Schülerinnen und Schüler allmählich lernen, von einer monokausalen zu einer multikausalen Erklärung überzugehen. Dies bedeutet einen weiteren Schritt in der Ausarbeitung der Kompetenz; wir bewegen uns nun auf einer oberen Graduierung innerhalb der Niveaustufe B.

Wird den Schülerinnen und Schüler im Laufe der Arbeit bewusst, dass sie zwar gewandt und gekonnt mit den kategorialen Begriffen arbeiten können, dass diese Begriffe aber selbst nur eine Auswahl und damit eine Begrenzung ihrer Urteilsfähigkeit darstellen, dann erreichen sie die Niveaustufe C. Sie sind nun in der Lage, ihre eigenen Überlegungen zu reflektieren und die Grenzen ihrer Urteilsbildung zu erkennen. Auf der Niveaustufe C bewegen sie sich ebenfalls, wenn sie die Kategorien mehrerer Domänen zusammennehmen, um eine historischen Erscheinung zu beurteilen – z. B. die Idee der Volkssouveränität in der Neuzeit.

Der Aufbau der historischen Kompetenz geht also von der kumulativen Erarbeitung kategorialer Begriffe aus, die dann zunehmend vernetzt und reflektiert werden. Die Kompetenz wird dadurch zu einem dynamischen Ganzen, das sowohl selbstreflexiv wie auch kreativ ist. In Bd. 5 geht es vor allem um diese dynamische und selbstreflexive Anwendung der Orientierungskompetenz.

Vorwort und Einführung

Einfache Form der Orientierungskompetenz

Orientierungskompetenz: Die Schülerinnen und Schüler können sich (a) in der Geschichte orientieren (b) durch Geschichte orientieren (Standort und Identität)			
Domäne	**Kategorie**	**Niveaustufe**	**Operator**
• Herrschaft	• Demokratie • Aristokratie • Theokratie • Stammesherrschaft	**(a) Reproduktion** • Wiedergabe der Domäneninhalte	**(a) Reproduktion** Domäneninhalte • benennen • zeitlich einordnen • eigenen Standort beschreiben • Identität benennen usw.
• Gesellschaft	• Bürgerliche Gesellschaft • Ständegesellschaft • Kollektive Gesellschaft		
• Recht	• Rechtsgleichheit • Standes- oder Gruppenrechte • Rechtlosigkeit	**(b) Problembewusstsein** Fragen zu • den Domäneninhalten, • ihrer Entwicklung • und ihrem wechselseitigen Zusammenhang formulieren	**(b) Problembewusstsein** • Den Bezug von Domäneninhalten zueinander erklären • Die Bedeutung des Standorts erläutern • Identität analysieren usw.
• Wirtschaft	• Marktwirtschaft • Merkantilismus • Feudalismus • Kollektivwirtschaft		
• Wirklichkeit	• Sinneswirklichkeit • Symbolische Wirklichkeit • Gedankliche Wirklichkeit • Götterwirklichkeit		
• Selbstverständnis	• Individualismus • Partikularismus • Kollektivismus	**(c) Problemlösung** • Domäneninhalte beurteilen • Methodische Reflexion	**(c) Problemlösung** • Domäneninhalte beurteilen • Ihre Berechtigung begründen • Standort und Identität beurteilen und bewerten • Fremdverstehen methodisch begründen und herleiten usw.
• Religion	• Religionsfreiheit • Monotheismus • Polytheismus		
• Wissenschaft	• Wissenschaft • Interpretation • Mythos		
• Krieg	• Ächtung des Kriegs • Heiliger Krieg • Gerechter Krieg • Krieg als Naturzustand		
Wissen		**Können**	

Begriffsgefüge als dynamische Einheit

Grundlegende Bedenken, die dem Kompetenzmodell entgegen gebracht wurden, beruhen auf dem Missverständnis, dass man das Begriffsgefüge des Strukturgitters nicht als dynamische Einheit, sondern als eine Addition abstrakter Begriffe aufgefasst hat. Kenntnis der lernpsychologischen Grundlagen der Kompetenzbildung kann ein solches Missverstehen vermeiden; denn unsere Begriffskonfiguration der Orientierungskompetenz wie auch aller weiteren Kompetenzen stellt nichts anderes als ein solches lernpsychologisches Schema dar. Auch sei nochmals daran erinnert, dass die Niveaustufen essenzieller Bestandteil der Kompetenz sind. Auch sie verdeutlichen, dass man die Kategorien der Domänen nicht als statische Elemente verstehen kann und darf, die die Schülerinnen und Schüler nur zu lernen hätten.

Niveaustufen der Kompetenz		
Niveaustufe	**Beschreibung**	**Operator**
A	• Wiedergeben (Wissen, Reproduktion)	• „nennen, herausarbeiten, beschreiben, charakterisieren" usw.
B	• Vertiefende Fragen stellen • Probleme erkennen • Wissen und Können auf andere Zusammenhänge übertragen (Problembewusstsein, Transfer)	• „erstellen, darstellen, analysieren, einordnen, begründen, erklären, erläutern, vergleichen" usw.
C	• Selbstständig Probleme lösen • Das Vorgehen bedenken und begründen (Problemlösefähigkeit, Reflexion)	• „überprüfen, beurteilen, bewerten, erörtern, gestalten" usw.

Didaktische Reduktion

Wie für jeden Geschichtsunterricht stellt eine radikale Reduktion der historischen Inhalte auf grundlegende Strukturen auch für die Kompetenzbildung eine wesentliche Voraussetzung dar. Damit wird ein zweites Ziel des Buches formuliert. Es geht um die Herausarbeitung der inhaltlichen Essenz des Geschichtsunterrichts, nicht um eine methodische Vermittlung der Inhalte, nicht um Arbeits- und Sozialformen. Das inhaltlich Wesentliche herauszufiltern bedeutet die größte Herausforderung für die jungen Kolleginnen und Kollegen, nicht ihre methodische Vermittlung. Trotz der Notwendigkeit zur didaktischen Reduktion nehmen die historischen Inhalte in der Darstellung – wie auch schon in Band 4 – einen größeren Raum ein. Dies ist lehrplanbedingt, da der Bildungsplan der Behandlung der Neuzeit und der Zeitgeschichte deutlich mehr Zeit einräumt als der Entwicklung von der Vorgeschichte bis zum Absolutismus. Daher müssen die Inhalte differenzierter dargestellt werden als das zuvor in den Bänden 2 und 3 der Fall war. Dennoch wird nur das dargestellt, was zur Behandlung der Materie im Unterricht notwendig ist. Dabei bleibt die Kompetenzorientierung vollständig erhalten, auch wenn sie in der Darstellung gegenüber den Inhalten in den Hintergrund zu treten scheint. Dies scheint aber nur so; denn die Kompetenzkategorien werden auf differenziertere Inhalte angewendet, ohne dass sie selbst weiter differenziert werden müssen. Differenzierter wird allerdings die Anwendung der Kompetenzkategorien ausfallen.

In unsere Darstellung werden auch immer wieder reflektierende Passagen eingebaut, die in ihrer grundlegenden Fragehaltung in der Geschichtswissenschaft weniger üblich sind. Sie sind der spezifischen Natur des Geschichtsunterrichts und des kompetenzorientierten Geschichtsunterrichts geschuldet. Zum einen muss der Geschichtsunterricht durchgehend problemorientiert angelegt sein; die Schülerinnen und Schüler sollen zum Nachdenken angeregt werden. Sie sollen historische Sachverhalte nicht nur auf der Inhaltsebene kennenlernen (Niveaustufe A), sondern sie auch verstehen und begreifen (Niveaustufen B und C). Dieses Verstehen- und Begreifenlernen führt zum systematischen Aufbau einer historischen Urteilsfähigkeit. Die Urteilsbildung findet auf der Grundlage der erworbenen Kompetenzkategorien statt, die dadurch zu einer reflektierten Basis der historischen Urteilsbildung werden. Durch diese Urteilsbildung wird die Handlungskompetenz entwickelt, die beurteilt, ob eine historische Entwicklung wünschenswert ist oder eher vermieden oder verhindert werden sollte. Dadurch kommt ein normatives Element ins Spiel, das für die Geschichtsentwicklung berechtigt ist, da es in ihr auch um die Entwicklung und Umsetzung von Werten geht. Entscheidend ist dabei allerdings, dass dieses normative Element durch den Bezug auf die historisch-anthropologische Entwicklung des Menschen, nicht nach subjektivem Wähnen und Meinen begründet wird. Wir kennzeichnen die Prozesse der Urteilsbildung in den Marginalien als „Kompetenzorientierte Urteilsbildung".

Problemorientierung und Handlungskompetenz

Die inhaltliche Essenz des Geschichtsunterrichts ist von jeder Methodik unabhängig; die Bedeutung des Nationalsozialismus bleibt unverändert dieselbe – gleichgültig, ob er schülerzentriert oder lehrerorientiert unterrichtet wird. Die didaktische Reduktion der Inhalte hängt auch nicht von der Frage ab, ob der Unterricht lernzielorientiert oder kompetenzorientiert angelegt ist. Sie stellt eine unerlässliche und zentrale Prämisse beider Unterrichtsformen dar. Der Unterschied beginnt erst an der Stelle, wo die inhaltlichen Ergebnisse zu einer Kompetenz weiterverarbeitet werden. Daher haben wir eine doppelte Ergebnissicherung durchgeführt: Eine inhaltliche Ergebnissicherung, bei der der lernzielorientierte Unterricht stehen bleiben kann, und eine kompetenzorientierte, wodurch der lernzielorientierte Unterricht in den kompetenzorientierten übergeführt wird. Die zweite benötigen wir, wie schon gesagt, bei der Zeitgeschichte in der elementaren Form nicht mehr, da sie bereits vorliegt.

Ergebnissicherung

Eine Kompetenzüberprüfung findet im Anschluss an jede Unterrichtseinheit in der Weise statt, dass die oben angegeben Niveaustufen der Kompetenz mit der Frage „Kann ich ...?" formuliert werden: „Kann ich einen Sachverhalt wiedergeben, erläutern, beurteilen?" Das entspricht den drei Niveaustufen der Kompetenzbildung. Aufgaben dazu kann jede Lehrerin und jeder Lehrer ohne Probleme selbst erstellen, sodass wir auf ihre explizite Darstellung verzichten. Beispiele dazu finden sich in Band 1 und 2 unserer Reihe „Geschichte im Unterricht".

Kompetenzüberprüfung

1 Weimarer Republik

1.1 Planung der Unterrichtseinheit

Relevante Kategorien zur Planung der Unterrichtseinheit

Gehen wir, wie in den vorherigen Bänden, zur Planung der Unterrichtseinheit wieder von den Domänen aus und fragen, welche Kategorien für die Unterrichtseinheit „Weimarer Republik" relevant sind.

Herrschaft	Recht	Gesellschaft	Religion	Wissenschaft
• Neue Staatsform Republik • Nachwirkung monarchischer Traditionen • Verfassung	• Rechtsgleichheit für alle • Wahlrecht auch für Frauen	• Bürgerliche Gesellschaft • Nachwirkung monarchischer Mentalitäten	• Religionsfreiheit	• Naturwissenschaft • Empirismus

Wirklichkeit	Selbstverständnis	Wirtschaft	Krieg
• Sinneswirklichkeit • Gedankliche Erfassung der Sinneswelt	• Individualismus • Freiheit und Selbstbestimmung • Verhältnis zu Demokratie und Parlamentarismus	• Inflation • Weltwirtschaftskrise	• Nachwirkung Erster Weltkrieg • Völkerbund • Ächtung des Krieges

Daraus entwickeln wir nachfolgende Strukturskizze:

Strukturskizze

Strukturskizze zur Weimarer Republik			
Leitfrage: War der Untergang der Republik schon in ihren Anfängen begründet?			
Entstehung	Innere Beschaffenheit	Außenpolitik	Untergang
• Vom Kaiserreich zur Republik	• Verfassung • Innere Zerrissenheit der Republik • Krisenjahr 1923	• Versailler Vertrag • Vertrag von Rapallo • Locarno-Verträge • Eintritt in den Völkerbund	• Dawes- und Youngplan • Weltwirtschaftskrise • Bruch der Großen Koalition • Präsidialkabinette

1.2 Vom Kaiserreich zur Republik

Am 23. Oktober 1918 sandte der amerikanische Präsident Wilson folgende Note an die deutsche Reichsregierung:

> „In dem Gefühl, dass der ganze Weltfrieden jetzt davon abhängt, dass klar gesprochen und aufrichtig gehandelt werde, betrachtet es der Präsident als seine Pflicht [...] auszusprechen, dass die Völker der Welt kein Vertrauen zu den Worten derjenigen hegen und hegen können, die bis jetzt die deutsche Politik beherrschen, und ebenfalls zu betonen, dass beim Friedensschluss [...] die Regierung der Vereinigten Staaten mit keinem andern als mit den Vertretern des deutschen Volkes verhandeln kann, welche bessere Sicherheiten für eine wahre verfassungsmäßige Haltung bieten als die bisherigen Beherrscher Deutschlands. Wenn mit den militärischen Beherrschern und monarchischen Autokraten Deutschlands jetzt verhandelt werden muss, oder wenn es wahrscheinlich ist, dass wir später auch mit ihnen bei der Regelung der internationalen Verpflichtungen des Deutschen Reiches zu tun haben werden, dann kann Deutschland über keine Friedensbedingungen verhandeln, sondern muss sich ergeben. Diese wesentlichen Dinge können nicht unausgesprochen bleiben."²

Wilsonnote

Das waren für einen diplomatischen Schriftwechsel ungewöhnliche, unfreundliche und herbe Worte. Der amerikanische Präsident sprach den deutschen regierenden Kreisen sein Misstrauen aus und machte deutlich, dass er nur mit Vertretern des deutschen Volkes zu verhandeln gedenke, nicht mit „militärischen Beherrschern und monarchischen Autokraten". Säße er den letzten gegenüber, könne es keine Verhandlungen, sondern nur ein Friedensdiktat geben. Von einer solchen Klarheit und Aufrichtigkeit hänge der Weltfrieden ab.

Diese Note führte dazu, dass am 28. Oktober 1918 die Reichsverfassung geändert wurde: Aus der konstitutionellen Monarchie wurde eine parlamentarische. Kriegserklärungen und Friedensschlüsse bedurften nun der Zustimmung von Bundesrat und Reichstag; der Reichskanzler und seine Minister waren nicht mehr dem Kaiser, sondern dem Bundesrat und dem Reichstag verantwortlich. Ernennungen, Beförderungen usw. von Offizieren und Beamten mussten von jetzt ab durch den Reichskanzler gegengezeichnet werden.

Parlamentarische Monarchie

Zwölf Tage später, am 9. November 1918 – der Kieler Matrosenaufstand hatte inzwischen zu blutigen und revolutionären Unruhen geführt –, wurde der Kaiser im Großen Hauptquartier in Spa zu grundlegenden Entscheidungen gedrängt. In Berlin tobten Straßenkämpfe, immer dringlichere Nachrichten liefen ein, die den Kaiser zur Abdankung bewegen wollten. Wilhelm II. ließ sich beraten und kam gegen 10.00 Uhr vormittags zu dem Entschluss, als Deutscher Kaiser, nicht aber als König von Preußen abzudanken. Über das Schicksal des Deutschen Kaiserreichs war damit noch nicht entschieden.

Abdankung des Kaisers

Gegen Mittag gab dann der vor gut einem Monat ernannte Reichskanzler Prinz Max von Baden die Abdankung Wilhelms bekannt. Er handelte eigenmächtig, ohne Wissen des Kaisers, und übertrug Friedrich Ebert das Amt des Reichskanzlers: „Herr Ebert, ich lege Ihnen das Deutsche Reich ans Herz!" – „Ich habe zwei Söhne für dieses Reich verloren!", soll Ebert geantwortet haben und sprach damit das Dilemma dieses halben Staatsstreiches aus, das nach zwei weiteren Stunden offensichtlich werden sollte.

Um 14.00 Uhr dieses dramatischen Tages riefen Philipp Scheidemann und Karl Liebknecht gleichzeitig, aber an verschiedenen Orten die Republik aus. Damit machten sie aus dem halben Staatsstreich einen ganzen bzw. eine Revolution. Scheidemann rief die Republik vom Balkon des Reichstages aus, Liebknecht zunächst im Tiergarten, dann zwei Stunden später – gegen 16.00 Uhr – nochmals und öffentlichkeitswirksamer vom Balkon des Berliner Schlosses aus.

Scheidemann schleuderte seinen Zuhörern kämpferische Worte entgegen:

„Die Feinde des werktätigen Volkes, die wirklichen «inneren Feinde», die Deutschlands Zusammenbruch verschuldet haben, sind still und unsichtbar geworden. [...] Der Kaiser hat abgedankt. Er und seine Freunde sind verschwunden. Über sie alle hat das Volk auf der ganzen Linie gesiegt! Der Prinz Max von Baden hat sein Reichskanzleramt dem Abgeordneten Ebert übergeben. Unser Freund wird eine Arbeiterregierung bilden, der alle sozialistischen Parteien angehören werden. [...] Das Alte und Morsche, die Monarchie ist zusammengebrochen. Es lebe das Neue! Es lebe die Deutsche Republik!"[3]

Damit hatte die Monarchie unfreiwillig und staatsstreichartig abgedankt. Der Kaiser ging ins Exil nach Holland.

Ergebnissicherung

Vom Kaiserreich zur Republik	
Ereignis	Grund
• 28.10.18 Änderung der Reichsverfassung: Aus der konstitutionellen Monarchie wird eine parlamentarische	• Druck des amerikanischen Präsidenten Wilson
• 9.11.18 10.00 h Entschluss des Kaisers als Kaiser von Deutschland abzudanken, aber als König von Preußen zu bleiben • 9.11.18 12.00 h Prinz Max von Baden gibt eigenmächtig die Abdankung des Kaisers bekannt und ernennt Friedrich Ebert zum Reichskanzler • 9.11.18 14.00 h Ausrufung der „Deutschen Republik" durch Philipp Scheidemann • 9.11.18 14.00 h und 16.00 h Ausrufung der „Deutschen Sozialistischen Republik" durch Karl Liebknecht	• Druck der Straße: Straßenkämpfe in Berlin

1.3 Die Weimarer Verfassung

Parlamentarische Demokratie oder Rätemodell

Nach der doppelten Ausrufung der Republik stand die Nationalversammlung, die eine neue Staatsverfassung erarbeiten sollte, vor der Wahl, ob die Republik westlichen parlamentarischen Vorbildern folgen oder ob das russische Rätemodell die Richtung weisen sollte.

	Parlamentarische Demokratie	Rätemodell[4]

(1) Wählerschaft und Willensbildung	• Gesellschaftsmitglieder als einzelne Staatsbürger
	• Individuelle Meinungsbildung
	• Oft durch Parteien unterstützt
	• Wahl freier Repräsentanten
		• Basiseinheiten:
		  • Arbeiter eines Betriebes
		  • Wohneinheiten
		  • „Senioren" in allen gesellschaftlichen Bereichen
		• Permanente öffentliche Diskussion
		• Einheitliche Willensbildung des Kollektivs

(2) Repräsentation	• Abgeordnete auf mehreren Ebenen von Parteien nominiert • Einfluss von (organisierten) Interessen (Lobbyismus) • Von Wahlberechtigten für bestimmte Perioden gewählt	• Räte als System von Delegationskörperschaften • Gewählt von der jeweils untergeordneten Ebene • Keine Parteien • Keine Verbände • Alle öffentlichen Ämter durch Wahl besetzt
(3) Mandat	• Freies Mandat: Der Abgeordnete ist nur seinem Gewissen unterworfen • Faktische Einengungen (Fraktions- und Parteidisziplin)	• Imperatives Mandat: Jeder kann jederzeit abberufen werden • Beschlüsse der entsendenden Basiseinheiten sind zu vertreten • Ämterrotation
(4) Gewaltenteilung	• Zentrales Prinzip zur Sicherung der Freiheit • Unabhängige Regierung • Unabhängige Gesetzgebung • Unabhängige Gerichte • Opposition • Minderheitenschutz	• Keine Gewaltenteilung • Räte übernehmen gleichzeitig exekutive, legislative und judikative Funktionen • Keine Opposition • Kein Minderheitenschutz

Der Abgeordnete Cohen-Reuß plädierte für die parlamentarische Form der Demokratie, Däumig für das Rätemodell:

Cohen-Reuß	Däumig
• Arbeiter und Soldaten nur Teilwillen • Bolschewismus hat Sozialismus diskreditiert • Sozialismus ist organischer Bildeprozess, der der Mehrheit bedarf • Widerstand der bürgerlichen Kreise und der Intelligenz • Desaströse Wirtschaft • Entente verlangt für Frieden intakte Wirtschaft	• Mehrheitsvotum führt zum Untergang des Rätegedankens • Nationalversammlung hat weder Willen noch Energie zum Sozialismus • Untertanen- und Korporalgeist kann nicht durch parlamentarische Demokratie beseitigt werden • Beseitigung der alten Verwaltung • Parlamentarische Demokratie bedeutet unfruchtbares Gerede und Parteienstreit

Pro und Contra zum Rätemodell

Die Nationalversammlung entschied sich erwartungsgemäß zugunsten der parlamentarischen Republik und verabschiedete eine Verfassung, die auf den ersten Blick vorbildlich demokratisch erschien, bei genauem Hinsehen aber gravierende Strukturmängel offenbarte.

Weimarer Verfassung

Die Verfassung verpflichtete sich dem Prinzip der Gewaltenteilung und beruhte auf einer uneingeschränkten Volkssouveränität. Das Volk hatte ein umfassendes Wahlrecht: Es konnte den Reichspräsidenten in direkter Wahl bestimmen, wählte die Abgeordneten zum Reichstag und zu den Landtagen und konnte durch Volksabstimmungen und Volksbegehren auch unmittelbaren Einfluss auf die Gesetzgebung nehmen. Das Wahlrecht war allgemein, gleich und geheim; zum ersten Mal durften auch Frauen wählen. Ein Verhältniswahlrecht sorgte dafür, dass auch die Stimmen für kleinere Parteien nicht verloren gingen; selbst kleinste Parteiungen konnten im Reichstag oder den Landtagen vertreten sein, da es keine Untergrenze wie die spätere 5%-Hürde gab. Der Staat war föderal aufgebaut; die Länder besaßen ein Mitwirkungsrecht bei der Gesetzgebung. Der Präsident hatte eine starke Position inne: Er wurde für sieben Jahre gewählt und besaß infolge der Direktwahl durch das Volk eine starke Legitimation. Er ernannte den Reichskanzler und die Minister, hatte den Oberbefehl über das Heer, konnte durch Notverordnungen in Gesetzgebung und Regierung eingreifen und war berechtigt, den Reichstag aufzulösen. Die Regierung bedurfte des Vertrauens des Reichstags, sodass sie ohne ihn nicht handlungsfähig war. Ein Reichsgericht regelte alle Zivil- und Strafrechtsangelegenheiten, ein Staatsgerichtshof war für Verfassungsfragen zuständig. Den Ländern verblieb ein Rest an Souveränität, insofern ihnen die Justiz- und Kultushoheit zugestanden wurden. Die Weimarer Verfassung zeichnete eine mustergültige demokratische Staatsstruktur vor, die in mancher Hinsicht sogar demokratischer als die heutige Verfassung der BRD war.

Probleme der Verfassung

Warum hatte sie sich dennoch als Fehlkonstruktion erwiesen? Zur Beantwortung dieser Frage müssen wir einen genaueren Blick auf die Rechte des Staatsoberhauptes werfen.

Artikel 25 der Verfassung des Deutschen Reiches vom 11. August 1919 erlaubte dem Reichspräsidenten, „den Reichstag aufzulösen, jedoch nur einmal aus dem gleichen Anlass." Dieses Recht war sinnvoll, um einer Situation zu begegnen, in der der Reichstag handlungsunfähig war; z. B. wenn keine Mehrheitsbildung erzielt werden konnte.

Artikel 48

Artikel 48 gab dem Reichspräsidenten außerordentliche Vollmachten:

> „Wenn ein Land die ihm nach der Reichsverfassung oder den Reichsgesetzen obliegenden Pflichten nicht erfüllt, kann der Reichspräsident es dazu mit Hilfe der bewaffneten Macht anhalten. Der Reichspräsident kann, wenn im Deutschen Reiche die öffentliche Sicherheit und Ordnung erheblich gestört oder gefährdet wird, die zur Wiederherstellung der öffentlichen Sicherheit und Ordnung nötigen Maßnahmen treffen, erforderlichenfalls mit Hilfe der bewaffneten Macht einschreiten. Zu diesem Zwecke darf er vorübergehend die [...] festgesetzten Grundrechte ganz oder zum Teil außer Kraft setzen. Von allen gemäß Abs. 1 oder Abs. 2 dieses Artikels getroffenen Maßnahmen hat der Reichspräsident unverzüglich dem Reichstag Kenntnis zu geben. Die Maßnahmen sind auf Verlangen des Reichstages außer Kraft zu setzen."[5]

Dieser Artikel war der folgenschwerste der Weimarer Verfassung und wurde später zum Sargnagel der Republik. Dennoch war auch er sinnvoll, um den Staat handlungsfähig zu halten, falls es zu keiner Regierungsbildung kam oder wenn ein Staatsstreich abgewendet werden musste, wie dies in den Anfangsjahren der Republik mehrfach der Fall war. Hier half Artikel 48, die Republik zu schützen und zu wahren, wenn ihn der Präsident in diesem Sinne anwandte. Die Maßnahmen nach Artikel 48 unterlagen der parlamentarischen Kontrolle. Der Reichspräsident musste den Reichstag darüber unverzüglich informieren; dieser hatte das Recht, die getroffenen Entscheidungen rückgängig zu machen.

Eine parlamentarische Kontrolle des Präsidenten sah auch Artikel 50 vor: *Artikel 50*

> „Alle Verordnungen und Verfügungen des Reichspräsidenten, auch solche auf dem Gebiete der Wehrmacht, bedürfen zu ihrer Gültigkeit der Gegenzeichnung durch den Reichskanzler oder den zuständigen Reichsminister. Durch die Gegenzeichnung wird die Verantwortung übernommen."[6]

Die Verfassung hatte einen Machtmissbrauch des Präsidenten also durchaus   *Artikel 25*
bedacht und ihm Schranken gesetzt. Dennoch blieben zwei Gefahrenpunkte bestehen: Einmal, dass der Reichstag seine Kontrollfunktion nicht wahrnahm, weil er zu keiner Einigung kam; zum anderen, dass der Reichspräsident die parlamentarische Kontrolle dadurch unmöglich machte, dass er den Reichstag auflöste. In der Kombinationsmöglichkeit der beiden Artikel 25 und 48 lag ein entscheidender Strukturfehler der Verfassung; sie hätte die Verfassung nicht zulassen dürfen. Das erste Problem dagegen ergab sich aus dem Verhalten des Reichstags selbst; er konnte sich zur Wirkungslosigkeit verurteilen, wenn er außerstande war, mehrheitlich zu einer Einigung zu kommen. Das aber war kein Problem der Verfassung, sondern des Politik- und Demokratieverständnisses der Abgeordneten. Wenn sie sich der demokratischen Mittel nicht bedienen wollten, die ihnen die Verfassung bot, dann nützte auch die beste demokratische Verfassung nichts. Das Gleiche galt für Artikel 48: Es lag im Ermessen des Reichspräsidenten, ob er seine außerordentlichen Befugnisse im Sinne der Demokratie oder gegen sie anzuwenden gedachte. Das erste tat Friedrich Ebert und konnte die Republik bewahren; den zweiten Weg schlug Hindenburg ein – allerdings unterstützt und gedrängt von demokratie- und republikfeindlichen Parteien, die vom Volk gewählt wurden, wie auch von einem ebenso undemokratisch gesonnenen Umfeld. Das zeigt deutlich, dass eine demokratische Verfassung allein nicht genügt; es bedarf auch der Demokraten, um ihren Buchstaben Geist und Leben zu geben.

Bedenklich war auch Artikel 53 der Verfassung: *Artikel 53*

> „Alle Verordnungen des Reichspräsidenten bedürfen der Gegenzeichnung durch den Reichskanzler oder den zuständigen Minister" (Art. 50) und
>
> „Der Reichskanzler und auf seinen Vorschlag die Reichsminister werden vom Reichspräsidenten ernannt und entlassen." (Art. 53)[7]

Artikel 50 verlangte eine demokratische Kontrolle des Reichspräsidenten durch den Reichskanzler oder seine Minister; Artikel 53 durchkreuzte diese Absicht, indem der Reichskanzler und damit indirekt auch die Minister vom Wohlwollen des Reichspräsidenten abhingen. Hier mangelte es an einer konsequenten Durchführung der Gewaltenteilung; ein Problem, an dem viele moderne Demokratien leiden.

Artikel 54

Einen letzten Strukturfehler der Verfassung finden wir in Artikel 54:

> „Der Reichskanzler und die Reichsminister bedürfen zu ihrer Amtsführung des Vertrauens des Reichstags. Jeder von ihnen muss zurücktreten, wenn ihm der Reichstag durch ausdrücklichen Beschluss sein Vertrauen entzieht."[8]

Die Verfassung verlangte, dass Reichskanzler und Reichsminister nur mit dem Vertrauen des Reichstags regieren konnten. Sie bezeugte damit redlichen demokratischen Geist, übersah aber, dass sie damit einem Präsidentenregiment Tür und Tor öffnete, wenn durch eine Abwahl von Kanzler und Minister die Regierungs- und Handlungsfähigkeit des Staates verloren ging. Die BRD hat dieses Problem durch die Einführung eines konstruktiven Misstrauensvotums behoben, nach dem ein Kanzler nur durch gleichzeitige Neuwahl eines Nachfolgers abgewählt werden kann.

Inhaltliche und kompetenzorientierte Ergebnissicherung

Weimarer Verfassung	
Sie enthält:	Strukturfehler:
• präsidiale	• Art. 48 erlaubt dem Präsidenten per Notverordnungen zu regieren
• repräsentative	
• plebiszitäre Elemente	• Art. 25 gibt ihm das Recht, das Parlament aufzulösen = Möglichkeit des Präsidenten, das Parlament auszuschalten
Sie ist ihrer Intention nach:	• Eine Kontrolle durch die Gegenzeichnungspflicht (Art. 50) kann durch das Recht des Reichspräsidenten, den Kanzler zu ernennen und zu entlassen (Art. 53), wirkungslos werden
• demokratisch	
• ausgewogen	• Bedingungsloses Misstrauensvotum gegen Reichskanzler und Minister

1.4 Die innere Zerrissenheit der Republik

Weimarer Parteien

Weimarer Parteien und ihre Einstellung zur Demokratie			
Demokratisch	Rechts konservativ	Rechts extrem	Links extrem
• SPD • Zentrum • BVP • DDP	• DVP (indifferent bis ablehnend) • DNVP (monarchisch)	• NSDAP (Diktatur)	• KPD (Diktatur)
Verloren immer mehr Mandate		Erdrutschartige Gewinne	Zunehmende Gewinne
Ab 1932 zusammen keine Mehrheit	Ab 1932 absolute Mehrheit mit der Möglichkeit einer Blockadepolitik		

Nur die Parteien der Mitte waren Anhänger der Demokratie, die extremen favorisierten die Monarchie oder eine Diktatur. Zum Problem wurde diese Parteienkonstellation, als mit jeder neuen Wahl die Stimmen der demokratischen Parteien ab-, die der extremen – insbesondere der NSDAP – zunahmen, bis 1932 eine Situation eintrat, in der auch die Gesamtheit der demokratischen Parteien im Reichstag keine Mehrheit mehr hatte. Damit war eine demokratische Herrschaft auch theoretisch unmöglich geworden. Nur ein demokratisch orientierter Präsident und ein entsprechendes Präsidialkabinett hätten hier die demokratische Republik retten können – gegen den Willen der Mehrheitswähler, was die Idee der Demokratie karikiert hätte.

Verleumdungskampagnen und politisch motivierte Morde, denen demokratische Politiker zum Opfer fielen, prägten in den Anfangsjahren die Atmosphäre der Republik. 1921 wurde Matthias Erzberger, der Führer der Zentrumspartei, der den Mut aufgebracht hatte, den Waffenstillstand zu unterzeichnen, bei Bad Griesbach im Schwarzwald von Angehörigen eines rechtsradikalen Geheimbundes ermordet. Die demokratischen Politiker wurden in nationalistischen Kreisen für vogelfrei erklärt, die Mörder als Helden gefeiert: „Nun danket alle Gott, für diesen braven Mord", sangen Korpsstudenten nach dem Mord an Erzberger. Die Schwarzwälder „Volkswacht" rief zum Mord an Reichskanzler und Außenminister auf: „Haut immer feste auf den Wirth! Haut seinen Schädel, dass es klirrt! Knallt ab den Walther Rathenau, die gottverdammte Judensau."[9] Lüge und Mord wurden zu Mitteln der Propaganda und des öffentlichen politischen Lebens.

Verleumdungskampagnen und politische Morde

Formen politischer Morde 1918–1922			
„Tödlich verunglückt"	184		
Willkürlich erschossen	73	Willkürlich erschossen	8
„Auf der Flucht erschossen"	45	Als Repressalie erschossen	10
Angebliches Standrecht	37	Angebliches Standrecht	3
Angebliche Notwehr	9	Angebliche Notwehr	1
Im Gefängnis oder Transport gelyncht	5		
Angeblicher Selbstmord	1		
Summe der von Rechtsstehenden Ermordeten	354	Summe der von Linksstehenden Ermordeten	22

Formen politischer Morde

Der Heidelberger Dozent J. Gumbel veröffentlichte 1922 diese Zahlen, die vom Reichsjustizministerium 1923 bestätigt wurden.[10]

Wie verhielt sich die Justiz dazu? Sie legte unterschiedliche Maßstäbe an: Straftaten politisch links Stehender verfolgte sie konsequent und bestrafte sie hart, gegenüber rechten Straftätern drückte sie ein Auge zu und ließ „Milde" walten. Das Ausmaß dieser „Milde" war aber so groß, dass sie mit Recht und Gerechtigkeit nichts mehr gemein hatte, sondern vielmehr Ausdruck von Zynismus und politischer Agitation war. Die Justiz war politisch rechtslastig; ihre Urteile waren politisch, nicht rechtlich motiviert, was sie in den Augen einer denkenden Öffentlichkeit diskreditierte. Ins Zwielicht kam damit auch die Republik, in deren Namen die Justiz Recht bzw. Unrecht sprach. Hier rächte sich die Übernahme von Beamten und Richter aus dem Kaiserreich.

Sühne der politischen Morde 1918–1922		
	Linksstehende Täter	Rechtsstehende Täter
Gesamtzahl der Morde	22	354
Davon ungesühnt	4	326
Teilweise gesühnt	1	27
Gesühnt	17	1
Zahl der Verurteilungen	38	24
Geständige Täter freigesprochen	0	23
Geständige Täter befördert	0	3
Dauer der Einsperrung je Mord	15 Jahre	4 Monate
Zahl der Hinrichtungen	10	0
Geldstrafe je Mord	0	2 Papiermark[11]

Dolchstoßlegende   Auch Hindenburg, der spätere Reichspräsident, beteiligte sich an dem politischen Lügengewebe; vor einem Untersuchungsausschuss zum Kriegsende erfand er die Dolchstoßlegende: Das deutsche Heer sei im Kampfe unbesiegt geblieben, aber an der „Heimatfront" – von Demokraten und Sozialdemokraten – „von hinten erdolcht worden". Mit dieser Parole plakatierte die DNVP zu den Wahlen von 1924.

Die Ausschussmitglieder und die Öffentlichkeit hätten diese Unwahrheit durchschauen können, wenn sie Hindenburgs Brief vom 3. Oktober 1918 an den Reichskanzler Prinz Max von Baden zu Rate gezogen hätten:

> „Die oberste Heeresleitung bleibt auf ihrer [...] Forderung der sofortigen Herausgabe des Friedensangebots an unsere Feinde bestehen. [...] infolge der Unmöglichkeit, die in den Schlachten der letzten Tage eingetretenen sehr erheblichen Verluste zu ergänzen, besteht nach menschlichem Ermessen keine Aussicht mehr, dem Feinde den Frieden aufzuzwingen. [...] Unter diesen Umständen ist es geboten, den Kampf abzubrechen, um dem deutschen Volke und seinen Verbündeten nutzlose Opfer zu ersparen. Jeder versäumte Tag kostet Tausenden von tapferen Soldaten das Leben."[12]

1.5 Das Krisenjahr 1923

Ruhrbesetzung   Wegen geringfügiger Rückstände in den Reparationszahlungen – statt geforderter 13,8 Mio. Tonnen Kohle seien 1922 nur 11,7 Mio., statt 200 000 Telegraphenmasten nur 65 000 geliefert worden – besetzten französische und belgische Truppen Anfang 1923 das Ruhrgebiet. Der tatsächliche Hintergrund dürfte allerdings ein anderer gewesen sein. Der französische Ministerpräsident Raymont Poincaré, der gleichzeitig auch das Außenministerium leitete, war durch die neue Weimarer Außenpolitik, die sich mit dem Vertrag von Rapallo nach Osten öffnete, irritiert. Zugleich erschien ihm Deutschland immer noch zu groß, sodass er eine territoriale Verkleinerung für wünschenswert hielt. Er strebte daher eine dem Saargebiet vergleichbare Sonderstellung des Rheinlands und des Ruhrgebiets an. Die Bindung des Ruhrgebiets zum Deutschen

Reich sollte nur noch lose sein; stattdessen sollte Frankreich in die Lage kommen, bestimmenden Einfluss auf es zu erhalten.

Ruhrbesetzung	
Grund	Folgen
• Anlass: Geringfügige Rückstände bei Reparationszahlungen	• Besetzung des Ruhrgebiets durch Frankreich
• Furcht vor einem zu großen Deutschland	• Passiver Widerstand
• Gefahr durch die außenpolitische Verbindung zur Sowjetunion	• Kleinkrieg mit den Besatzern
	• Generalstreik
• Das Ruhrgebiet solle aus Deutschland herausgelöst werden und eine dem Saarland vergleichbare Stellung erhalten	• Wirtschaftlicher Zusammenbruch Deutschlands
	• Abbruch des Ruhrkampfes

Die Deutschen reagierten zunächst mit passivem Widerstand; es kam zu Sabotageakten und einem Kleinkrieg gegen die Besatzer, die ihrerseits mit giftigen Unfreundlichkeiten antworteten. Die Gewerkschaften riefen zu einem Generalstreik auf, der das Land lahmlegte. Davon betroffen waren allerdings nicht nur die französischen und belgischen Besatzungstruppen, sondern vor allem auch die eigene Bevölkerung, da der Streik zu einem wirtschaftlichen Zusammenbruch Deutschlands führte, der die Existenz der Bevölkerung bedrohte. Reichskanzler Stresemann sah sich daher gezwungen, einzulenken und den Ruhrkampf abzubrechen. Dies führte zu erbittertem Widerstand der Nationalisten, die ihm Vaterlandsverrat vorwarfen und verlangten, ihn vor den Staatsgerichtshof zu stellen. Stresemann begründete am 6. Oktober sein Vorgehen vor dem Reichstag:

Abbruch des Ruhrkampfes

> „Ich glaube, dass [...] der Gedanke, dass eine Festung kapitulieren muss, weil sie keinen Proviant mehr hat oder weil die Zuführung von Proviant die Gefahr in sich birgt, dass das ganze Volk nachher nicht mehr in der Lage ist, sich zu ernähren, keine Sache ist, der man sich als nationaler Mann zu schämen hat, auch wenn man als nationaler Mann trauert, dass die Verhältnisse dahin gekommen sind. Wenn deshalb die «Rheinisch-Westfälische Zeitung» schreibt, der Kanzler, der das getan habe, gehöre vor den Staatsgerichtshof, dann erkläre ich hier: Ich bin gern bereit, mich vor jedem Staatsgerichtshof wegen dessen zu verteidigen, was ich getan habe! Ich möchte denjenigen, die diese Angriffe mit ihrer nationalen Gesinnung begründen, sagen: Der Mut, die Aufgabe des passiven Widerstandes auf sich zu nehmen, ist vielleicht mehr national als die Phrasen, mit denen dagegen angekämpft wurde. Ich war mir bewusst, dass ich in dem Augenblick, in dem ich das tat als Führer meiner Partei, die nach einer ganz anderen Richtung eingestellt war, damit nicht nur vielleicht die eigene politische Stellung in der Partei, ja das Leben auf das Spiel setze. Aber was fehlt uns im deutschen Volk? Uns fehlt der Mut zur Verantwortlichkeit!"[13]

Die Öffentlichkeit nahm das Ende des Ruhrkampfes gelassen auf. Der wirtschaftliche Ruin, zu dem er geführt hatte, war zu offensichtlich, sodass die Sinnlosigkeit seiner Fortführung jedermann nachvollziehbar war.

Eine der gravierendsten Folgen des Ruhrkampfs war die exorbitante Geldentwertung im Jahre 1923, die zu grundlegenden Überlegungen Anlass gibt,

Inflation

da die Frage der Geldwertstabilität ein Problem darstellt, das das wirtschaftliche und soziale Leben auch zu anderen Zeiten begleitet und bestimmt.

Am 18. September 1923 teilte die Personalverwaltung des Ullstein-Verlags den Mitarbeitern mit, dass ein privates Telefongespräch ab sofort 500 000,- RM koste. Wollte man ins Theater gehen, musste man für einen billigen Platz zwei Eier, für einen teuren ein Pfund Butter zahlen. Der Telefonpreis markierte einen Höhepunkt der Geldentwertung, die Theaterpreise ihren Endpunkt: Das Geld war so wertlos geworden, dass es als Zahlungsmittel nicht mehr angenommen wurde; an seine Stelle traten Sachwerte als Gegenleistung.

Anhand einer Grafik, die Etappen der Geldentwertung zeigt, kann man unterschiedliche Geschwindigkeiten der Geldentwertung unterscheiden:

Geschwindigkeiten der Geldentwertung

Datum	Briefporto in Mark	Tempo der Geldentwertung
31.1.1920	0,20	„schleichende" Inflation
3.10.1921	0,60	„trabende" Inflation
21.10.1922	6,00	
31.1.1923	50	„galoppierende" Inflation"
26.6.1923	100	
8.8.1923	1 000	„Hyperinflation"
7.9.1923	75 000	
3.10.1923	2 000 000	
3.11.1923	100 000 000	
15.11.1923	10 000 000 000	

Bestimmung des Geldwertes

Behandeln wir zunächst in einfacher, schülergemäßer Form die Frage, wie das Geld zu seinem Wert kommt. Wann verliert es an Wert? Wann gewinnt es?

Der Geldwert resultiert aus dem Verhältnis von Geldmenge und Sachwerten. Die Geldmenge wird durch die realen Geldmittel und deren Umlaufgeschwindigkeit bestimmt; die Sachwerte ergeben sich aus der wirtschaftlichen Produktion, den Immobilien und dem Grund und Boden. Der Geldwert wird durch den Quotienten aus Sachwerten und Geldmenge errechnet.

In einem fiktiven Wirtschaftsraum, in dem sich die Sachwerte auf 100 Äpfel belaufen und die Geldmenge 100 € betragen würde, wäre das Verhältnis von Sachwerte und Geldmenge also 1:1; ein Euro hätte also den Wert eines Apfels.

$$\text{Geldwert} = \frac{\text{Sachwerte}}{\text{Geldmenge}} = \frac{100 \text{ Äpfel}}{100 \text{ €}} = 1 \text{ €} \text{ hat den Wert eines Apfels}$$

Erhöhen wir die Sachwerte und lassen die Geldmenge gleich, dann steigt der Wert des Geldes, da man für die gleiche Geldmenge mehr Sachwerte erhält. Umgekehrt verliert das Geld an Wert, wenn die Geldmenge steigt, die Sachwerte aber gleich bleiben. Bei einer intakten Geldwirtschaft müssen also Geldmenge und Sachwerte in einem angemessenen und stabilen Verhältnis stehen. Angemessen bedeutet hierbei, dass der kleinsten Stückelung des Geldes noch ein greifbarer Sachwert entspricht, dass man also für einen Cent noch etwas kaufen kann. Ansonsten wäre der Cent nutzlos und die Stückelung zu klein. Stabil ist der Geldwert, wenn man für die gleiche Geldmenge über einen längeren Zeitraum die gleiche Warenmenge kaufen kann.

Fazit: Das Geld verliert an Wert, wenn die Sachwerte verringert werden. Das kann durch eine Zerstörung der Sachwerte – z. B. durch Kriege – oder durch eine stagnierende oder rückläufige Wirtschaftsleistung geschehen. Sein Wert mindert sich ebenfalls, wenn die Geldmenge erhöht wird. Der Staat kann bewusst eine solche Geldpolitik verfolgen, aber auch eine Vermehrung von Geld durch Geld, wie es bei Zinsen und Spekulationsgeschäften der Fall ist, kann zu einer Geldmengenvermehrung führen. Das sind die unmittelbaren wirtschaftlichen Elemente, die den Geldwert beeinflussen. Darüber hinaus kommen weitere Faktoren in Betracht wie die politische und wirtschaftliche Stabilität eines Landes sowie die Rechtssicherheit, die ein Land bietet.

Wir beschränken uns auf die wirtschaftlichen Faktoren, die die Stabilität bzw. Instabilität des Geldwertes bestimmen:

Fazit

Geldwert	
Stabilität des Geldwertes	Instabilität des Geldwertes
• Geldmenge durch Sachwerte gedeckt	• Missverhältnis von Geldmenge und Sachwerte
• Erzeugung von Geldwert durch Wertproduktion	• Erzeugung von Geld durch Geld:
• An Realien orientiertes Denken	• Spekulation
• Maßvolle/keine Zinsen	• Zinsen
• Ausgeglichener Staatshaushalt	• Öffentliche Verschuldung
• Ausgeglichener Privathaushalt	• Private Verschuldung

Kompetenzorientierte Ergebnissicherung

Damit haben wir die Voraussetzungen zum Verständnis der Inflation von 1923 geschaffen. Der Krieg vernichtete Sachwerte und verhinderte die Schaffung von neuen Sachwerten. Die Wirtschaft war auf Rüstungsproduktion eingestellt, erzeugte also Sachwerte, die für den zivilen Bedarf keine Bedeutung hatten; sie wurden produziert, um vernichtet zu werden. So verursachte allein der Krieg eine schleichende bis trabende Inflation. Um sie zu stoppen, hätte ein wirtschaftlicher Wiederaufbau nach Kriegsende stattfinden müssen. Er wurde im Inneren durch politische Unruhen und von Außen durch die Politik der Siegermächte und die Forderungen des Versailler Vertrags behindert. Die sich auf diese Weise verschlechternden politischen und wirtschaftlichen Rahmenbedingungen führten zu einer galoppierenden Geldentwertung. Der Ruhrkampf und das damit verbundene Erlöschen des Wirtschaftslebens trieben die galoppierende Inflation zu einer Hyperinflation.

Was waren die Auswirkungen der Inflation? Zunächst verloren die Sparguthaben rapide an Wert. Eine Spareinlage von 100 000 Mark aus dem Jahre 1914 war im Januar 1919 noch die Hälfte wert; ein halbes Jahr später nur noch ein Viertel. Im Jahre 1923 war der Wert auf Null gesunken. Von dieser Entwertung war vor allem das Bürgertum betroffen, dessen Hauptbesitz in Ersparnissen bestand. Eine 1914 wohlhabende Familie konnte so in 9 Jahren völlig verarmen.

Folgen der Inflation

Auf der anderen Seite konnten Schuldner sich so ihrer Schulden auf die schnellste und bequemste Art und Weise entledigen, da sie mit wertlosem Geld beglichen werden konnten. Zu diesen Schuldnern, die durch die Inflation gewannen, gehörte auch der Staat. Die Rückzahlung seiner vor und während des Krieges aufgenommenen Staatsanleihen erledigte sich durch die Inflation von selbst; die Gläubiger bekamen wertloses Geld. Das enttäuschte viele Bürger. Sie wandten sich vom Staat und den republikanischen Parteien ab und anderen politischen Strömungen zu. Die Feinde der Republik gewannen Zulauf und triumphierten.

Natur des Geldes

Hier wird deutlich, dass Geld kein bloß numerischer Wert ist. Es ist weder ein bloßes Zahlungsmittel noch ein Warenäquivalent. Es ist ein Äquivalent für eine geleistete Arbeit, die das Recht gibt, eine entsprechende Gegenleistung in Anspruch zu nehmen. Diese Gegenleistung ist unabhängig von der tatsächlichen Entwicklung des Geldwertes. Hinter Geld verbirgt sich eine Arbeitsleistung, die durch den zahlenmäßigen Geldwert nicht erfasst wird. Sie kann daher durch eine Geldentwertung auch nicht entwertet werden. Geschieht dies dennoch, indem die Arbeitsleistung mit dem nominalen Geldwert gleichgesetzt wird, wird das Recht auf eine angemessene Gegenleistung verletzt und die Geldentwertung als Betrug empfunden.

So erging es den Bürgern gegenüber der Weimarer Republik. Die Republik hätte diese Enttäuschung vermeiden müssen und vermeiden können, wenn sie ihre Kredite in Sachwerten zurückgezahlt hätte, die dem ursprünglichen Wert des Geldes entsprachen. Das wäre der Natur des Geldes gerecht geworden, das keine Wirtschafts-, sondern eine Rechtskategorie darstellt. Hier sind klare Begriffsbildungen vonnöten, um Ungerechtigkeiten und soziale Proble-me zu vermeiden.

Inhaltliche und kompetenzorientierte Ergebnissicherung

Die Inflation von 1923	
Unter Inflation versteht man eine Geldentwertung infolge eines Missverhältnisses von Geldmenge und Sachwerten. Nach dem Tempo der Geldentwertung unterscheidet man eine • „schleichende" Inflation • „trabende" Inflation • „galoppierende" Inflation • „Hyperinflation"	Folgen für das Bürgertum: • Vernichtung der Sparguthaben • Verschlechterung der Lebensbedingungen bis zur Verarmung • Lebensmittelverknappung • Enttäuschung gegenüber der Republik Inflationsgewinner: • Schuldner (darunter die Republik) • Spekulanten • Industriekonzerne

Die Inflation wurde 1924 durch eine Währungsreform beendet. An die Stelle der Reichsmark trat die Rentenmark. Eine Billion Reichsmark wurde einer Rentenmark gleichgesetzt; eine Dollar kostete nun 4,20 Rentenmark. Mit der Beendigung des Ruhrkampfes waren die ökonomischen Voraussetzungen geschaffen, die wirtschaftliche Entwicklung wieder in Gang zu bringen.

Eine unmittelbare Reaktion auf die katastrophale wirtschaftliche und politische Lage stellten die Aufstände von links und rechts dar, die den politischen Bestand der Republik bedrohten. Im Oktober und November übernahmen kommunistische Volksfrontregierungen in Sachsen und Thüringen gewaltsam die Macht. Die Planungen für diesen Umsturz reichten bis nach Moskau. Der dortigen Führung schien die Situation in Deutschland der in Russland im Sommer 1917 vergleichbar. Daher glaubten sie, ähnlich wie sechs Jahre zuvor in Russland, eine grundlegende Revolution herbei- und durchführen zu können. Am 9. November 1923, genau fünf Jahre nach der deutschen Novemberrevolution von 1918, sollte nach den Plänen Leo Trotzkis Deutschland zu einem kommunistischen Land werden. Die Umsetzung scheiterte an dem Reichspräsidenten, der die ihm nach Artikel 48 zustehenden Befugnisse dazu gebrauchte, die Revolutionsregierungen mit militärischer Gewalt niederzuschlagen. Hier erwies sich der später so geschmähte Artikel 48 als nützliches Instrumentarium zur Rettung der Republik.

Aufstände von links und rechts

Ähnliches galt für den Hitlerputsch in München, wo Hitler am Vorabend des 9. November versuchte, auf einer Versammlung im Bürgerbräukeller die bayrische Regierung zu verhaften und zu einer Beteiligung am Putsch zu zwingen. Doch Hitlers „Marsch auf Berlin" endete bereits an der Feldherrenhalle, wo er durch die Polizei aufgelöst wurde, nachdem die Regierung sich von der erzwungenen Beteiligung an der Revolution distanziert hatte. Hitler musste fliehen; 16 Nationalsozialisten kamen bei Schießereien ums Leben. Sie wurden später zu Märtyrern des Dritten Reiches stilisiert. Hitler selbst wurde vor Gericht gestellt, bekam aber nur eine geringe Strafe, weil die Richter viel Verständnis für den Nationalstolz des Putschisten Hitler aufgebracht hatten. Er wurde nach wenigen Jahren vorzeitig aus der Haft entlassen. Während dieser Haftzeit schrieb er „Mein Kampf", in dem er die ideologischen Grundlagen der späteren NS-Herrschaft entwickelte. Ein wichtiger Aspekt des gescheiterten Putsch-versuchs war eine grundlegende Änderung von Hitlers Strategie: Er wollte künftig mit legalen Mitteln zu Herrschaft gelangen.

Hitlerputsch

Die dritte politische Gefahr ging von der Separatistenbewegung in der Pfalz aus. Anhänger verschiedener separatistischer Vereinigungen brachten ab dem 21. Oktober einige rheinische Stadt- und Gemeindeverwaltungen – teilweise mit militärischer Hilfe der Besatzungstruppen – unter ihre Kontrolle. Die Separatisten ernannten einen Ministerpräsidenten, den Zeitungsredakteur Josef Friedrich Matthes, und schufen sich in Koblenz einen Regierungssitz. Der französische Hochkommissar Paul Tirard erkannte die Separatisten am 26. Oktober als legitime Regierung an. Aber nach zahlreichen Protesten der deutschen und englischen Regierung ließ die belgisch-französische Unterstützung schnell nach. Die Separatisten versuchten, ihre Herrschaft mithilfe der von ihr rekrutierten Schutztruppen aufrechtzuerhalten. Der Unterhalt der Truppen wurde durch „Requirierungen" bei der Bevölkerung bestritten, wodurch die Situation an vielen Orten bis zu bewaffneten Auseinandersetzungen eskalierte. Die direkte Herrschaft der Separatisten endete am 20. November.

Separatistenbewegung

Der britische Botschafter in Berlin, Viscount d'Abernon, schrieb am 31. Dezember als Fazit zum Jahr 1923 in sein Tagebuch:

> „In den zwölf Monaten vom Januar bis heute hat Deutschland die folgenden Gefahren überstanden: Die Ruhrinvasion; den kommunistischen Aufstand in Sachsen und Thüringen; den Hitlerputsch in Bayern; eine Wirtschaftskrise ohnegleichen; die separatistische Bewegung im Rheinlande. [...] Jeder dieser einzelnen Faktoren, falls er sich ausgewirkt hätte, würde eine grundlegende Veränderung entweder in der inneren Struktur des Landes oder in seinen Beziehungen nach außen herbeigeführt haben. Jeder dieser Gefahrenmomente, falls er nicht abgewendet worden wäre, hätte jede Hoffnung auf eine allgemeine Befriedung vernichtet. Politische Führer in Deutschland sind nicht gewohnt, dass ihnen die Öffentlichkeit Lorbeeren spendet, und doch haben diejenigen, die das Land durch diese Gefahren hindurchgesteuert haben, mehr Anerkennung verdient, als ihnen zuteilwerden wird."[14]

Diese Erfahrung musste Gustav Stresemann machen, der trotz seiner Erfolge am Ende des Jahres nicht mehr Reichskanzler war. Seine Regierung war am 23. November durch die Ablehnung eines Vertrauensvotums im Reichstage gestürzt worden. Nur Zentrum, Demokraten und seine eigene Partei, die Deutsche Volkspartei, hatten sich für Stresemann ausgesprochen. Gegen ihn stimmten Deutschnationale und Sozialdemokraten.

1.6 Die Außenpolitik der Weimarer Republik

1.6.1 Der Versailler Vertrag

Vorgeschichte, Inhalt und unmittelbare Auswirkungen des Versailler Vertrags haben wir in Band 4 im Zusammenhang mit dem Ersten Weltkrieg besprochen.[15] Dort waren wir zu dem Ergebnis gekommen, dass der Vertrag systematisch Konfliktpunkte geschaffen und damit in Deutschland, in Süd- und Osteuropa und im Nahen Osten Unfrieden gesät hatte. Eine gewisse Stabilität konnte nur Finnland erreichen. Hier beschränken wir uns auf die Rolle, die der Vertrag in der Politik der Weimarer Republik gespielt hatte.

Garvins Kritik des Versailler Vertrags

Am 11. Mai 1919 veröffentlichte James Garvin, der Chefredakteur des „Observer", der ältesten britischen Sonntagszeitung, einen viel beachteten Leitartikel, in dem er die Problematik des Vertrags vorausschauend klar analysierte.

> „Der Papierfrieden, wie wir ihn vor einer Woche prophezeit haben, ist wörtlich in Erfüllung gegangen. Ein prominenter Neutraler, ein loyaler Freund unseres Landes, nennt ihn mit sarkastischer Schärfe einen Frieden der Rache. Anstelle eines Ausgleichs, der Sicherheit bietet, ist er ein Flickwerk, das an sämtlichen Nahtstellen neue Gefahren heraufbeschwört. Die Bedingungen bringen für keines der europäischen Probleme eine echte Lösung. Sie rufen mehr Gefahren hervor, als sie aus der Welt schaffen. [...] Von dem im Vertrag enthaltenen Statut des Völkerbunds abgesehen, streut der sogenannte Frieden eine Saat von Drachenzähnen über Europa aus. Sie wird in Gestalt von Kriegen aufgehen, wenn das Unheil nicht durch neue, bessere Bemühungen beseitigt wird."[16]

Versailles im Spiegel der Karikatur. „Versailles. Auch Sie haben noch ein Selbstbestimmungsrecht: Wünschen Sie, daß Ihnen die Taschen vor oder noch dem Tod ausgeleert werden?" Karikatur aus dem „Simplicissimus", 1919. Dargestellt sind (von rechts) Lloyd George, Clemenceau, Wilson und das personifizierte Deutschland.

Garvin erkannte deutlich, dass die Bedingungen des Versailler Friedensvertrags unannehmbar waren, dass sie nicht zum Frieden, sondern zu neuen Kriegen führen werden, wenn sie nicht durch neue Vereinbarungen ergänzt oder ersetzt werden. Diese Sicht wurde in Deutschland nicht nur von Nationalisten, sondern auch von demokratischen Republikanern geteilt. So wurde der Versailler Vertrag zu einer schweren Hypothek für die Weimarer Republik. Alle politischen Kräfte waren sich einig, dass eine Revision des Vertrags die vordringlichste Aufgabe der Außenpolitik der Weimarer Republik sei.

Die Frage dagegen, wie man sich zur Last des Versailler Vertrags stellte, wurde zur innenpolitischen Grundsatzfrage. Die Regierung unter Reichskanzler Bauer (SPD) war bereit, die Forderungen des Vertrages zu erfüllen, die rechte Opposition dagegen nicht. Die nationalistischen „Falken" beschimpften und brandmarkten diejenigen Politiker, die die Erfüllung der Verträge als unumgänglich ansahen, als Vaterlandsverräter und Kollaborateure.

Internationale Haltung gegenüber dem Versailler Vertrag	
Alliierte Siegermächte	**Besiegtes Deutschland**
• Erfüllung der Verträge	• Revision der Verträge
• Festigung der neuen Staatenordnung	• Wiedergewinnung der Souveränität
	• Wiedereingliederung in die Staatengemeinschaft: Gleichberechtigung

Inhaltliche Ergebnissicherung

Nationale Haltung gegenüber dem Versailler Vertrag	
„Tauben"	**„Falken"**
• Erfüllung der Verträge	• Laute Worte:
• Politik der kleinen Verhandlungsschritte	• „Vaterlandsverräter"
• Finden sie Unterstützung beim Volk?	• „Erfüllungspolitiker"
• Erreichen sie Zugeständnisse der Alliierten?	• „Kollaborateure"
	• Drohungen
	• Morde
	• Neuer Krieg?

Bei den nationalistischen „Falken" blieb unklar, ob sie den Vertrag tatsächlich torpedieren und einen neuen Krieg riskieren wollten. Bei den gemäßigten Politikern stellte sich die Frage, ob sie beim Volk Unterstützung finden und ob sie bei eventuellen neuen Verhandlungen von den Alliierten Zugeständnisse erhalten würden.

1.6.2 Der Vertrag von Rapallo

Nach der Oktoberrevolution und der Errichtung einer Rätediktatur leninistischer Prägung befand sich auch die Sowjetunion in einer außenpolitischen Isolation, sodass sie als Ansprechpartner für die Weimarer Republik geradezu prädestiniert war. Die ideologische Differenz musste kein unüberwindliches Hindernis bilden; hatte man doch auch in Weimar vor drei Jahren über die Möglichkeit einer Räterepublik diskutiert. Vor allem war die Zusammenarbeit mit der östlichen Macht wichtig, um militärisch auf dem Laufenden zu bleiben. Die Sowjetunion bildete deutsche Kampfpiloten aus, was durch die Bestimmungen des Versailler Vertrags in Deutschland nicht möglich war.

Inhaltliche Ergebnissicherung

Vertrag von Rapallo 1922
• Verzicht auf Erstattung der zivilen und militärischen Kriegsschäden
• Verzicht auf das in Russland verstaatlichte deutsche Vermögen
• Meistbegünstigung in der Wirtschaft
• Aufnahme diplomatischer Beziehungen

Der Abschluss des Rapallo-Vertrags war eine Sensation, die zugleich Befürchtungen laut werden ließ. Im Deutschen Reich standen ihm Präsident Ebert wie auch Außenminister Walther Rathenau skeptisch gegenüber. In der Öffentlichkeit wurde der Vertragsabschluss allerdings begrüßt. Misstrauen erregte er bei den Westmächten. Sie befürchteten, dass sich der Vertrag gegen sie auswirkte, indem er die beiden Staaten stärkte und von ihrem Einfluss unabhängiger machte. Daher erhoben sie diplomatischen Protest gegen den Vertrag.

Offenheit der Außenpolitik

Der Vertragsabschluss mit der Sowjetunion zeigt, dass sich die außenpolitische Ausrichtung der Weimarer Republik von der der späteren Bundesrepublik grundlegend unterschied. Es gab keine feste Bindung an den Osten oder den Westen, sondern die Ausrichtung der Außenpolitik war entsprechend der geographischen Mittellage Deutschlands offen. Die Weimarer Republik war in kein Bündnis eingebunden, sondern konnte ihre Außenpolitik nach eigenen Interessen frei ausrichten. Das schürte Ängste auf beiden Seiten, da ein deutsches Bündnis mit der einen Seite für die andere gefährlich werden konnte. In den westlichen Ländern entwickelte man einen regelrechten „Rapallo-Komplex"; ein Misstrauen, das immer dann entstand, wenn sich Deutschland zu sehr auf Russland zubewegte. Daher war es für die Weimarer Außenpolitik notwendig, auch auf die Westmächte zuzugehen und ein politisches Zeichen des guten Willens zu setzen. Dies geschah 1925 durch die Verträge von Locarno.

1.6.3 Die Locarno-Verträge

Unter den Locarno-Verträgen versteht man sieben völkerrechtliche Vereinbarungen, die vom 5. bis 16. Oktober 1925 im Schweizer Locarno verhandelt und am 1. Dezember 1925 in London unterzeichnet wurden. Sie traten am 10. September 1926 mit der Aufnahme Deutschlands in den Völkerbund in Kraft. Beide Seiten waren an einer neuen vertraglichen Regelung ihrer Beziehungen interessiert, die durch den Versailler Vertrag nur einseitig bestimmt worden waren. So konnten die gegenseitigen Beziehungen verbessert werden.

Motive der Westmächte

Ausgangspunkt der Aufnahme von Verhandlungen war auf Seiten der Westmächte ein ganz konkretes wirtschaftliches Interesse. Ähnlich wie die Sowjetunion waren auch sie daran interessiert, das Vorrecht der Meistbegünstigung zu erhalten. Dieses Recht, das dem Handelspartner die jeweils günstigsten Handelskonditionen einräumt, war bereits im Versailler Vertrag verankert, aber im Januar 1925 ausgelaufen. Daher zielte die französische und englische Wirtschaftspolitik darauf ab, dieses Vorrecht weiter festzuschreiben. Dies war nun nicht mehr per Diktat zu erreichen, sondern setzte eine politische Entspannung voraus. Eine friedliche Entwicklung in Europa war auch deshalb notwendig, um Kredite aus den USA zu erhalten; sie waren angesichts der europäischen wirtschaftlichen Situation lebensnotwendig.

Für Deutschland war der Vertrag vor allem wichtig, um wieder als souveräner Staat mit den Nachbarstaaten verhandeln und die Politik der Revision des Versailler Vertrags fortsetzen zu können, die bislang wenig Früchte getragen hatte. Auch das 1921 geschlossene Militärbündnis zwischen Frankreich und Polen bot Anlass zu Verhandlungen mit Frankreich, da es dadurch an Bedeutung verlieren konnte. Stresemann erläuterte den Zusammenhang von West- und Ostpolitik 1927:

Motive Deutschlands

„Aber wenn wir auf friedlichem Wege an den Verhältnissen, die heute dort [an der Ostgrenze] bestehen, etwas ändern wollen, dann muss sich doch jeder darüber klar sein, dass das nur dann und erst dann möglich ist, wenn wir mit den westeuropäischen Mächten in einem Verhältnis stehen, dass wir ihrer Toleranz und Unterstützung sicher sind. [...] Wenn Sie nicht eine Politik der Verständigung mit Frankreich führen, dann werden Sie in jedem Kampfe mit Polen Frankreich und Polen gegen sich haben und von links und rechts zermalmt werden. Deswegen ist es so töricht, zu sagen: Dieser Außenminister treibt nur Westpolitik, ist ganz einseitig, guckt nur nach dem Westen. Ich habe nie mehr an unsern Osten gedacht als in der Zeit, wo ich mit dem Westen eine Verständigung suchte."[17]

Es ging Stresemann also darum, bei einem eventuellen Konflikt mit Polen eine Zweifrontenkonfrontation zu vermeiden. Wäre Frankreich vertraglich gebunden, könnte es künftig Polen nicht mehr militärisch beistehen, ohne in Konflikt mit dem Vertrag und den Mächten, die seine Einhaltung garantierten, zu geraten.

In einem Brief vom 7. September 1925 an den ehemaligen Kronprinzen Wilhelm legte Stresemann seine Ziele für Locarno dar:

Stresemanns Ziele

- Herabsetzung der Reparationen auf ein erträgliches Maß
- Beendigung der Besetzung deutscher Gebiete
- Sicherung des Friedens
- Schutz der Deutschen im Ausland
- Revision der deutsch-polnischen Grenze
- Zurückgewinnung von Danzig, einem Teil Oberschlesiens und des Polnische Korridors
- Möglichkeit des Anschlusses von Österreich an Deutschland.

Diese Forderungen trug Gustav Stresemann seinem französischen Kollegen Aristide Briand vor. Sie waren selbst für den wohlwollenden und versöhnungsbereiten französischen Außenminister unannehmbar.

„Ich bewundere die Kühnheit des Herrn Stresemann, die beinah an Waghalsigkeit grenzt. Wenn es nach ihm ginge, könnte der Versailler Vertrag wohl aufhören zu existieren. Ich habe jedoch nichts dagegen einzuwenden, dass sich unsere Verträge in dieser Richtung auswirken. Wir können jedoch unmöglich verlangen, dass das alles jetzt geschieht. Das muss wie eine Bezahlung des Sicherheitspaktes wirken, diesem Gedanken kann ich nicht zustimmen."[18]

Inhaltliche Ergebnissicherung

Verträge von Locarno 1925
• Anerkennung der Unverletzlichkeit der Westgrenze
• Anerkennung der Entmilitarisierung des Rheinlandes
• Verzicht auf Anwendung von Gewalt
• Schiedsabkommen mit Frankreich und Belgien
• Schiedsvertrag mit Polen und der Tschechoslowakei: Friedliche Revision der Ostgrenze
• Für Deutschland akzeptable Auslegung von Art. 16 der Völkerbundsatzung: Nur bedingte Teilnahme an Sanktionen des Völkerbundes

Auf Stresemann wie auch auf Briand lastete ein ungeheurer Druck. Beide wurden in ihrer Heimat als Vaterlandsverräter beschimpft; beider Handlungsspielraum war begrenzt, sodass bezüglich einer Revision des Versailler Vertrags keine substanziellen Ergebnisse erzielt werden konnten. Die Verträge schrieben die Verhältnisse im Westen im Sinne des Versailler Vertrages fest; im Osten ließen sie die Möglichkeit einer friedlichen Revision zu, ohne etwas festzulegen. Auf die Anwendung von Gewalt sollten beide Seiten verzichten. Von einer Revision des Versailler Vertrags konnte also keine Rede sein, bestenfalls von einer atmosphärischen Verbesserung der Beziehungen. Die Verträge wurden am 16. Oktober 1925 paraphiert und am 1. Dezember in London unterzeichnet.

Auf der feierlichen Schlusssitzung in Locarno begründete Stresemann seine Unterschrift unter die Verträge, von deren Inhalt er nicht vollständig überzeugt sein konnte:

„Wir haben die Verantwortung für die Paraphierung der Verträge übernommen, weil wir des Glaubens leben, dass nur auf dem Wege friedlichen Nebeneinanderlebens der Staaten und Völker jene Entwicklung gesichert werden kann, die für keinen Erdteil so wichtig ist wie für das große europäische Kulturland, dessen Völker in den Jahren, die hinter uns liegen, so unendlich gelitten haben."[19]

Briand erklärte, dass mit Locarno eine neue Epoche anfangen müsse, sonst sei es eine leere Geste gewesen. Und Chamberlain verkündete unter dem brausenden Jubel der Anwesenden, dass es von jetzt ab weder Sieger noch Besiegte gebe. Locarno sei nicht das Ende, sondern der Anfang einer vertrauensvollen Zusammenarbeit.[20]

Auf der einen Seite war Locarno von großer Euphorie begleitet und weckte Hoffnungen auf eine friedliche Entwicklung in Europa. Auf der anderen aber agitierten Leute, die von einer solchen Verständigung nichts wissen und Stresemann weiterhin vor den Staatsgerichtshof stellen wollten. Sie scheuten auch vor politischen und rassistischen Diffamierungen nicht zurück. Die Frage war also, welche Haltung sich durchsetzen würde. Zunächst schien sich mit Deutschlands Eintritt in den Völkerbund die positive Stimmung fortzusetzen. Von Dauer konnte sie aber nur sein, wenn sie auch zu greifbaren politischen Verbesserungen führte. Diese lagen aber am wenigsten in Stresemanns Hand, sondern vor allem in den Händen der Alliierten.

1.6.4 Deutschlands Eintritt in den Völkerbund

Deutschland trat am 10. September 1926 dem Völkerbund bei und erfüllte damit eine weitere Auflage des Versailler Vertrags. Die deutsche Delegation wurde freundlich aufgenommen. Mit Spannung erwartete man das erste Auftreten des Kriegsgegners, gegen den ja zunächst der Völkerbund gerichtet war. Als Stresemann an das Rednerpult trat, herrschte aufmerksame Stille.

> „Eine starke Gärung der Gedanken kämpft unter den Völkern der Erde. Die einen vertreten das Prinzip der nationalen Geschlossenheit und verwerfen die internationale Verständigung, weil sie das national Gewordene nicht durch den allgemeinen Begriff der Menschheit ersetzen wollen. [...] Der wird der Menschheit am meisten dienen, der, wurzelnd im eigenen Volke, das ihm seelisch und geistig Gegebene zur höchsten Bedeutung entwickelt und damit, über die Grenze des eigenen Volkes hinauswachsend, der gesamten Menschheit etwas zu geben vermag, wie es die Großen aller Nationen getan haben, deren Namen in der Menschheitsgeschichte niedergeschrieben sind. So verbinden sich Nation und Menschheit auf geistigem Gebiet, so können sie sich auch verbinden im politischen Streben, wenn der Wille da ist, in diesem Sinne der Gesamtentwicklung zu dienen. [...] Das sicherste Fundament für den Frieden ist eine Politik, die getragen wird von gegenseitigem Verstehen und gegenseitiger Achtung der Völker."[21]

Stresemann stellte mit „Nation" und „Menschheit" die zwei Prinzipien gegenüber, an der sich die Geister schieden: Welches war der entscheidende Wert, an dem sich das Streben ausrichten sollte? Stresemann versuchte, beide zu verbinden, indem er von der „Nation" und den „Völkern" ausging, die über sich hinauswachsen und so der „Menschheit" zu Segen gereichen sollten. Ähnlich dachte Aristide Briand, der in lebhafter und bewegter Rede Stresemann antwortete und mahnte:

> „Schwierigkeiten gibt es noch reichlich; Herr Stresemann und ich stehen jeder in seinem Land an einem Posten, der uns allzu sehr damit in Berührung bringt. Und diese Schwierigkeiten sind nicht etwa verschwunden, weil er aus der Wilhelmstraße und ich vom Quai d'Orsay in dieses schöne Genf gekommen sind."[22]

Und an Stresemann gerichtet fuhr er fort:

> „Wenn Sie aber nicht nur als Deutscher und ich nicht nur als Franzose hierherkommen, sondern wenn wir beide uns daneben auch als Bürger einer höheren, völkerverbindenden Gemeinschaft fühlen, dann werden wir in dieser Atmosphäre des Völkerbundes alle Schwierigkeiten überwinden."[23]

Der Nationalismus hat in Europa Unheil gestiftet. In Stresemanns und Briands Worten klang deutlich auf, dass die Nationalismen in Europa überwunden werden müssen, wenn Europa Frieden will. Sie sahen in der gegenseitigen Achtung der Völker und in einer völkerverbindenden Gemeinschaft den Weg zum Frieden.

Es ist damals nicht so gekommen. 13 Jahre nach Stresemanns und Briands Reden brach der Zweite Weltkrieg aus; statt Europäern oder gar Weltbürgern, wie Stresemann und Briand wünschten, waren wieder Nationalisten am Werk, die Europa noch gründlicher verwüsteten, als dies im Ersten Weltkrieg der Fall war. Stresemann machte in seiner politischen Lebensbilanz, die er gegenüber dem englischen Journalisten Bruce Lockhart in seinem Todesjahr 1929 zog, dafür auch die Alliierten, insbesondere England, verantwortlich:

„Es ist nun fünf Jahre her, seit wir Locarno unterzeichnet haben. Hätte ich in Locarno ein einziges Zugeständnis erhalten, so würde ich mein Volk überzeugt haben. Ich könnte es noch heute, aber ihr habt nichts gegeben, und die winzigen Zugeständnisse, die ihr gemacht habt, sind zu spät gekommen. [...] Die Zukunft liegt in den Händen der jungen Generation – die Jugend Deutschlands, die wir für den Frieden und für das neue Europa gewinnen konnten, haben wir beide verloren – das ist meine Tragik und eure Schuld."[24]

Kompetenzorientierte Urteilsbildung

Betrachten wir die Frage, ob man sich am „Nationalismus" oder an der Idee der „Menschheit" orientieren soll, wieder mithilfe unserer Kompetenzkategorien. Hierzu benötigen wir die Domäne „Selbstverständnis". Wir haben in der basalen Form der Orientierungskompetenz die Kategorien „Individualismus", „Partikularismus" und „Kollektivismus" unterschieden. Die Kategorien sagen etwas darüber aus, wie sich der Mensch zu sich und zu einer übergeordneten Einheit verhält und welcher Wert ihm bzw. dieser übergeordneten Einheit zukommt. In der Neuzeit hat der einzelne Mensch absoluten Wert gewonnen, wie dies in den Menschenrechten zum Ausdruck kommt: „Die Würde des Menschen ist unantastbar"; die Rechte des Menschen sind „natürlich", „unveräußerlich" und „heilig." Damit wurde ein höchster Wert formuliert, der allein mit der individuellen Existenz des einzelnen Menschen gegeben ist; er bedarf zu seiner Gültigkeit keiner weiteren Begründung und Rechtfertigung. Der einzelne Mensch ist aber auch Teil einer Nation, Teil eines Volkes, Teil der Menschheit. Diese Anteilhabe ist für seinen Wert als Einzelmensch allerdings irrelevant, da sich dieser Wert durch sich selbst begründet; er benötigt zu seiner Rechtfertigung keinen Bezug zu einem anderen Wert.

Anders verhält sich dies beim Nationalismus; hier wird in der „Nation" bzw. im „Volk" einer oberster Wert gesehen, dem der Einzelne untergeordnet wird. Wie wird ein „oberster Wert" gefunden oder festgesetzt? Wir haben bei der Besprechung des Pharaos, der Polis und der Res publica in Bd. 2 und des mittelalterlichen Gottesbegriffes in Bd. 3 gesehen, dass zur Begründung eines solchen Wertes die Erfahrung der Einheit von Intellektualität und Moralität notwendig ist. Diese Einheit wird in der europäischen Neuzeit am individuellen Einzelmenschen erfahren, im Mittelalter an „Gott", in der Antike an der mit der Polis verbundenen Stadtgottheit bzw. an der mit der Res publica verknüpften „göttlichen Vernunft", die wir bei Cicero anlässlich der naturrechtlichen Begründung der Gesetze kennengelernt haben. In der Vorantike bewirkte die im Pharao oder im mesopotamischen Gottkönig empfundene Repräsentation der göttlichen Weltordnung diese Erfahrung.

Warum dies so war, erschließt sich uns durch die Anwendung der Kategorien der Domäne „Wirklichkeit", die wir zur Domäne „Herrschaft" in Bezug setzen müssen. Das „Wirkliche" in der Welt der Vorantike waren die mit der Sinneserfahrung verbundenen Götter; daher wurde das Göttliche der Weltordnung in Verbindung mit der konkreten Person des Pharaos oder Gottkönigs gesehen. In der Antike und im Mittelalter lag das „Wirkliche" in der Vernunft, die man in Griechenland und Rom als göttliche Ordnung im Gemeinwesen und in den Gesetzen, im Mittelalter personalisiert als „Gott" empfand. Erst in der europäischen Neuzeit wird dieses „göttlich Wirkliche" in der Einzelpersönlichkeit, dem Individuum, erlebt. So wird verständlich, dass der Einzelmensch in den der Neuzeit vorausgehenden Zeiten nicht als oberster Wert, sondern nur als Teil eines höheren Wertes, dem er untergeordnet war, gesehen werden konnte. Der Nationalismus des 19. und 20. Jahrhunderts fällt in diese vorneuzeitlichen Wertsetzungen zurück, da er nicht erkennt, dass in der Stellung des Individuums in der Neuzeit eine neue und absolute Wertsetzung vorliegt, die nichts anderem untergeordnet werden kann. Ein „Völkerbund" wäre also nur dann der neuzeitlichen Wertsetzung angemessen, wenn er sich als „Menschenbund", als Bund von Individuen, verstehen würde, als eine Vereinigung also, die für die Rechte des einzelnen Individuums eintritt – nicht für „Völker" und „Nationen". Diese letzten sind in der Neuzeit bloße Abstraktionen, die den Blick auf den entscheidenden Wert verstellen. Im Mittelalter, der Antike und Vorantike war das anders, wie wir durch Einbeziehung der Wirklichkeitskategorien „Wissenschaft", „Religion" und „Selbstverständnis" erkennen können.

1.6.5 Der Dawes- und der Youngplan

Das von Stresemann beklagte fehlende Entgegenkommen der Alliierten gegenüber der Weimarer Republik wurde auch in den Plänen zu den Reparationszahlungen deutlich. Die nach dem Versailler Vertrag fälligen Zahlungen konnten schon wenige Jahre nach in Krafttreten des Vertrags nicht mehr geleistet werden. Daher wurde auf Antrag der deutschen Reichsregierung eine Kommission zur Neuregelung der Zahlungen eingesetzt. Charles Dawes, ein amerikanischer Bankier und Wirtschaftsexperte, leitete die Kommission. Sie erarbeitete den sog. Dawes-Plan, der die Zahlungen ab September 1924 regeln sollte. Die Kommission sah eine Gesundung der deutschen Wirtschaft und das Erreichen einer aktiven Handelsbilanz als Vorbedingungen an, dass der Plan umgesetzt werden konnte. Auch verwies sie darauf, dass einseitige Gewaltaktionen wie die Besetzung des Ruhrgebiets nicht wiederholt werden dürften.

Dawesplan 1924	
Inhalt	Probleme
• Jährliche Rate von 2,5 Mrd. Goldmark	• Kein Ende der Zahlungen festgelegt
• Volle Höhe ab 1928	• Souveränitätsbeschränkung Deutschlands
• Anschubfinanzierung von 800 Mio. Reichsmark	• Deutschland konnte das Geld aus eigener Kraft nicht aufbringen
• Transferschutz	
• Geld- und Sachleistungen etwa 1:1	• Abhängigkeit von ausländischen Krediten
• Reichsbank und Reichsbahn unter internationaler Kontrolle	

Dawesplan

Bis die endgültige Rate von 2,5 Mrd. Goldmark erreicht war, sollte Deutschland jährlich zunächst 1 Mrd. Goldmark zahlen. Aber schon dazu war eine

Anleihe von 800 Millionen Reichsmark als Anschubfinanzierung nötig. Die Alliierten waren dafür verantwortlich, dass Deutschland die notwendigen Kredite zur Zahlung der Reparationen erhielt, stellten als Sicherheit dafür allerdings Reichsbank und Reichsbahn unter internationale Kontrolle; ihre Gewinne flossen direkt in die Reparationszahlungen.

Außerordentlich problematisch war, dass kein Ende der Reparationszahlungen festgesetzt wurde; ebenso, dass Deutschland die Zahlungen nur durch Aufnahme von Krediten leisten konnte. Die Kredite kamen vor allem aus den USA, sodass Deutschland in starke Abhängigkeit von ihnen geriet. So wirkte sich die 1929 von den Vereinigten Staaten ausgelöste Weltwirtschaftskrise besonders auf Deutschland aus, sodass auch für die Reparationszahlungen neue Regelungen getroffen werden mussten.

Youngplan

Die Verhandlungen zum sog. Young-Plan, der wiederum nach seinem Vorsitzenden, dem amerikanischen Industriellen Owen D. Young, benannt war, wurden 1929 aufgenommen, im Mai 1930 zu Ende gebracht; der Plan galt aber rückwirkend ab dem 1. September 1929.

Youngplan 1929	
Inhalt	Probleme
• Zahlungen bis 1988 • 37 Jahresraten zu 2,05 Mrd. Reichsmark • Danach 22 Raten zu 1,65 Mrd. RM • Kein Transferschutz • Aufhebung der Kontrollen über Reichsbank und Reichsbahn • Schiedsgericht bei Streitigkeiten • Vorgezogene Räumung des Rheinlandes	• Überforderung der Zahlungsfähigkeit • Undurchführbarkeit des Plans schon 1931 erkannt • Hoover-Moratorium als faktisches Ende der Reparationszahlungen

Die Zugeständnisse, die der Weimarer Republik beim Youngplan gemacht wurden, sind gegenüber den Problemen, die der Plan für Deutschland brachte, nicht der Rede wert. Schon 1931, ein Jahr nach Abschluss der Vertragsverhandlungen, wurde deutlich, dass der Plan undurchführbar war; er überforderte die Zahlungsfähigkeit Deutschlands. So mussten die Zahlungen ausgesetzt werden. Das Hoover-Moratorium sah dafür zunächst ein Jahr vor; faktisch bedeutete es aber das Ende der Zahlungen. Die Dauer der Reparationsleistungen bis 1988 und ihre Gesamthöhe von ca. 113 Mrd. Reichsmark ließen insbesondere die Emotionen der politischen Rechten überschäumen. Mit der Parole „Fronen bis in die dritte Generation" strengten sie einen Volksentscheid gegen den Youngplan an, der aber nicht erfolgreich war, da nur 13,5% statt der nötigen 50% der Wähler zustimmten. Bedeutsam war der nationale Unmut allerdings in anderer Hinsicht: Er brachte bei der Reichstagswahl von 1930 der NSDAP einen erdrutschartigen Stimmengewinn, die nun mit 18% und 107 Sitzen in den Reichstag einzog. Sie wurde damit hinter der SPD und vor dem Zentrum die zweitstärkste Partei.

Die atmosphärische Entspannung in der Außenpolitik, die seit Locarno eingetreten schien, hatte auf alliierter Seite zu keinen substanziellen Zugeständnissen gegenüber der Stresemannschen Außenpolitik geführt. Gerade die Reparationspläne bedeuteten einen schweren Rückschlag, wenn nicht gar das Scheitern der auf Verständigung ausgerichteten Politik. Dem Aufstieg der NSDAP wurde so der Weg gebahnt. Es ist daher ein sprechender Zufall, dass Stresemann seine kritische Bilanz gegenüber dem englischen Journalisten gerade im Anblick marschierender SA-Kolonnen zog, die an seinem Fenster vorbeizogen, als er das Interview gab.

1.7 Die Weltwirtschaftskrise 1929

Die Weltwirtschaftskrise verdient besondere Aufmerksamkeit, da in ihr geld- und sozialpolitische Zusammenhänge sichtbar werden, die über die konkrete Krise hinausweisen und auch für andere Orte und Zeiten bis auf den heutigen Tag gelten. Eine besondere Rolle in der Weltwirtschaftskrise fiel den Vereinigten Staaten zu, da sie in der Folge des Ersten Weltkriegs als Hauptkreditgeber sowohl für die Alliierten als auch für Deutschland im Zentrum des Finanzkreislaufs standen. Amerikanische Kreditgeber stellten der deutschen Reichsbank Kredite zur Verfügung, mit deren Hilfe die Reparationsforderungen beglichen werden konnten. Zahlungen der Reichsbank wie auch der Reichsregierung wurden an einen Alliierten Reparationsagenten in Berlin überwiesen, der die Gelder an die beteiligten Staaten, vor allem an England, Frankreich und Italien, weiterleitete, die ihrerseits damit ihre Kriegsschulden in den USA beglichen. Ein Teil der Kredite, die die Reichsbank erhielt, floss auch der deutschen Wirtschaft zu, die damit Investitionen finanzierte. Diese Kredite vergab die Reichsbank in der Regel mit einer langfristigen Laufzeit; die Rückzahlungsfristen der amerikanischen Kredite waren dagegen deutlich kürzer. Bei einer Rückforderung der kurzfristigen Kredite konnte die Reichsbank also in beträchtliche Zahlungsschwierigkeiten kommen, da sie ihre langfristigen Auslagen nicht rechtzeitig einfordern konnte.

Rolle der USA als Kreditgeber

Dieser Fall trat mit dem Börsenzusammenbruch in den USA am 24. Oktober 1929 ein. Es war dies der berühmte „Schwarze Freitag". Der Börsenkrach begann aber schon einen Tag davor. Über 16 Millionen Aktien wurden an diesem Tag aus Angst vor weiteren Kursverlusten abgestoßen, was die Talfahrt der Aktienkurse weiter rapide beschleunigte. Anleger und Banken verloren ihr Geld. Der Zusammenbruch einer Vielzahl von Banken führte zum Zusammenbruch von Unternehmen und Firmen, da sie das notwendige Geld zu ihrem Unterhalt nicht mehr erhalten konnten. Die Schließung von Unternehmen wiederum brachte mit der Arbeitslosigkeit eine katastrophale soziale Folge mit sich.

Folgen des wirtschaftlichen Zusammenbruchs

Dieser Mechanismus von Geldverlust, Banken- und Firmenzusammenbrüchen mit der daraus resultierenden Arbeitslosigkeit trat nun nicht nur in den

Vereinigten Staaten auf, sondern wurde aufgrund der Stellung der USA als europäischer Kreditgeber auch nach Europa exportiert und wirkte sich insbesondere auf Deutschland verheerend aus, da Deutschland nicht nur die Lasten des verlorenen Weltkriegs, sondern nun auch die Folgen der Wirtschaftskrise zu tragen hatte. Es wurde, wie wir bei der Besprechung des Youngplans sahen, international zahlungsunfähig und war mit einer sozialen Krise in seinem Innern konfrontiert, die durch die demokratische Politik nicht bewältigt werden konnte. Diese schwierige Gesamtsituation verschaffte den extremen Parteien Aufwind und verhalf 1930 der NSDAP zum Durchbruch.

Inhaltliche Ergebnissicherung

Weltwirtschaftskrise 1929	
Ursachen	Folgen
• Überbewertung von Aktien	• Bankenzusammenbrüche
• Rückzug der US-Kredite	• Zunehmende Geldknappheit
• Kurzfristige Kredite langfristig vergeben	• Zahlungsunfähigkeit bei Rückforderung
• Kreditfinanzierter Wirtschaftskreislauf	• Firmenzusammenbrüche
• Weltwirtschaft vom Dollar abhängig	• Arbeitslosigkeit

Kompetenzorientierte Urteilsbildung

Auch hier stellen wir die Frage, ob uns unsere Kompetenzkategorien der Domäne „Wirtschaft" helfen können, eine solche Krise zu beurteilen.

Es geht hier um den Umgang mit Geld und dessen soziale Folgen. Seit der mittelalterlichen Stadtentwicklung und dem Frühkapitalismus der Frühen Neuzeit hat Geld eine neue und gewichtige Rolle im sozialen Leben der Menschen eingenommen. Es trat neben den Besitz von Grund und Boden, der bislang als Lebensgrundlage des Menschen galt. Wer Boden besaß, hatte eine Lebensbasis, von der er sich ernähren und seine Existenz sichern konnte. Diese Funktion übernahm nun auch das Geld; es erhielt daher im genauen Wortsinne eine existenzielle Bedeutung. Dies bringt weitreichende Konsequenzen mit sich. So darf die finanzielle Lage eines Menschen nie soweit beschränkt oder beschädigt werden, dass er nicht mehr leben kann und der Gemeinschaft zur Last fällt, die ihn dann ernähren muss.

Wir haben bei der Behandlung der Antike gesehen, dass insbesondere die Gesetzgebung des Alten Israel auf den Erhalt der Lebensgrundlagen eines Menschen ein besonderes Augenmerk lenkte.[25] Die israelitische Sozialgesetzgebung stützte sich auf fünf Säulen, um soziales Elend zu vermeiden:

- Grundbesitz darf nicht privatisiert werden
- Wer Land besitzt, muss es auch bearbeiten
- Dienstleister, die kein Land besitzen dürfen, müssen von der Gemeinde ausreichend versorgt werden. Dazu sind Steuern zu entrichten
- Es müssen regelmäßig Entschuldungen vorgenommen werden
- Zins und Zuschlag dürfen nicht genommen werden.

Arbeit – ein Menschenrecht

Wenn wir den ersten zentralen Aspekt der Lebenssicherung zeitgemäß umformulieren, lautet er „Arbeit darf nicht privatisiert werden". Es ist nicht Sache und Recht einer Privatperson, einem Menschen Arbeit zu geben oder Arbeit zu nehmen. Dies ist Sache des Gemeinwesens, d. h. aller am Gemeinwesen beteiligten, denn alle müssen letztlich für die Folgen von Arbeitslosigkeit aufkommen. Alle haben also ein unmittelbares Interesse daran, dass niemand auf Kosten anderer leben muss, sondern sich selbst versorgt, soweit dies aufgrund von Alter und Gesundheit möglich ist. Arbeit ist also ein Menschenrecht; ebenso unantastbar wie die Würde oder die leibliche Unversehrtheit des Menschen. Dies resultiert auch aus unseren Domänen „Recht" und „Selbstverständnis", in denen die Menschenrechte und das Individuum oberste Werte darstellen, die nicht einem „wirtschaftlichen Bedarf" oder „dem Markt" untergeordnet werden dürfen.

Auch Schulden sind nach diesen Kategorien nicht höher zu bewerten als ein menschenwürdiges Dasein. Daher dürfen auch sie auf Dauer einem Menschen nicht zum Verhängnis werden, indem sie ihn lebenslang knebeln und in Abhängigkeit halten. Umgekehrt bedeutet dies für einen Kreditgeber, dass er seinen Kredit nach der Leistungsfähigkeit des Kreditnehmers bemessen muss. Überfordert er ihn mit einer zu hohen Bürde, muss er mit dem Verlust seines Geldes rechnen. *Schulden und Zinsen*

Über die Bedeutung des Zinses haben wir bei der Besprechung der Inflation von 1923 schon das Nötige gesagt. Ein Zinsverbot, das es im alten Judentum, im Christentum des Mittelalters gab und das wir im Islam bis auf den heutigen Tag antreffen, ist wirtschaftlich und sozial gerechtfertigt. So haben wir bei der Besprechung Hammurabis in Band 2 gesehen, dass ein zu hoher Zins sozial verderblich ist, weil auch er die Lebensgrundlagen eines Menschen und einer Gesellschaft zerstören kann. Eine Verzinsung vermindert, wie wir bei der Inflation von 1923 gesehen haben, den Wert des Geldes. Die Zunahme des Geldbetrags erfolgt nur numerisch, qualitativ verliert das Geld an Wert. Der augenscheinliche Geldgewinn durch den Zins stellt also hinsichtlich des Geldwertes eine Illusion dar. Umgekehrt dagegen entsteht ein realer Verlust für die Bevölkerungsteile, die keine Zinseinnahmen haben oder deren Zinsgewinne unter dem durchschnittlichen Zinsertrag liegen. Die islamische Wirtschaft hat aus wirtschaftlichen und sozialen Gründen also recht, wenn sie am Zinsverbot festhält.

Ein Gleiches gilt für das Spekulationsverbot. Auch bei der Spekulation wird ein Geldwertzuwachs angestrebt und erzielt, dem kein realer Gegenwert entspricht. Auch hier handelt es sich um eine Zuwachs- und Gewinnillusion, die in regelmäßigen Abständen zu der Ernüchterung einer Wertkorrektur führen muss, bei der nicht nur das Illusionsgeld, sondern auch viel reales Geld vernichtet wird. *Spekulation*

Forderungen an eine menschen- und geldwertgemäße Wirtschaft
• Unbedingte Wahrung der Lebensgrundlagen eines Menschen
• Arbeit darf nicht privatisiert werden
• Sie ist ein Menschenrecht
• Regelmäßige Entschuldungen
• Zins- und Spekulationsverbot

Kompetenzorientierte Ergebnissicherung

1.8 Der Bruch der Großen Koalition und die Skepsis gegenüber der Demokratie

Entscheidende Krise der Republik

Die hohe Arbeitslosigkeit führte zur entscheidenden Krise der Weimarer Republik. Die 1927 ins Leben gerufene Arbeitslosenversicherung war für 1 Million bis maximal 1,8 Millionen Arbeitslose konzipiert und geriet durch die etwa dreimal so hohe Arbeitslosenzahl in eine schwierige Situation.

Arbeitslosenversicherung	
Tatsächliche Arbeitslosenzahl	6 Millionen
Reserve	500–800 000 Arbeitslose
Sockel	800 000 bis 1 Million Arbeitslose
Folge: Schwere Krise der Arbeitslosenversicherung	

Zur Bewältigung der Notlage wäre eine Anhebung des Beitragssatzes zur Arbeitslosenversicherung um ½ bzw. im Kompromiss ¼ Prozent nötig gewesen. Die noch regierenden demokratischen Parteien Zentrum, SPD, DDP konnten aber zu keiner Einigung gelangen. Die Koalition zerbrach und die Regierung trat am 27. März 1930 zurück.

Zweifel am Parlamentarismus

Für den Rücktritt der Reichsregierung war die Frage der Arbeitslosenversicherung nur der vordergründige Anlass; die Ursachen lagen tiefer. Die Parteien selbst hatten versagt, indem ihr Denken zu sehr um sie selbst kreiste statt sich einer sachlichen Lösung der Probleme zuzuwenden. Abgeordnete hatten ihr Unbehagen am Parteiwesen und am Parlamentarismus bereits während der Kaiserzeit formuliert und in die Republik mitgenommen. Sie kritisierten vor allem die vorrangige Rücksichtnahme auf partikulare Interessen, hinter die das Gemeinwohl zurücktreten musste. Auch die Wahl von Kandidaten, die man nicht wirklich kannte, führte zu Unbehagen. Bestmögliche Sachlösungen, so die Kritik weiter, seien nicht erreichbar; man müsse Kompromisse bis zur Verbiegung des Charakters schließen. Auch fehle den politischen Amtsträgern die für ihr Amt notwendige Sachkenntnis; die gleiche Person sei das eine Mal Gesundheitsminister, dann Wirtschaftsminister usw.

Die Wahlen des Jahres 1930 führten zu keiner neuen Regierungsbildung. Um ein Machtvakuum zu vermeiden, musste der Reichspräsident einen Reichskanzler ernennen. Die so gebildeten Regierungen nannte man Präsidialkabinette. Sie waren ganz vom Vertrauen des Reichspräsidenten abhängig, da der Reichskanzler über keine parlamentarische Mehrheit verfügte.

Hindenburg

Reichspräsident war seit 1925 Paul von Hindenburg, im Ersten Weltkrieg Generalfeldmarschall, nun Mitglied und führender Vertreter der rechtskonservativen DNVP. Er konnte bei der Reichspräsidentenwahl von 1925 den Sieg davontragen, da die Kommunistische Partei nicht den Kandidaten der politischen Mitte unterstützte, sondern mit Ernst Thälmann einen eigenen Bewerber aufstellte, der knapp 2 Millionen Stimmen auf sich vereinen konnte. Hätte Wilhelm Marx diese Stimmen erhalten, hätte er mit mehr als einer Million

Stimmen Vorsprung Hindenburg hinter sich lassen können. So ermöglichte die Kandidatur eines Kommunisten den Sieg eines Nationalisten und bescherte der Republik einen weiteren Rechtsruck.

Der erste Reichskanzler von Hindenburgs Gnaden war Heinrich Brüning; er war knapp 15 Monate im Amt, bis ihn Hindenburg fallen ließ. Wegen seiner Spar- und Deflationspolitik ging er als „Hungerkanzler" in die Annalen ein. Ihm folgte Franz von Papen, der wegen seiner Überlegungen zu einem Verfassungsbruch und zu Staatsstreichplänen nach fünf Monaten Kurt von Schleicher Platz machen musste. Schleicher demissionierte nach nur zwei Monaten Amtszeit, nachdem Hindenburg auch seine Staatsstreichpläne verworfen hatte. Zwei Tage später wurde dann das letzte Präsidialkabinett ernannt, das sich ganz anders entwickeln sollte als seine Vorläufer: Das Kabinett Hitler. Einsichtige Zeitgenossen sahen in der Absetzung Brünings bereits das erste Anzeichen für den Untergang der Republik. So schrieb Gustav Stolper am 3. Juni 1932 in der Zeitschrift „Volkswirt":

Präsidialkabinette

„Was jetzt kommt, ist schicksalhafter Ablauf. Der Damm, den Brüning – mit Hilfe Hindenburgs – aufgerichtet hat, ist geborsten. Die Flut bricht über Deutschland herein. Wir wissen, dass die Männer, die Brüning gestürzt haben, es anders meinen. Wir wissen aber auch, dass sie irren, dass sie nicht die Herren einer Entwicklung sind, die sie frevelhaft und unkundig der Konsequenz ihres Tuns entfesselt haben. Die deutsche Staatskrise ist da."[26]

Bruch der Großen Koalition 1930		
Anlass	Ursachen	Folgen
• Krise der Arbeitslosenversicherung • Uneinigkeit über die Erhöhung der Beiträge	• Parteidenken • Kein Wille zu Sachlösungen • Skepsis gegenüber dem Parlamentarismus	• Fehlende Mehrheit für neue Regierungsbildung • Präsialkabinette • Wegbereitung für autoritäre Lösungen

Inhaltliche Ergebnissicherung

2 Nationalsozialismus

2.1 Planung der Unterrichtseinheit

Mit dem Nationalsozialismus behandeln wir die furchtbarste, aber auch eine der wichtigsten und dramatischsten Epochen der deutschen Geschichte. Sie gibt uns Einblicke in die grausigen Abgründe der menschlichen Natur, aber auch in tiefere Zusammenhänge der Geschichtsentwicklung. Die Zeit des Nationalsozialismus ist sicherlich die bestdokumentierte und die am häufigsten thematisierte Zeit der deutschen Geschichte. Zugleich dürfte sie aber auch die Zeit sein, die am schwierigsten zu verstehen ist.

Zur Planung der Unterrichtseinheit gehen wir wieder von unseren Domänen und den für sie relevanten Kategorien aus.

Relevante Kategorien

Herrschaft	Recht	Gesellschaft	Religion	Wissenschaft
• Diktatur • Führerkult • Germanische Demokratie	• Abbau der Rechtsgleichheit • Sondergerichte	• Bürgerliche Gesellschaft • Tendenz zur kollektiven Gesellschaft	• Aufleben altgermanischer Religionselemente • Versuch einer Verdrängung des Christentums	• Deutsche Wissenschaft

Wirklichkeit	Selbstverständnis	Wirtschaft	Krieg
• Ideologie verdrängt die Wirklichkeit	• Kampf dem Individualismus • Volksideologie • Mensch als Glied eines Systems	• Marktwirtschaft • Staatliche Wirtschaftsprogramme • Staatswirtschaft	• Lebensprinzip von allem • Kampf ums Dasein

Die in den jeweiligen Domänen zu berücksichtigenden Kategorien machen schon die Problematik des Nationalsozialismus sichtbar. Keine Domäne bleibt gegenüber der Weimarer Republik, ja sogar gegenüber den grundlegenden Kategorien der Neuzeit, wie wir sie in Band 4 herausgearbeitet haben, unverändert. Auch unsere Wirklichkeitskategorien „Religion", „Wissenschaft", „Wirklichkeit" und „Selbstverständnis", die normalerweise nur langfristigen

Entwicklungen unterliegen, erfahren eine dramatische Veränderung. Dies macht deutlich, dass es sich beim Nationalsozialismus nicht nur um eine politische Richtung, sondern um eine Bestrebung handelte, die tief in das Innere der menschlichen Natur eingreifen und diese verändern wollte. Die Ideologen des Nationalsozialismus waren sich dessen bewusst und sprachen daher nicht von einer politischen Partei, sondern von einer „Bewegung". Daher kommt der Behandlung der Ideologie des Nationalsozialismus eine besondere Bedeutung zu, da hier seine Wesensart in seiner Tiefe greifbar und deutlich wird.

Strukturskizze „Nationalsozialismus"			
Leitthema: Wie war der Nationalsozialismus möglich?			
Aufbau der Diktatur	Ideologie	Außenpolitik	Widerstand
• Ernennung Hitlers zum Reichskanzler • Reichstagsbrandgesetz • Ermächtigungsgesetz • Gleichschaltungen • Akzeptanz	• Führerkult • Pseudoreligiöse Dimension des NS • „Volksgemeinschaft" und Antiindividualismus • Mentalität des NS • Rassenlehre • Entrechtung, Terrorisierung und Vernichtung der Juden	• Revision von „Versailles" • Griff nach der Tschechoslowakei • Der Hitler-Stalin-Pakt • Der Zweite Weltkrieg	• Widerstand gegen den NS
Innere		Äußere	
Ermöglichung des Nationalsozialismus			

Strukturskizze

2.2 Die Stufen der Machtergreifung

2.2.1 Hitlers Ernennung zum Reichskanzler

Staatsrechtlich betrachtet war das „Kabinett Hitler" zunächst nichts anderes als ein weiteres der von Hindenburg ernannten Präsidialkabinette der Weimarer Republik. Wie bei der Bildung der bisherigen Kabinette spielten auch hier politische Intrigen und Ränke eine nicht unerhebliche Rolle. Noch am Morgen des 30. Januar 1933 warnte von Papen: „Wenn bis 11.00 h keine Regierung steht, marschiert die Wehrmacht"[27]. Er drohte mit einem Militärputsch und erweckte den Anschein, dass die Regierungsbildung keinerlei Aufschub dulde. Hitler begegnete dieser Überrumpelungstaktik mit dem Gedanken einer baldigen Neuwahl. Hugenberg, der damalige Medienzar, lehnte dies aber ab. Es kam zu heftigen Debatten, die der ins Zimmer eintretende Staatssekretär Meißner mit dem Hinweis beendete: „Es ist 11.15 h. Meine Herren, sie können den Herrn Reichspräsidenten nicht länger warten lassen."[28] Hitler erklärte,

Kabinett Hitler

dass er sich von keinem der jetzt ernannten Minister nach der Wahl trennen werde. Hugenberg gab daraufhin nach. Hitler und von Papen triumphierten.

„Einrahmungskonzept"

```
                    HINDENBURG
                    Reichspräsident

 v. PAPEN            FRICK              SELDTE
 Vizekanzler         Innenminister      Arbeitsminister
 Zentrum             NSDAP              Stahlhelm

 v. KROSIGK          HITLER             GÜRTNER
 Finanzen            Reichskanzler      Justiz
 parteilos           NSDAP              DNVP

 HUGENBERG           GÖRING             v. BLOMBERG
 Wirtschaft          Minister ohne      Wehrmacht
 DNVP                Geschäftsbereich   General
                     NSDAP

                     v. NEURATH
                     Außenpolitik
                     parteilos
```

Von Papen sah auf die Anzahl der Minister; sieben von zehn gehörten nicht der NSDAP an. Er glaubte, mit dieser Mehrheit Hitler bändigen, ihn für die Ziele der Rechten einspannen und „zähmen" zu können.

„Wir haben uns Herrn Hitler engagiert", soll er gesagt haben. „Ich habe das Vertrauen Hindenburgs. In zwei Monaten haben wir Hitler in die Ecke gedrückt, dass er quietscht."[29]

Hitler dagegen triumphierte, weil die NSDAP im Besitz der wichtigsten Ämter war. Hitler war Reichskanzler, Frick hatte als Innenminister die Verfügungsgewalt über die Polizei, Göring stand als Minister ohne Geschäftsbereich für besondere Aufgaben zur Verfügung. Hitler ging es nicht um Mehrheitsverhältnisse, sondern um Entscheidungsbefugnisse.

Am Abend schon marschierte die SA im Fackelzug durch das Brandenburger Tor. Von Papen und die politische Rechte unterschätzten Hitlers Dynamik und die damit heraufziehende Gefahr maßlos.

Wenige Tage nach der Ernennung Hitlers zum Reichskanzler lieferte die NS-Propaganda ihr erstes Meisterstück – im Postkartenformat. In einer Reihe wurden Friedrich II., Bismarck, Hindenburg und Hitler abgebildet. In der Blickrichtung wohl geordnet erschien Hitler nach wenigen Regierungstagen sofort in einer Reihe „großer Deutscher". Es waren ganz bestimmte Deutsche: Ein preußischer König, der erste Reichskanzler des Deutschen Reichs, ein Generalfeldmarschall, ein Soldat. Hitler wurde in die deutschen Geschichte eingereiht – in die preußische und in die Reichsgeschichte; ebenso in die Militär-

Postkarte 1933

tradition, nicht aber in die demokratische Tradition der Befreiungskriege und der Revolution von 1848. Freiheit und Demokratie passten nicht ins Weltbild der NSDAP.

Die Karte war mit einem Untertitel versehen, der graphisch und inhaltlich ebenfalls wohl geordnet und strukturiert war: „Was der König eroberte, der Fürst formte, der Feldmarschall verteidigte, rettete und einigte der Soldat." Die Reihe der Substantive – König, Fürst, Feldmarschall, Soldat – ließ auf der einen Seite einen Abstieg, auf der anderen eine Annäherung an das Volk erkennen. Die Verben – erobern, formen, verteidigen, retten – machten diesen Abstieg mit und standen für die Situation Deutschlands: Deutschland, so die NS-Propaganda, war von einstiger Größe herabgesunken und in eine Notsituation geraten, aus der es ein Erlöser erretten musste – der einfache Soldat aus dem Volk, Hitler. Solche Gedanken lagen der Gestaltung der Postkarte zugrunde und wurden vom Betrachter unbewusst aufgenommen. Es sollte sofort klargestellt werden: Das Kabinett Hitler war nicht eines der bisherigen Präsidialkabinette, sondern etwas ganz Anderes.

2.2.2 Aufhebung der Grundrechte und Ausschaltung des Parlaments

Am 27. Februar 1933 brannte der Reichstag. Als Täter wurde der Kommunist Marinus van der Lubbe ausgegeben, obwohl seine Täterschaft bis heute nicht erwiesen ist. Spätere Untersuchungen gingen davon aus, dass mehrere Täter am Werk waren; ein eindeutiges Ergebnis liegt aber bis heute nicht vor. Außer Zweifel stand allerdings, dass der Brand des Reichstags den Nationalsozialisten sehr gelegen kam, sodass sie sehr bald selbst als mögliche Urheber verdächtigt wurden. Göring selbst nahm empört zu diesen Anschuldigungen im Reichstag Stellung. Am nächsten Tag titelte der „Völkische Beobachter", das Parteiblatt der NSDAP: „Jetzt wird rücksichtslos durchgegriffen". Diese Ankündigung wurde am gleichen Tag, dem 28. Februar 1933, mit der „Verordnung des Reichspräsidenten zum Schutz von Volk und Staat" in die Tat umgesetzt:

Reichstagsbrandverordnung

> „Aufgrund des Art. 48 Abs. 2 der Reichsverfassung wird zur Abwehr kommunistischer staatsgefährdender Gewaltakte folgendes verordnet:
> § 1 Es sind [...] Beschränkungen der persönlichen Freiheit, des Rechtes der freien Meinungsäußerung einschließlich der Pressefreiheit, des Vereins- und Versammlungsrechtes, Eingriffe in das Brief-, Post-, Telegraphen und Fernsprechgeheimnis, Anordnungen von Haussuchungen und von Beschlagnahme sowie Beschränkungen des Eigentums außerhalb der sonst hierfür bestimmten gesetzlichen Grenzen zulässig.
> § 2 Werden in einem Lande die zur Herstellung der öffentlichen Sicherheit und Ordnung nötigen Maßnahmen nicht getroffen, so kann die Reichsregierung insoweit die Befugnisse der obersten Landesbehörde vorübergehend wahrnehmen."[30]

Diese Verordnung hob die Grundrechte der Weimarer Verfassung auf, erlaubte die willkürliche Verhaftung von Personen und schuf einen permanenten Ausnahmezustand, der den politischen Terror formal legalisierte. Nicht nur das Ermächtigungsgesetz, sondern vor allem diese Verordnung darf als das eigentliche Staatsgrundgesetz des Dritten Reiches bezeichnet werden. Auf dieser Grundlage wurden schon im März 1933 die ersten Konzentrationslager geschaffen, deren Insassen noch nicht Juden, sondern politische Gegner des Nationalsozialismus waren. Am gleichen Tag wurde eine weitere Verordnung erlassen, die die Vorschriften für Landesverrat und den Verrat militärischer Geheimnisse verschärfte. So konnte folgende zynische Meldung bereits am 4. April 1933 in einer Reutlinger Zeitung gelesen werden:

> Auf dem Heuberg: „Großzügig angelegtes Militärlager–Das größte Konzentrationslager in Deutschland–Wundervolle Hochlage–Zur Zeit 1750 Internierte und 450 Mann Bewachung–Gute Verpflegung und Behandlung–Hinter Stacheldraht–Nichts arbeiten den ganzen Tag [...] Absonderung der ‚Allerärgsten'. Die Rädelsführer, die ganz Schlimmen, sind in einem besonderen Hause untergebracht."[31]

Die Wirklichkeit dieses Konzentrationslager sah nach dem Bericht eines ehemaligen Häftlings damals schon so aus:

> „Im [Strafbau stellte man sie] an die Wand – Nase und Fußspitzen mussten die Wand berühren –, bis die Leute rückwärts auf die scharfkantigen Steinbrocken fielen, die hinter ihnen aufgeschichtet waren. Das [...] wurde solange fortgesetzt, bis der Häftling liegen blieb. Darauf wurde er unter Knüppelschlägen weggeschleift [...]. Mein Freund, Geschäftsführer des Metallarbeiterverbandes, [...] sagte zu mir: «Ich kann nicht mehr, ich nehme mir das Leben!» Bald nach seiner Entlassung starb er [...]. Er war in den wenigen Wochen seiner KZ-Haft körperlich und seelisch ruiniert worden [...]. Als ich entlassen wurde, musste ich mich verpflichten, draußen kein Wort über meine Internierung zu sprechen, andernfalls hätte ich mit verschärfter Haft zu rechnen." (Interview)[32]

Inhaltliche Ergebnissicherung

Verordnung zum Schutz von Volk und Staat vom 28. Februar 1933	
• Aufhebung der Grundrechte • Permanenter Ausnahmezustand • Eingriffsmöglichkeiten des Reiches in die Länder	• Formale Legalisierung des politischen Terrors und der KZ, die ab jetzt eingerichtet werden • Erstes und eigentliches Staatsgrundgesetz des Dritten Reiches. Damit wird die Verfolgung und Internierung Andersdenkender formalrechtlich möglich • März 1933: Allein in Preußen ca. 10 000 Personen inhaftiert • April 1933: KZ hatten schon über 20 000 Insassen

Reichstagwahl vom 23.3.1933

Hitler wollte nicht nur Gegner ausschalten, sondern auch politisch auf einer Rechtsgrundlage uneingeschränkt handeln können. Dazu schwebte ihm eine absolute Mehrheit im Reichstag vor, die es ihm erlaubte, ohne Kompromisse seine Gesetzesvorhaben zu verabschieden. Zugleich strebte er eine Verfassungsänderung an, wozu er eine Zweidrittelmehrheit der Stimmen benötigte. Eine schon bei seiner Ernennung zum Reichskanzler angekündigte und am 5. März 1933 durchgeführte Wahl zum Reichstag sollte ihm diese Mehrheiten bringen. Das Ergebnis war aus seiner Sicht enttäuschend. Er hatte nicht nur die Zweidrittelmehrheit, sondern schon die einfache absolute Mehrheit verfehlt. Die NSDAP konnte nur 43,9% der abgegebenen Stimmen auf sich verei-

Stufen der Machtergreifung 45

nigen und war damit auf einen Koalitionspartner angewiesen. Hitler musste also auf andere Mittel sinnen.

Ergebnisse der Reichstagswahl

Reichstagswahl vom 5.3.1933		
Partei	Stimmenanteil	Sitze
NSDAP	43,9%	288
Kampffront Schwarz-Weiß-Rot (= DNVP + Stahlhelm)	8,0%	52
DVP	1,1%	2
Bayerische Volkspartei	2,7%	19
Zentrum	11,2%	73
Kleinere Mittelparteien zusammen	1,6%	7
Deutsche Staatspartei	0,9%	5
SPD	18,3%	120
KPD	12,3%	81
Insgesamt	100,0%	647
Wahlberechtigte: 44,7 Millionen Wahlbeteiligung: 88,7%		

Hitler suchte nun durch ein Gesetz die Befugnisse zu erlangen, die er bei einer Zweidrittelmehrheit parlamentarisch gehabt hätte: Durch das sog. „Ermächtigungsgesetz", das am 23. März 1933 verabschiedet und am Folgetag im Reichsgesetzblatt veröffentlicht wurde.

Ermächtigungsgesetz

Gesetz zur Behebung der Not von Volk und Staat vom 23.3.33 („Ermächtigungsgesetz")	
Inhalt:	Bedeutung:
• Reichsregierung kann Gesetze beschließen	• Aufhebung der Gewaltenteilung zwischen Legislative und Exekutive
• Reichsgesetze können von der Reichsverfassung abweichen	• Regierung nicht mehr an die Verfassung gebunden; Verfassungsänderungen sind damit nicht mehr nötig
• Reichsregierung kann Verträge mit anderen Staaten ohne Zustimmung des Reichstags abschließen	• Regierung ist außenpolitisch unabhängig
	• Selbstabdankung des Reichstags

Damit hatte Hitler nach der Aufhebung der Grundrechte die Axt an die zweite Wurzel der Demokratie gelegt – an die Gewaltenteilung. Mit dem Ermächtigungsgesetz wurde die Trennung von Exekutive und Legislative aufgehoben.

Warum hatte der Reichstag einem Gesetz zugestimmt, das seine eigene Abdankung beschloss? Bemerkenswert war Hitlers Begründung des Gesetzesantrags. Er sprach offen aus, dass das Gesetz eigentlich nicht notwendig sei. Es entspräche aber dem „Sinn der nationalen Erhebung" und sei nicht gegen Reichstag, Reichsrat, Präsident, Länder oder Kirchen gerichtet. An Ende seiner Rede stellte er die Abgeordneten aber vor die Entscheidung „Krieg oder Frieden". Der Sinn des Gesetzes war aus seiner Sicht allein die Errichtung einer Diktatur. Die einzige Partei, die die Annahme des Gesetzes verweigerte, war

Begründung des Gesetzesantrags

die SPD – vertreten durch ihren Sprecher Otto Wels. Auch er betonte, dass das Gesetz unnötig sei, da verfassungsmäßig regiert werden könne. Außerdem verweigere die SPD wegen der Verfolgungen, denen ihre Mitglieder ausgesetzt waren, die Zustimmung. Prälat Kaas gab für das Zentrum sein Einverständnis, da für den Aufbau Deutschlands Taten, nicht Worte nötig seien. Angesichts der Not sollten „kleine und enge Erwägungen" – so seine Worte – schweigen. Er vertraue auf Hitlers Wort, mit dem Gesetz keinen Missbrauch zu treiben. Auch Dr. Reinhold Maier, der Abgeordnete der Staatspartei, wie sich die DDP seit 1930 nannte, zeigte Verständnis für die Regierung. Er vermisse zwar eine Garantie der Grundrechte und der Rechtsordnung, hoffe aber auf eine gesetzmäßige Entwicklung. Gravierende Bedenken wurden also gegenüber vagen Hoffnungen zurückgestellt. Tatsächlich fand die Abstimmung im Zeichen von Gewalt und Gewaltandrohung statt. Bereits im Vorfeld waren viele Mitglieder der SPD und der KPD verhaftet und den Abgeordneten der KPD der Zutritt zum Reichstag verweigert worden. Der Tagungsraum selbst – die Krolloper – war von SA-Leuten besetzt, die jederzeit losschlagen konnten. Hitlers Androhung „Krieg oder Frieden" war also ernst zu nehmen. So musste sich Otto Wels in der Folgezeit vor Anschlägen durch SA-Leute in Sicherheit bringen. Er floh zunächst nach Saarbrücken, das noch unter internationaler Oberhoheit stand, dann nach Prag und in der Folge der Besetzung der Tschechoslowakei 1938 nach Paris, wo er 1939 verstarb.

2.2.3 Die Gleichschaltungen

Länder

Die Gleichschaltungen, die bald nach der Verabschiedung des Ermächtigungsgesetzes durchgeführt wurden, zeigten unmissverständlich, wie wenig Hitlers Wort, dass Reichstag, Reichsrat, Präsident, Länder usw. unangetastet blieben, wert war. Zunächst wurde die Selbstständigkeit der Länder aufgehoben. Ein „Vorläufiges Gesetz zur Gleichschaltung der Länder mit dem Reich" vom 31. März 1933 bestimmte, dass die Länderparlamente nach den Stimmenverhältnissen des Reichstags neu zusammengesetzt wurden. Gleichzeitig wurde den Landesregierungen erlaubt, Gesetze auch gegen die Landesverfassung beschließen zu können. Durch ein „Zweites Gesetz zur Gleichschaltung der Länder mit dem Reich" vom 7.April 1933 wurden Reichsstatthalter in den Ländern eingesetzt; sie ernannten den Vorsitzenden der Landesregierung und auf dessen Vorschlag die übrigen Mitglieder. Das „Gesetz über den Neuaufbau des Reiches" vom 30. Januar 1934 löste die Länderparlamente auf und unterstellte die Länderregierungen der Reichsregierung und die Reichsstatthalter dem Reichsminister des Innern. Damit wurden die Landesregierungen zu Verwaltungsorganen des Reiches degradiert, denen der politische Handlungsraum genommen war. Folgerichtig wurde am 14. Februar 1934 der Reichsrat aufgelöst.

Verwaltung

Auch die Verwaltung wurde gleichgeschaltet. Das „Gesetz zur Wiederherstellung des Berufsbeamtentums" vom 7. April 1933 ermöglichte, dass Beamte, die sich nicht rückhaltlos für den nationalen Staat einsetzten, entlassen werden konnten. Juden waren aus der Beamtenschaft zu entfernen („Arierparagraph"). Im „Deutschen Beamtengesetz" vom 26.1.37 wurde festgeschrieben, dass Beamte „Vollstrecker des von der NSDAP getragenen Staates" und Adolf Hitler „in Treue verbunden" seien.

Auch die Justiz wurde sehr frühzeitig vereinnahmt. Am gleichen Tag, an dem das Ermächtigungsgesetz verabschiedet wurde, hielt Hitler eine Rede im Reichstag, in der er von einer „Elastizität der Urteilsfindung" sprach. Damit wurde die Justiz von der Politik in die Pflicht genommen und die Unparteilichkeit der Rechtsprechung aufgegeben. Ein gutes Jahr später wurde der „Volksgerichtshof" unter der Leitung von Roland Freisler eingerichtet – ein Sondergericht für politische Fälle, das sich vor allem mit seinen Prozessen und Urteilen gegen Widerstandskämpfer einen unrühmlichen Namen machte.   *Justiz*

In einem weiteren Schritt setzte sich Hitler auch an die Spitze der Judikative. Ernst Röhm, der Chef der SA, hatte gewagt, an Hitlers Politik Kritik zu üben, und beabsichtigte ferner, die Wehrmacht der Führung der SA zu unterstellen. Zur gleichen Zeit – Mitte des Jahres 1934 – wurden auch kritische bürgerliche Stimmen gegen Hitler laut, die von einer Unterdrückung der öffentlichen Kritik, einem widernatürlichen Totalitätsanspruch gegen die Kirche, einer Verachtung des Geistes und einem falschen Personenkult sprachen. Das waren alarmierende Stimmen, die weniger die Öffentlichkeit, sondern vielmehr Hitler aufschreckten. Er entschloss sich, sich ihrer auf brutale Weise zu entledigen. Unter Vorspiegelung eines angeblichen Staatsstreiches, der von Röhm ins Werk gesetzt sein sollte, ließ er Röhm, den ehemaligen Reichskanzler von Schleicher sowie zahlreiche andere missliebige Personen ermorden. Zur Rechtfertigung dieser Taten erließ er am 3. Juli 1934 folgendes Gesetz: *Vereinnahmung der Judikative*

> „Die Reichsregierung hat folgendes Gesetz beschlossen, das hiermit verkündet wird: [...] Die zur Niederschlagung hoch- und landesverräterischer Angriffe am 30. Juni, 1. und 2. Juli 1934 vollzogenen Maßnahmen sind als Staatsnotwehr rechtens."[33]

Die Reichsregierung maßte sich damit die Befugnisse der Justiz an, indem sie über Vorgänge im Reich juristisch urteilte. Damit hob sie auch die Gewaltenteilung zwischen Exekutive und Judikative auf und schloss damit die Transformation der Weimarer Republik in eine Diktatur ab.

In einer Rede vor General- und Oberstaatsanwälten am 12. Juli 1934 zog Göring die letzte Konsequenz:

> „Das Recht und der Wille des Führers sind eins [...]. Das Handeln der Staatsführung an diesen Tagen war die höchste Verwirklichung des Rechtsbewusstseins des Volkes. Nachdem nun dieses Handeln, das an sich schon rechtens war, auch seine gesetzliche Normierung gefunden hat, kann keine Stelle mehr das Recht zu irgendeiner Nachprüfung dieser Aktion für sich in Anspruch nehmen."[34]

Und Hitler erklärte fünf Tage später vor dem Reichstag:

> „Wenn mir jemand den Vorwurf entgegenhält, weshalb wir nicht die ordentlichen Gerichte zur Aburteilung herangezogen hätten, dann kann ich ihm nur sagen: In dieser Stunde war ich verantwortlich für das Schicksal der deutschen Nation und damit des deutschen Volkes oberster Gerichtsherr."[35]

Nationalsozialismus

Damit war die Aufhebung der Gewaltenteilung nicht nur praktisch, sondern auch ideologisch vollzogen; es gab nun auch theoretisch keine unabhängige Rechtsprechung mehr.

Gewerkschaften

Ebenso früh wie die Justiz wurden auch die Gewerkschaften gleichgeschaltet. Nachdem am 1. Mai 1933 eine alte Forderung der Gewerkschaften erfüllt wurde und der Tag unter gewaltigen Kundgebungen und Aufmärschen zum „Tag der nationalen Arbeit" erklärt wurde, erfolgte am Tag darauf der ernüchternde Paukenschlag: Die Gewerkschaften wurden verboten und durch die „Deutsche Arbeitsfront" (DAF) ersetzt, in der Arbeiter, Angestellte und Unternehmer gemeinsam vertreten waren. Tarifabschlüsse wurden so zur Sache des Staates.

Präsidentenamt

Am 2. August 1934, dem Tag, an dem Hindenburg verstarb, übernahm Hitler gegen den testamentarischen Willen Hindenburgs auch das Amt des Reichspräsidenten. Er nannte sich nun „Führer und Reichskanzler".

Inhaltliche Ergebnissicherung

Gleichschaltungen			
Länder	**Verwaltung**	**Justiz**	**Parteien**
• Länderparlamente nach Reichstagsverhältnissen zusammengesetzt • Gesetze müssen nicht der Landesverfassung entsprechen • Reichsstatthalter ernennen den Vorsitzenden der Landesregierung • Länderparlamente werden aufgelöst • Länderregierungen werden der Reichsregierung unterstellt • Reichsstatthalter werden dem Reichsminister des Innern unterstellt	• Beamte können entlassen werden • Juden sind aus der Beamtenschaft zu entfernen („Arierparagraph"). • Beamte sind „Vollstrecker des von der NSDAP getragenen Staates", Adolf Hitler „in Treue verbunden"	• Unparteilichkeit der Rechtsprechung wird aufgegeben • Errichtung von Sondergerichten für politische Fälle, bes. des „Volksgerichtshofs" unter Roland Freisler **Armee** • Vereidigung der Reichswehr auf Hitler • Hitler wird Oberbefehlshaber der Wehrmacht	• 14.7.33: Alle Parteien außer der NSDAP werden verboten • 1.12.33: Die NSDAP ist „Trägerin des deutschen Staatsgedankens" • Widerstand gegen die Partei wird zum Widerstand gegen den Staat = Hochverrat

Reichswehr

Am gleichen Tag ließ Hitler auch die Reichswehr auf sich vereidigen:

„Ich schwöre bei Gott diesen heiligen Eid, dass ich dem Führer des Deutschen Reiches und Volkes, Adolf Hitler, dem Oberbefehlshaber der Wehrmacht, unbedingten Gehorsam leisten und als tapferer Soldat bereit sein will, jederzeit für diesen Eid mein Leben einzusetzen."[36]

Ein Vergleich mit den zuvor geleisteten Eiden macht den Übergang von der Republik zur Diktatur deutlich:

Entwicklung des Wehrmachtseides		
Bis 1.12.1933	Bis 1.4.1934	Bis Kriegsende
• Treue der Reichsverfassung • Das Deutsche Reich und seine gesetzmäßigen Einrichtungen schützen • Gehorsam dem Reichspräsidenten und den Vorgesetzten	• Volk und Vaterland treu und redlich dienen • Jederzeit für diesen Eid das Leben einzusetzen	• Adolf Hitler unbedingten Gehorsam leisten • Jederzeit für diesen Eid das Leben einzusetzen

Ab dem 4. Februar 1938 war Hitler also auch Oberbefehlshaber der Wehrmacht, die nicht mehr auf die Verfassung, sondern auf die Person Hitlers vereidigt wurde. Dieser Eid erschwerte moralisch einen militärischen Widerstand gegen Hitler und sein Regime. Die Beurteilung eines solchen Eides werden wir im Zusammenhang der Bewertung des Widerstands zu sprechen kommen.[37]

Vergleicht man den Aufbau des Staates mit dem Aufbau der Partei, kann man auch von einer Gleichschaltung von Staat und Partei sprechen. Denn den Staatseinrichtungen wurden entsprechende Parteiorgane zur Seite gestellt, die auf die Staatseinrichtungen Einfluss nehmen.

Staat und Partei

Organisation von Staat und Partei	
Staat	Partei
Hitler	
„Führer und Reichskanzler"	Führer der NSDAP
Reichsregierung	Parteikanzlei
Reichsstatthalter	Reichsleiter der Reichsämter
Länderregierungen	Gauleiter
Regierungspräsidenten/Landräte	Kreisleiter
Bürgermeister	Ortsgruppenleiter
	Zellenleiter
	Blockleiter

In dieser systematischen Verknüpfung von Parteistruktur und Staatsstruktur, die eine unmittelbare Einwirkung der Partei auf den Staat ermöglichte, erkennen wir ein weiteres wichtiges Merkmal nicht nur der nazistischen, sondern jeder Diktatur, die sich auf eine herrschende Partei stützt. Bemerkenswert ist, dass mit einem „Zellen"- und „Blockleiter" die Einflussmöglichkeiten der Partei in das Alltagsleben noch verfeinert wurden.

Gleichschaltungen im privaten Bereich

Die Gleichschaltungen machten auch vor dem privaten Bereich der Bürger nicht halt. So war im Bericht vom 3. Mai 1933 zur Gleichschaltung des Musikvereins Reutlingen zu lesen:

„Zu einer außerordentlichen Mitgliederversammlung zum Zwecke der Umstellung auf nationale Grundlagen hat der Musikverein seine Mitglieder eingeladen. [...] Nach Erledigung der allgemeinen Tagesordnung trat der geschäftsführende Vorstand zurück. Mit begeisterten Worten für Volk und Vaterland und einem dreifachen «Sieg Heil!» auf Adolf Hitler konnte der Vertreter der NSDAP die Leitung des Vereins dem von ihm ernannten Vorstand übergeben. Derselbe begrüßte dann die inzwischen erschienene Kapelle, die geschlossen zum Stahlhelm übergetreten ist, und konnte nach kurzer Ansprache die harmonisch verlaufene Versammlung schließen. «Gut Klang!»"[38]

Und in einer Gaststättenbekanntmachung vom 3.Mai 1933 wurde mitgeteilt:

„Bekanntmachung!

1. Sämtliche Gaststätteninhaber werden ersucht, künftighin in ihren Lokalen keine Jazzmusik mehr spielen zu lassen. Entstehen hinsichtlich des Begriffes «Jazzmusik» Zweifel, so entscheidet SA-Obermusikmeister K. endgültig.

2. Sämtliche Gaststätteninhaber werden ersucht, in ihren Lokalen an gut sichtbarer Stelle Plakate mit folgender Aufschrift aufzuhängen: Die deutsche Frau raucht nicht!

Der Sonderkommissar – Sch [...] – Sturmbannführer."[39]

Gleichschaltung des Einzelnen

Die Gleichschaltung erfasste auch den Einzelnen. Sie begann bei der Erziehung der Kinder und Jugendlichen und setzte sich beim Erwachsenen fort. Sie war nicht nur ein äußerer politischer und technischer Vorgang, sondern sie sollte in das Innere des Menschen eingreifen. Damit wird die tiefere Natur des Nationalsozialismus fassbar; er wollte nicht nur eine politische Herrschaft ausüben, sondern die Herrschaft auch auf das Innenleben des Menschen ausdehnen, dem Menschen nicht nur die äußere, sondern auch die innere Freiheit rauben. Hitler sprach dies am 4. Dezember 1938 in seiner Rede vor der Reichenberger Hitlerjugend unverblümt aus:

„Und wenn diese Knaben mit zehn Jahren in unsere Organisation hineinkommen und dort oft zum ersten Mal überhaupt eine frische Luft bekommen und fühlen, dann kommen sie vier Jahre später vom Jungvolk in die Hitlerjugend, und dort behalten wir sie wieder vier Jahre. Und dann geben wir sie erst recht nicht zurück in die Hände unserer alten Klassen- und Standeserzeuger (Lachen), sondern dann nehmen wir sie sofort in die Partei, in die Arbeitsfront, in die SA oder in die SS, in das NSKK [NS-Kraftfahrerkorps] usw. Und wenn sie dort zwei Jahre oder einein-halb Jahre sind und noch nicht ganze Nationalsozialisten geworden sein sollten (Lachen), dann kommen sie in den Arbeitsdienst und werden dort wieder sechs oder sieben Monate geschliffen, alles mit einem Symbol, dem deutschen Spaten (Beifall). Und was dann nach sechs oder sieben Monaten noch an Klassenbewusstsein oder Standesdünkel da oder dort vorhanden sein sollte, das übernimmt dann die Wehrmacht zur weiteren Behandlung auf zwei Jahre (Beifall), und wenn sie nach zwei, drei oder vier Jahren zurückkehren, dann nehmen wir sie, damit sie auf keinen Fall rückfällig werden, sofort wieder in die SA, SS usw., und sie werden nicht mehr frei ihr ganzes Leben."[40]

Freiheit war kein positiver Wert für den Nationalsozialismus. Mit geradezu diebischer Schadenfreude sprach Hitler den zitierten letzten Satz aus und zählte die Organisationen auf, über die die Partei in das Alltagsleben hineinwirkte und den Einzelnen an sich zu binden und zu unterwerfen suchte: Jugendorganisationen wie „Jungvolk" und „Hitlerjugend", „Jungmädel" und „Bund deutscher Mädel", Erwachsenenvereinigungen wie die „Deutsche Arbeitsfront" oder die „NS-Frauenschaft", aber auch Berufsverbände wie die nationalsozialistischen Lehrer-, Beamten- und Juristenvereinigungen.

Die freie Einzelperson war ein zentrales Feindbild des Nationalsozialismus, das nicht wie das Propagandaklischee „die Juden" oder „die Kommunisten" lautstark in die Welt posaunt wurde, das aber dem nationalsozialistischen Handeln immer und nachdrücklich zugrunde lag. Wilhelm Frick, der Innenminister des ersten Kabinetts Hitlers, sprach dies auf der Konferenz der Landesminister am 9. Mai 1933 offen aus:

> „Die liberalistische Bildungsvorstellung hat den Sinn aller Erziehung [...] bis auf den Grund verdorben. [Die Schulen] haben nicht den volksverwurzelten, dem Staat verpflichteten deutschen Menschen geformt, sondern der Bildung der freien Einzelperson gedient. [...] Die deutsche Schule hat den politischen Menschen zu bilden, der in allem Denken und Handeln dienend und opfernd in seinem Volke wurzelt und der Geschichte und dem Schicksal seines Staates ganz und untrennbar zu innerst verbunden ist."[41]

Damit wurde ein Menschen- und Staatsbild gezeichnet, das wir aus dem altgriechischen Sparta kennen. Der Einzelmensch sollte für den Staat leben, nicht umgekehrt der Staat dem Einzelmenschen dienen. Damit wird hier schon deutlich, dass das Wertesystem des Nationalsozialismus nicht der europäischen Neuzeit angehört, sondern in der geschichtlichen Vergangenheit zu suchen ist. Wir benötigen daher die entsprechenden historischen Kenntnisse, um es zu verstehen.

Kompetenzorientierte Urteilsbildung

2.3 Die Herrschaftsideologie des Nationalsozialismus

Die zentrale Säule im nationalsozialistischen Herrschaftssystem war Hitler selbst. Um ihn wurde eine kultartige Verehrung geschaffen, die ihn aus der Normalität und Realität hinwegrückte und ins Übermenschliche überhöhte. Robert Ley, einer der alten Weggefährten Hitlers, Leiter der Arbeitsfront und zentraler Propagandist des Führerkultes, wurde nicht müde, Hitlers Einzigartigkeit und Unvergleichlichkeit immer wieder zu betonen. Was er sagte, war an inhaltlicher Dürftigkeit und sprachlicher Unbeholfenheit kaum zu unterbieten. Dennoch war seine Propaganda für den Führerkult maßgebend:

Führerkult

> „Glauben Sie mir, meine lieben deutschen Menschen, der Führer weiß alles, er kennt alle Waffen, jeden Panzer, jedes MG, jedes technische Gerät [...]; glauben Sie mir, der Führer ist einmalig in alledem, er weiß auf jedem Gebiet mehr als der Fachmann auf diesem Gebiet weiß [...] oder nehmen Sie ein anderes Gebiet – nehmen Sie z. B. die Architektur – hier ist er überhaupt der einzige Fachmann, der je gelebt hat."[42]

Der Führer wisse alles, sei auf allen Gebieten der Wissenschaft und der Kunst dem Fachmann überlegen, so propagierte und phantasierte Robert Ley. Die NS-Propaganda schuf oder verarbeitete Elaborate, die eine mystische Einheit von Führer und Gefolgschaft beschworen:

„Wir haben dir einmal geschworen, nun sind wo auf immer dein. Wie Bäche, im Strome verloren, münden wir in dich ein. Auch wenn wir dich einmal nicht fassen, werden wir mit dir gehn. Einst wirst du uns schauen lassen, was du vor uns gesehn. Herzen wie erzene Schilde haben wir um dich gestellt. Und es ist uns, als hielte Gott durch dich seine Welt."[43]

Der Führer verdiene blindes Vertrauen, sei unfehlbar und ein schützender Vater. Durch ihn erhalte Gott die Welt. So hätte ein alter Ägypter von seinem Pharao sprechen können, dessen Aufgabe es war, mithilfe der in und durch ihn wirksamen Gottheit die Weltordnung zu wahren.

Pseudoreligiöse Verehrung des Führers

Wiederum war es Robert Ley, der eine Art Glaubensbekenntnis an den Führer formulierte:

„Wir glauben auf dieser Erde allein an Adolf Hitler. Wir glauben, dass der Nationalsozialismus der allein seligmachende Glaube für unser Volk ist. [...] Wir glauben, dass [der] Herrgott uns Adolf Hitler gesandt hat, damit Deutschland für alle Ewigkeit ein Fundament werde."[44]

Der Führer war der von der „Vorsehung" Erwählte und immer wieder Beschützte; aber auch der Einsame, um sein Volk Ringende. So erhielt Hitler ein Charisma, das ihn von der Realität wegrückte. Verbrechen lastete die Volksmeinung daher weniger Hitler als seinen Handlangern an. Die Wendung „Wenn das der Führer wüsste" war ein Ausdruck dieses Trugbildes.

Am 16. März 1934 wurde in einer 3. Klasse einer Münchner Grundschule folgendes Diktat geschrieben:

„Wie Jesus die Menschen von der Sünde und der Hölle befreite, so rettete Hitler das deutsche Volk vor dem Verderben. Jesus und Hitler wurden verfolgt, aber während Jesus gekreuzigt wurde, wurde Hitler zum Kanzler erhoben. Während die Jünger Jesu ihren Meister verleugneten und ihn im Stiche ließen, fielen die 16 Kameraden für ihren Führer. Die Apostel vollendeten das Werk ihres Herren. Wir hoffen, dass Hitler sein Werk selbst zu Ende führen darf. Jesus baute für den Himmel, Hitler für die deutsche Erde."[45]

So wurde „der Führer" zum Gegenbild von Jesus Christus stilisiert. Er galt als der nationale Erlöser, dem entsprechende Verehrung gebühre.

Der Kult um den Führer – eine pseudoreligiöse Verehrung
• Der Führer „weiß alles"
• Er war der von der „Vorsehung" Erwählte und immer wieder Beschützte
• Er war der „Einsame", um sein Volk Ringende
• Er besaß ein Charisma, das ihn von der Realität wegrückte
• Der Führer wurde zum nationalen Erlöser stilisiert

Das NS-Feierjahr

Der Nationalsozialismus betrachtete sich nicht nur als eine politische, sondern auch als eine religiöse Bewegung, die die Menschen in ihren religiösen Empfindungen erreichen und beeinflussen wollte. An die Stelle christlicher Feste suchte er altgermanische Feste und Feiertage zu setzen, die zusammen mit Ereignissen aus der politischen Geschichte des Nationalsozialismus ein neues kultisches Jahr bilden sollten, das den christlichen Jahreslauf in der Hintergrund rücken und letztlich verdrängen sollte. Auch dieses Bemühen war für das Selbstverständnis und die Natur des Nationalsozialismus charakteristisch, der sich als Pseudoreligion auch das Lebensgefühl der Menschen unterwerfen wollte, das sich in zeitlichen Abläufen und Rhythmen manifestiert.

Das NS-Feierjahr	
30.1.	Machtübernahme
Märzsonntag	Heldengedenktag
20.4.	Hitlers Geburtstag
1.5.	Tag der nationalen Arbeit
1. Maisonntag	Muttertag
21.6.	Sonnenwendfeier
September	Reichsparteitag
Oktober	Erntedankfest
9.11.	Heiligster Tag der „Blutzeugen der Bewegung"
21.12.	Wintersonnenwende
24.12.	Julfest (Weihnachten)

Der 9. November sollte an die Nationalsozialisten erinnern, die beim Hitlerputsch 1923 ums Leben gekommen waren und die von den Nationalsozialisten als „Märtyrer der Bewegung" gefeiert wurden. Ihre Namen wurden jedes Jahr feierlich verlesen, als ob auch die Toten Bestandteil der „Bewegung" seien.

Dem Führerkult entsprechend sollte auch der Staat ganz auf den Führer ausgerichtet sein. Er sollte zu einem Führerstaat werden. Frick beschrieb seine Natur in einer Rede vom 19. November 1936:

Führerstaat

„Das Wesen dieses so entstehenden nationalsozialistischen Führerstaates besteht einmal darin, dass an der Spitze ein Führer steht, dessen Geist und Wille den Staat beseelt und gestaltet, ihm sein Gepräge gibt. Bei ihm liegt die höchste und letzte Entscheidung in allen Angelegenheiten des Staates. In seiner Hand ruht damit letzten Endes alle Macht. «Es muss ein Wille sein, und es muss ein Wille führen.» Der Führer teilt den einzelnen Organisationsformen des Volkes, der Partei, dem Heere, der Verwaltung, den ständischen und wirtschaftlichen Selbstverwaltungseinrichtungen ihre Aufgabe zu. Er ist die höchste Einheit aller Erscheinungsformen des Volkes. Der Führer trägt allein die Verantwortung gegenüber der Volksgemeinschaft."[46]

Der Führerstaat kannte keine Selbstständigkeit der nachgeordneten Organisationen und seiner politischen Leiter und Beamten; alles wurde letztlich vom Führer selbst entschieden. Hitlers tatsächliche Regierungsausübung bewegte sich auf dieses Ideal zu. Er schuf aber kein klar aufgebautes Staatswesen, sondern erstrebte eher das Gegenteil, wie der frühere Reichspressechef Otto Dietrich im Rückblick feststellte:

„Hitler hat in den zwölf Jahren seiner Herrschaft in Deutschland in der staatspolitischen Führung das größte Durcheinander geschaffen, das je in einem zivilisierten Staate bestanden hat. Statt jene von ihm selbst propagierte Führungshierarchie zu entwickeln, die ihm hätte beratend, ausgleichend und kontrollierend zur Seite stehen können, hat er genau das Gegenteil getan. Er hat die Führung in immer ausschließlicherem Maße auf seine Person konzentriert und alle anderen Führungsinstanzen von größerem politischem Einfluss bewusst ferngehalten. Hitler duldete keine anderen Götter neben sich. Der Persönlichkeitskult, den er in Wort und

Schrift betrieb, war nur auf seine eigene Person berechnet. Im übrigen wünschte er nur Ausführung."[47]

Der Führerstaat kannte keine Gleichheit der Person. Auch hierin wandte er sich von den grundlegenden Werten und Prinzipien der Neuzeit ab. Der in der Hierarchie höher stehende besaß von Amts wegen die bessere Einsicht. Daher lehnte der Nationalsozialismus auch die Demokratie und den Parlamentarismus ab. Sie galten ihm etwas „Jüdisches" – eine rein emotionale Bewertung, die keinerlei sachliche Grundlage hatte.

„Germanische Demokratie"

Stattdessen entwickelte die nationalsozialistische Ideologie das Konzept einer „germanischen Demokratie". Hier wurden das Führerprinzip und die Idee der Ungleichheit der Menschen auf den gesellschaftlichen Aufbau des Staates übertragen. Die Ungleichheit wurde rassistisch begründet.

Der Führerstaat	
Struktur des Führerstaates	Die „germanische Demokratie"
Der Führerstaat • wird von einem allein verantwortlichen Führer geleitet: Der Wille des Führers ersetzt den Willen des Einzelnen • verneint das Prinzip der Gleichheit der Menschen • ist ein totalitärer Staat, d. h. er kennt keine Gewaltenteilung und versucht, alle Lebensbereiche zu erfassen • lehnt die Demokratie und den Parlamentarismus ab	Der Führerstaat soll • eine Herrscherschicht besitzen (5–10%) • von einer minderwertigen Arbeitermasse (Sklaven/Heloten) ernährt werden • Nichtarier und politisch Andersdenkende vernichten • kulturelle Höchstwerte hervorbringen • den Verfall des Abendlandes verhindern

Auch hier haben wir es mit einem Konglomerat von Vorstellungen zu tun, die sich an die alten Theokratien, an Sparta und die kulturellen Leistungen Athens anlehnen; eine verworrene Mischung historisch überholter Elemente, die das Gegenteil von dem erreichte, was der Führerstaat angeblich anstrebte.

Volksgemeinschaft

Zu diesen nebulösen und retardierenden historischen Vorstellungen gehörte auch die Idee der Volksgemeinschaft. Hitler erläuterte sie in seiner Rede zum Erntedankfest in Bückeburg am 1. Oktober 1933:

> „Der Nationalsozialismus hat weder im Individuum noch in der Menschheit den Ausgangspunkt seiner Betrachtungen, seiner Stellungnahmen und Entschlüsse. Er rückt bewusst in den Mittelpunkt seines Denkens das Volk. Dieses Volk ist für ihn eine blutmäßig bedingte Erscheinung, in der er einen von Gott geweihten Baustein der menschlichen Gesellschaft sieht. Das einzelne Individuum ist vergänglich, das Volk aber bleibend. Wenn die liberale Weltanschauung in ihrer Vergötterung des einzelnen Individuums zur Zerstörung des Volkes führen muss, so wünscht dagegen der Nationalsozialismus das Volk zu schützen, wenn nötig, auf Kosten des Individuums. Es ist notwendig, dass der einzelne sich langsam zur Erkenntnis durchringt, dass sein eigenes Ich unbedeutend ist, gemessen am Sein des ganzen Volkes, dass vor allem die Geistes- und Willenseinheit einer Nation höher zu schätzen sind als die Geistes- und Willenseinheit des einzelnen."[48]

Auch hier wird wieder deutlich, wie der Nationalsozialismus die Werte der Neuzeit verdrängte: Es ging nicht um den Einzelnen, nicht um die Menschheit, sondern um das „Volk", das als biologische Gemeinschaft verstanden wurde. „Volksgenosse" war, wer dieser biologischen Gemeinschaft angehörte. Daher hatte er einen biologischen Abstammungsnachweis zu führen, den sog. „Ariernachweis".

Dass bereits der Begriff einer „biologischen Gemeinschaft" so problematisch war wie der „Ariernachweis", kam den Nationalsozialisten nicht zu Bewusstsein. Sie hantierten, wie generell in ihrer Ideologie, mit einem unreflektierten, emotionalen Schlagwort, dessen begrifflicher Gehalt keinerlei Rolle spielte. Denn die Idee des „Volkes" hatte eine andere Funktion als die, eine Gemeinschaft biologisch abzugrenzen. Sie war gegen den Einzelnen, das Individuum, gerichtet und diente der Durchsetzung der nationalsozialistischen Herrschaft. Dem Einzelnen wurde mit dieser Anschauung jeder Wert und jede Würde genommen. Er war nur Teil eines Ganzen, das den übergeordneten Wert darstellte, dem sich der Einzelne unterordnen musste oder dem er untergeordnet wurde, wenn er sich gegen diese Wertsetzung sträubte. „Du bist nichts, dein Volk ist alles" war die Parole, die diese Unterordnung bzw. Unterdrückung emotional schlagkräftig propagierte. Wer sich nicht ein- und unterordnete, war ein „Zersetzer der Volkes", ein „Volksschädling", den man – so die Logik der Ideologie – eliminieren und zum „Wohle des Volkes", des Ganzen, auch auslöschen durfte. Er wurde „zugunsten des Volkes" seiner Rechte beraubt. So wurde die nationalsozialistische Herrschaft gerechtfertigt, indem die Regierung mit „dem Volk" und der „Wille der Regierung" mit dem „Willen des Volkes" gleichgesetzt wurden. Praktisch handelten die Nationalsozialisten nach der Herrschaftstheorie Rousseaus, indem sie die „volonté générale", den „allgemeinen Willen", der auf das Wohl des Ganzen oder Aller ausgerichtet sei, für sich beanspruchten. Sie wurden damit allerdings weder Rousseau noch dem Wohl des Ganzen gerecht.

Funktion der Idee der Volksgemeinschrift

Volksgemeinschaft	Nationalismus und Lebensraum
• „Volk" als biologische Gemeinschaft	• Übersteigerter Nationalismus
• Einzelmensch recht- und wertlos	• Pseudoreligiöse Heimat- und Erdverbundenheit
• Unterordnung des Individuums unter den „Willen des Volkes"	• Politik der Ausdehnung nach Osten
• „Wille des Volkes" = Wille der Regierung	• Gegen Russland und osteuropäische Staaten gerichtet

Nationalismus und Lebensraum

Mit der „Volksgemeinschaft" wurde auch der Nationalismus überhöht und ins Religiöse gesteigert. Der „gottgewollte Baustein" der Gesellschaft, wie das „Volk" definiert wurde, wurde auf den Nationalismus übertragen und damit „die Deutschen" zu einem „Volk" gemacht, dessen Existenz und Lebensraum mit allen Mitteln gesichert werden müsse.

Ein Blick auf die Mentalität der Nationalsozialisten kann uns zu einem vertieften Verständnis dessen führen, was als Geistes- und Wesensart des Natio-

Mentalität der Nationalsozialisten

nalsozialismus bezeichnet werden kann. Hier gilt es zu bedenken, dass die Herausarbeitung einer Mentalität idealtypischen Charakter hat, der nicht mit der Natur des einzelnen Nationalsozialisten verwechselt werden darf; er beschreibt die Mentalität als geistiges Gesamtphänomen.

> „Der völkische Staat hat seine gesamte Erziehungsarbeit in erster Linie nicht auf das Einpumpen bloßen Wissens einzustellen, sondern auf das Heranzüchten kerngesunder Körper. Erst in zweiter Linie kommt dann die Ausbildung der geistigen Fähigkeiten. Hier aber wieder an der Spitze die Entwicklung des Charakters, besonders die Förderung der Willens- und Entschlusskraft, verbunden mit der Erziehung zur Verantwortungsfreudigkeit, und erst als letztes die wissenschaftliche Schulung."[49]

So äußerte sich Hitler in „Mein Kampf". Hier erfahren wir Grundlegendes zum Menschenbild und der Denkweise Hitlers. Es ging ihm nicht um den Geist, sondern um den Körper des Menschen, der „herangezüchtet" werden sollte, als ob ein Mensch wie ein Tier über seine Biologie definiert werden könnte. Das, was das Menschliche am Menschen ausmacht – die seelische und geistige Eigenart –, kommt bei Hitler kaum vor, bestenfalls in Form des Charakters, der aber – wie wir gleich sehen werden – auch nur in sehr fragwürdiger Form gefasst wurde. Und was Hitler unter Willens- und Entschlusskraft bzw. Verantwortung verstand, haben wir bei der Besprechung der Volksgemeinschaft schon kennengelernt: Nicht die Willens- und Entschlusskraft bzw. Verantwortung der individuellen Persönlichkeit, sondern das Unterordnen unter einen bestimmenden Willen, das Ausführen von Befehlen usw. Der Mensch sollte nicht reflektiert und selbstgesteuert, sondern wie ein reflexartiger Automat handeln, der ohne Überlegung ausführte, was man von ihm verlangte. Dies wurde an anderer Stelle deutlich:

> „Die Angst unserer Zeit vor Chauvinismus ist das Zeichen ihrer Impotenz. Die größten Umwälzungen auf dieser Erde wären nicht denkbar gewesen, wenn ihre Triebkraft statt fanatischer, ja hysterischer Leidenschaften nur die bürgerlichen Tugenden der Ruhe und Ordnung gewesen wären. Sicher aber geht diese Welt einer großen Umwälzung entgegen. Der völkische Staat wird dafür sorgen müssen, dereinst das für die letzten und größten Entscheidungen auf diesem Erdball reife Geschlecht zu erhalten. Das Volk aber, das diesen Weg zuerst betritt, wird siegen."[50]

Eine „fanatische, hysterische Leidenschaft" wurde den bürgerlichen Tugenden gegenübergestellt und vorgezogen. Zieht man nicht, wie Hitler, die spießbürgerlichen Tugenden heran, sondern stellt der Leidenschaft die Tugenden gegenüber, die seit der antiken Philosophie und dem Christentum entwickelt wurden – nämlich Weisheit, Besonnenheit, Gerechtigkeit oder Nächstenliebe, Wahrheit, Freiheit –, dann wird deutlich, worauf das nazistische Menschenbild abzielte: Auf die Zerstörung des Humanen, des Menschlichen am Menschen. Sein Grundanliegen war nicht eine Verbesserung der Menschennatur, sondern ihre Zerstörung, ihre Animalisierung.

Hans Buchheim, Martin Broszat, Hand-Adolf Jacobsen und Helmut Krausnick haben dieses Menschenbild und diese Mentalität hervorragend herausgearbeitet:

> „Das theoretische Element spielte [...] in der SS eine Nebenrolle; das eigentlich Tragende und Verbindende war stattdessen eine bestimmte Mentalität. [...] So bestand die Erziehung der SS nicht in theoretischer Schulung, sondern in Beeinflussung der

Volksgemeinschaft

Herrschaftsideologie 57

Mentalität: durch die Handhabung des Dienstes, den Stil des Zusammenlebens, den Jargon, die Bewertung der Verhaltensweisen im Alltag und ähnliches. [...] Hinzu kamen einige vereinfachte und verabsolutierte Gegnervorstellungen: «der Jude», «der Bolschewist», «der östliche Untermensch». Alles das war übrigens nicht auf die SS beschränkt, sondern war charakteristisch für die nationalsozialistische Mentalität überhaupt."[51]

Nationalsozialistische Mentalität		
Werte der Nationalsozialisten	Werte, die keine Rolle spielen	Welthistorische Einordnung
• Kerngesunder Körper • Abhärtung • Kampf als Selbstzweck • Verachtung • Hochmut • Verhärtung des Gefühls • Fanatische, hysterische Leidenschaften • Unbedingter Gehorsam	• Freiheit • Individualität • Intellekt • Recht und Gerechtigkeit • Wahrheit • Mitgefühl • Liebe • Menschenwürde	• Zentrale Werte der neuzeitlichen abendländischen Entwicklung, der antiken Philosophie und des Christentums werden abgelehnt • Der Mensch wird auf eine animalische Stufe zurückgedrängt

Betrachten wir die Herrschaftsideologie des Nationalsozialismus unter dem Gesichtspunkt unserer Kompetenzkategorien:

Kompetenzorientierte Urteilsbildung

Domänenbeschreibung zur Orientierung							
Herrschaft	Gesellschaft	Recht	Krieg	Selbstverst.	Religion	Wissenschaft	Wirklichkeit
Europäische Neuzeit							
Demokratie	Bürgerliche Gesellschaft	Rechtsgleichheit	Ächtung des Krieges	Individualismus	Religionsfreiheit	(Natur) Wissenschaft	Sinneswirklichkeit
Nationalsozialismus							
Diktatur Personenkult	Kollektive Gesellschaft	Ungleiche Rechte, Rechtlosigkeit	Grundprinzip des Daseins	Rassen- und Volksideologie	Germanische Götter und Feste	Deutsche Wissenschaft	Ideologie

Alle Kategorien, die für die europäische Neuzeit charakteristisch sind, verschwinden beim Nationalsozialismus. Er erweist sich damit als eine Erscheinung, die in allen Lebensbereichen aus dem Werterahmen der europäischen Neuzeit herausfällt. Er stellt sich damit durchweg als ein „unzeitgemäßes" Phänomen dar, das mit der bislang in Europa entwickelten Wertewelt im Widerspruch steht. Menschen, die den Werten der europäischen Neuzeit verpflichtet sind, stehen notwendig im Widerspruch zum Nationalsozialismus.

Sie können ihn daher nur als existenziell destruktiv und zerstörerisch empfinden und ablehnen.

Mit welchen Kategorien lässt er sich dann aber verstehen? Und warum fand er so viele „unzeitgemäße" Anhänger?

Domänenbeschreibung zur Orientierung							
Herrschaft	Gesellschaft	Recht	Krieg	Selbstverst.	Religion	Wissenschaft	Wirklichkeit
Nationalsozialismus							
Diktatur Personenkult	Kollektive Gesellschaft	Ungleiche Rechte, Rechtlosigkeit	Grundprinzip des Daseins	Rassen- und Volksideologie	Germanische Götter und Feste	Deutsche Wissenschaft	Ideologie
Mittelalterliche, antike und vorantike Kategorien							
Aristokratie	Ständegesellschaft	Gruppen-, Standesrechte	Gerechter Krieg, heiliger Krieg	Standes-/Gruppenbewusstsein	Monotheismus	Phil./theol. Interpretation	Symbolische Wirklichkeit
Theokratie	Kollektive Gesellschaft	Rechtlosigkeit	Naturzustand	Kollektives Bewusstsein	Polytheismus	Mythos	Götterwirklichkeit

Wir sehen, dass wir bis zur Vorantike zurückgehen müssen, um die Kategorien zu finden, die mit denen des Nationalsozialismus in gewisser Hinsicht vergleichbar sind. Theokratische Elemente spiegeln sich im Führerkult, der bis zur göttlichen Verehrung des Führers gesteigert wurde. Ebenso die Vereinigung aller Gewalten in der Person des Führers bzw. Diktators. Sie spiegeln sich aber alle, was betont werden muss, in einer verzerrten, karikierten Form, die sich deutlich von der ursprünglichen Form unterscheidet. Göttliche Verehrung genoss der Gottkönig nicht als Person, sondern durch die in ihm wirksame Gottheit usw. Die Einschmelzung der Bürger mit individuellen Bürger- und Menschenrechten zu einer „Volksgemeinschaft" entspricht der Natur einer kollektiven Gesellschaft. Eine solche Gesellschaft ist aber in der Vorantike anders zu bewerten als in der europäischen Neuzeit. In der Vorantike hat diese Herausbildung des Individuums noch gar nicht stattgefunden; daher konnte es dort auch keine andere als eine kollektive Gesellschaft geben. Zur Zeit des Nationalsozialismus stellte eine solche Gesellschaft aber einen krassen Rückfall in längst vergangene Zeiten und Werte dar. Die Wiederbelebung germanischer Göttervorstellungen entspricht einem Wiederaufleben polytheis-

tischer Vorstellungen. Das Auftreten von Ideologie tritt an die Stelle der alten
Götterwirklichkeit; eine feste Gedankenwelt verdrängt die Sinneswirklichkeit.
Und die Ideologie tritt mit der Unfehlbarkeit und der absoluten Autorität auf,
wie dies bei den Göttern des mythischen Denkens der Vorantike der Fall war.

Was fehlte den Menschen dieses mythischen Zeitalters, weshalb sie der Leitung der Götter bedürftig waren? Es fehlte ihnen noch die eigene Persönlichkeit und das eigene Denken, das sich erst mit der Wende von Mythos zum Logos zu entwickeln begann. Genau dies dürfte auch den neuzeitlichen Zeitgenossen gefehlt haben, die für die nazistische Ideologie anfällig waren. Hören wir jemanden, der für Hitlers Verlockungen empfänglich war:

Persönlichkeitsschwäche als Voraussetzung zur Ideologisierung

> „Augenblicklich waren meine kritischen Fähigkeiten ausgeschaltet [...]. Ich weiß nicht, wie ich die Gefühle beschreiben soll, die mich überkamen, als ich diesen Mann hörte. Seine Worte waren wie Peitschenschläge. [...] Ich vergaß alles über diesen Mann. Als ich mich umschaute, sah ich, dass seine Suggestivkraft die Tausende im Bann hielt wie einen Einzigen. [...] Natürlich war ich reif für dieses Erlebnis. Ich war ein Mann von 32, der Enttäuschungen und des Unbehagens müde, auf der Suche nach einem Lebensinhalt; ein Patriot, der kein Betätigungsfeld fand, der sich für das Heldische begeisterte, aber keinen Helden hatte. Die Willenskraft dieses Mannes, die Leidenschaft seiner ehrlichen Überzeugung schienen auf mich überzuströmen. Ich hatte ein Erlebnis, das sich nur mit einer religiösen Bekehrung vergleichen lässt."[52]

Der Zuhörer war von seinem bisherigen Leben enttäuscht und unfähig, ihm durch eigene Kraft und eigenes Denken einen neuen Inhalt zu geben. So konnten die Inhalte des Agitators Platz greifen und wirken.

Auch Hitler war sich darüber im Klaren, dass er die Persönlichkeit und das Denken seiner Zuhörer ausschalten müsse, damit seine ideologische Botschaft ankommen konnte.

> „Wenn ich in der Masse die entsprechenden Empfindungen wecke, dann folgt sie den einfachen Parolen, die ich ihr gebe. In der Massenversammlung ist das Denken ausgeschaltet. Und weil ich diesen Zustand brauche, weil er mir den größten Wirkungsgrad meiner Reden sichert, lasse ich alle in die Versammlung schicken, wo sie mit mir zur Masse werden, ob sie wollen oder nicht."[53]

> „Gleich dem Weibe, dessen seelisches Empfinden weniger durch Gründe abstrakter Vernunft bestimmt wird [...] liebt auch die Masse mehr den Herrscher als den Bittenden, und fühlt sich im Innern mehr befriedigt durch eine Lehre, die keine andere neben sich duldet, als durch die Genehmigung liberaler Freiheit; sie weiß mit ihr auch meist nur wenig anzufangen und fühlt sich sogar leicht verlassen. Die Unverschämtheit ihrer geistigen Terrorisierung kommt ihr ebenso wenig zu Bewusstsein wie die empörende Misshandlung ihrer menschlichen Freiheit, ahnt sie doch den inneren Irrsinn der ganzen Lehre in keiner Weise."[54]

Bemerkenswert, wie klar Hitler diesen psychischen Mechanismus durchschaut hatte, der ihm seine Zuhörer zutrieb; und bemerkenswert auch, dass er gesteht, bei seinen Reden selbst zur Masse zu werden. Fehlte auch Hitler eine in sich gefestigte Persönlichkeitsstruktur?

2.4 Die Rassenlehre und die Vernichtung der Juden

Antisemitismus

Die antisemitische Rassenlehre war keine Erfindung der Nationalsozialisten; solche Lehren traten schon ab der 2. Hälfte des 19. Jahrhunderts auf. Sie waren Ausdruck jenes großen Umschwungs in Politik, Kultur und Wissenschaft, den wir im 4. Band besprochen haben und für den als pars pro toto der Begriff der „Realpolitik" stehen mag: Die Abkehr von einem werteorientierten Denken hin zu Egoismus, Rechtlosigkeit, Gewalt, die man von nun an als „Realien" anzusehen gewillt war.

> „Es hieße den Pantheismus in der Geschichte übertreiben, wollte man alle Rassen als gleichwertig betrachten [...]. Ich bin daher der erste, anzuerkennen, dass die semitische Rasse im Vergleich mit der indoeuropäischen Rasse wahrhaftig eine minderwertige Mischung der menschlichen Natur darstellt".[55]

So schrieb Ernest Renan 1855. Deutsche Denker wie Eugen Dühring schlugen in die gleiche Kerbe:

> „Die Juden sind ein inneres Carthago, dessen Macht die modernen Völker brechen müssen, um nicht selbst von ihm eine Zerstörung ihrer sittlichen und materiellen Grundlagen zu erleiden. Die Judenhaftigkeit lässt sich [...] nicht anders als mit den Juden selbst beseitigen."[56]

Um die Bedeutung des rassistischen Antisemitismus zu erkennen, werfen wir einen Blick auf große, markante Stationen der Geschichte des Antisemitismus:

Stationen des Antisemitismus

Große Stationen der Geschichte des Antisemitismus	
Römisches Reich: Politischer Antisemitismus	• Politische Verfolgung der Juden im Römischen Reich wegen der Weigerung, den Kaiser als Gott zu verehren • Abhilfe: Verhalten ändern und den Kaiser verehren
Mittelalter: Religiöser Antisemitismus	• Religiöse Verfolgung der Juden im Mittelalter und in der frühen Neuzeit als Gottesmörder • Abhilfe: Glauben ändern (konvertieren)
19. Jahrhundert und Nationalsozialismus: Rassistischer Antisemitismus	• Rassistische Diskriminierung und Verfolgung der Juden, weil sie biologisch minderwertig und den „guten Kräften der Evolution" abträglich sind • Abhilfe: Keine

Der politische und religiöse Antisemitismus der römischen Antike und des Mittelalters war gegen Verhaltensweisen und Glaubensinhalte gerichtet. Ein Verfolgter hatte also die Möglichkeit, sich diesen Verfolgungen durch eine Änderung seiner politischen Überzeugung oder seines Glaubens zu entziehen. Diese Möglichkeit gab es beim rassistischen Antisemitismus nicht. Das „Schlechte" und zu Bekämpfende lag in der Biologie, in der natürlichen Beschaffenheit des Körpers. Seinen Körper aber konnte man nicht auswechseln;

in ihm war der „Makel" unauslöschlich eingebrannt. Nur mit seiner Vernichtung war damit „das Schlechte" zu beseitigen. Das war die tödliche Logik des rassistischen Antisemitismus, die der Nationalsozialismus mit unfassbarer Konsequenz zu Ende gedacht und gebracht hat.

Solche rassistischen Anschauungen wie auch die konkrete Ausgestaltung der nationalsozialistischen Rassenlehre beruhen auf keinerlei seriösen oder gar wissenschaftlichen Grundlagen. Es sind ideologische Wahngebilde, die sich seit der zweiten Hälfte des 19. Jahrhunderts vieler Köpfe der europäischen Menschheit bemächtigt haben. Diese Tatsache, dass es Menschen gab, die sich solche Wahnideen zu eigen machen konnten und sogar vorgaben, daraus eine „Wissenschaft" machen zu wollen, wie es an deutschen Universitäten während des Dritten Reiches geschehen ist, ist mindestens genauso erschreckend wie die Inhalte dieser „Lehren" selbst.

Ideologische Wahngebilde

Die nationalsozialistischen Rasseideologen gingen davon aus, dass der „Kampf ums Dasein" das allgemeine und grundlegende Gesetz des Lebens und der Evolution darstelle. Dieser Kampf müsse sowohl gegen die Natur als auch gegen andere Völker geführt werden. Im ersten sahen sie die Lehren Darwins, im zweiten die des Sozialdarwinismus bestätigt. Nach der Art, wie dieser Kampf geführt werde, unterschieden die Rassenideologen die Rassen. Die einen führten den Kampf offen; das waren die sog. „Arier", die „Herren- und Kriegerrasse". Die anderen wagten den offen Kampf nicht, sondern wichen auf versteckte oder gar heimtückische Kampfweisen aus. Die sog. „Kuli- und Fellachenrassen" breiteten sich einfach aus und nahmen den anderen Rassen auf diese Weise den Lebensraum weg. Die „Parasiten" hingegen kämpften mit List und Tücke; sie „zersetzten" den Feind von „innen".

Nationalsozialistische Rassenlehre

Die Kreation einer „Parasitenrasse" machte die Genese dieser Rassenlehre deutlich: Die gängigen Klischees und Vorurteile gegen die Juden wurden zusammengefasst und daraus eine „Rasse" gemacht. Ebenso willkürlich waren die anderen Schöpfungen, was ihre Benennungen schon verraten. Der Begriff „Arier" stammt aus der Sprachwissenschaft und wurde auf indoiranische Völker wie Meder, Perser, Inder und die Sprecher der Kafirsprachen angewandt. „Arya" bezeichnete ein Mitglied der obersten Klasse. „Arisch" wurde dann mit „indogermanisch" gleichgesetzt und durch die Nationalsozialisten auf „nordische Völker" angewandt – auf Deutsche, Engländer, Dänen und Skandinavier. „Kuli" bezeichnete einen einfachen Dienstleister in der alten chinesischen Gesellschaft; „Fellachen" stand für herumziehende Nomaden. Damit sollte die Mehrzahl der Bevölkerung des Erdballs, nämlich alle farbigen Völker Asiens und Afrikas sowie die europäischen Völker, die nicht „arisch" waren, bezeichnet werden. Für das russische Volk wurde noch ein bemerkenswertes Wortungetüm geschaffen, das den Unsinn der Rassenlehre auch sprachlich veranschaulicht: „Ostbaltisch-ostisch-innerasiatisches Volkstum". Hitler selbst machte, wie seine Sekretärin Traudl Junge in ihren Erinnerungen berichtete, sich gelegentlich über solche Exzesse seiner Rassenideologen lustig, was ihn aber nicht abhielt, den Rassenwahn in brutale Politik umzusetzen. Die

Rasse und Gesäß

Die Wissenschaft der Rassentheoretiker: Selbst an der Form des Gesäßes glaubten sie, den Wert eines Menschen bestimmen zu können.

Rassenideologie war für ihn das Mittel, das er für die Zwecke seiner Politik brauchte.

NS-Rassenlehre		
Grundüberzeugung	Rassen	Eigenschaften
• „Das allgemeinste, unerbittlichste Gesetz des Lebens ist der Kampf ums Dasein" • Kampf gegen die Natur = Darwinismus • Kampf gegen andere Völker = Sozialdarwinismus	• Herren- und Kriegerrasse („Arier")	• Offener Kampf • Wagemutig • Kulturschöpferisch und staatenbildend • „Nordische Rasse", deren „Vorvolk" die Deutschen sind
	• Kuli- und Fellachenrassen	• Kämpfen durch unmerkliche Vermehrung • Bedürfnislos, fügsam und fruchtbar • Mehrzahl der Bevölkerung des Erdballs
	• Parasiten	• Intelligent und heuchlerisch • Einschmeichelung • Händlerische Schlauheit • Raffinierte geistige Zersetzung

Diskriminierung   Die Rassenlehre führte zu einer systematischen Verfolgung der Juden. Sie begann mit Hetze und Diskriminierung. „Juden sind unser Unglück" war auf einem Transparent zu lesen, das quer über einen Marktplatz ausgespannt war. Auf Bänken in Parkanlagen verbot eine Aufschrift „Nur für Arier" die Benutzung durch Juden. Auch die Fahrt in öffentlichen Bussen und Straßenbahnen wurde ihnen verwehrt. In sog. „Sprichwörtern" mussten sie sich vorhalten lassen, dass bei „Juden und Läusen nur eine Radikalkur" helfe, usw. Die Diskriminierung wurde von Boykotten jüdischer Geschäfte begleitet und zu öffentlichen Entwürdigungen junger jüdischer Frauen und Männer gesteigert, die beim Umgang mit dem anderen „arischen" Geschlecht ertappt wurden. „Rassenschande" hieß dies in der Propaganda.

Entrechtung   Die Diskriminierung verschärfte sich in den „Nürnberger Gesetzen" zur Entrechtung. Das Reichsbürgergesetz nahm den jüdischen Bürgern ihre Bürgerrechte; zugleich machte es deutlich, dass die Nationalsozialisten ihrer eigenen Rassenlehre nicht trauten. Zum Reichsbürger gehörte nämlich nicht nur das richtige „Blut", sondern auch noch das richtige Verhalten. Gemäß der Rassenideologie hätte das erste ausreichen müssen, den „guten Reichsbürger" zu definieren.

Das zweite Gesetz brachte diejenigen in große persönliche Schwierigkeiten, die mit einer jüdischen Frau oder einem jüdischen Mann verheiratet waren. Sie mussten entweder Schikanen gewärtigen, sich trennen oder scheiden lassen. Alle diese Verhaltensweisen kamen vor; je nach Charakter und politischer Gesinnung hatte man sich für das eine oder das andere entschieden.

Rassenlehre und Vernichtung

Nürnberger Gesetze 15.9.1935	
Reichsbürgergesetz	Gesetz „zum Schutze des deutschen Blutes und der deutschen Ehre"
• „§ 2 Reichsbürger ist nur der Staatsangehörige deutschen oder artverwandten Blutes, der durch sein Verhalten beweist, dass er gewillt und geeignet ist, in Treue dem deutschen Volk und Reich zu dienen [...] • Der Reichsbürger ist der alleinige Träger der vollen politischen Rechte [...]"	• § 1 Eheschließungen zwischen Juden und Staatsangehörigen deutschen oder artverwandten Blutes sind verboten [...] • § 4 Juden ist das Hissen der Reichs- und Nationalflagge und das Zeigen der Reichsfarben verboten

Die dritte Stufe der Verfolgung war die Terrorisierung. Ausgangspunkt war die sog. „Reichskristallnacht" vom 9. auf den 10. November 1938.

Terrorisierung

> „Am Morgen des 9. November 1938 muss ich auf dem Amtsgericht in Frankfurt am Main einen Termin wahrnehmen. Dr. P. spricht mich an: «Es ist eine neue Verhaftungswelle im Gange». Und leiser: «Alle Synagogen brennen.» Wir telefonieren vom Automaten mit Freunden: einige sind schon abgeholt. Im jüdischen Gemeindehaus sind alle Männer, die zufällig dort versammelt waren, verhaftet und mitgenommen worden. [...] Am Samstagmorgen stehe ich früh auf um bereit zu sein. Um dreiviertel sieben kommen sie, zwei SS-Männer. Alles geht in vollendeten Formen vor sich. Sie haben uns erwartet. Wir werden in einem Omnibus Richtung Festhalle gefahren. [...] Wir werden wie auf dem Kasernenhof herumexerziert [...] Dort drüben liegt ein Toter. Er hat die Schinderei nicht ausgehalten. Später wird er mit einem Tuch zugedeckt. [...] In der Nacht werden wir verladen zum Sammeltransport Südbahnhof zum Konzentrationslager Buchenwald."[57]

So der Bericht eines unmittelbar Betroffenen. Was war geschehen?

> „Sämtliche jüdische Geschäfte sind sofort von SA-Männern in Uniform zu zerstören. Nach der Zerstörung hat eine SA-Wache aufzuziehen, die dafür zu sorgen hat, dass keinerlei Wertgegenstände entwendet werden können. [...] Die Presse ist heranzuziehen. Jüdische Synagogen sind sofort in Brand zu stecken, jüdische Symbole sind sicherzustellen. Die Feuerwehr darf nicht eingreifen. [...] Der Führer wünscht, dass die Polizei nicht eingreift. Sämtliche Juden sind zu entwaffnen. Bei Widerstand sofort über den Haufen schießen. An den zerstörten jüdischen Geschäften, Synagogen usw. sind Schilder anzubringen, mit etwa folgendem Text: «Rache für Mord an vom Rath. Tod dem internationalen Judentum.»"[58]

So lautete der Befehl für die SA, die zusammen mit Parteiangehörigen eine beispiellose Zerstörungsaktion gegen jüdische Wohnhäuser, Geschäfte und Synagogen durchführten. Die SA-Schläger drangen in Wohnungen ein, schlitzen Betten auf, warfen Geschirr zum Fenster hinaus auf die Straße, zerschlugen das Inventar. Auf den Straßen grölten nationalsozialistische Fanatiker ihre Begeisterung über dieses Treiben heraus; verschreckte Bürger standen wie gelähmt und entsetzt. Ein Eingreifen war für sie lebensgefährlich. Es war streng verboten, etwas von Boden aufzuheben. Die Juden wurden schwer misshandelt; mehr als 400 Menschen verloren Leben. 30 000 wurden inhaftiert und in Konzentrationslager deportiert. Über 1 400 Synagogen wurden zerstört und niedergebrannt.

Nationalsozialismus

Folgen und Reaktionen

Die brutale Terroraktion sollte als „spontane" Reaktion des deutschen Volkes auf den Mord an dem deutschen Diplomaten und Botschaftssekretär in Paris, Ernst vom Rath, aufgefasst werden. Ein polnischer Jude hatte aus persönlichen Motiven den Diplomaten am 7. November 1938 so schwer verletzt, dass er zwei Tage später verstarb. Die Juden mussten für den in der Pogromnacht von der SA angerichteten Schaden finanziell aufkommen, ebenso ein Bußgeld von einer Milliarde RM wegen der Ermordung v. Raths zahlen. Die Reaktionen im Ausland auf diese Vorgänge waren verheerend: Die Stimmung derer, die bislang noch zwischen Nazideutschland und Deutschland unterschieden, schlug in eine undifferenzierte Gegnerschaft um. Viele ausländische Geschäftsleute kündigten ihre Handelsverträge mit Deutschland. Über 100 Protestnoten ausländischer Regierungen liefen ein, darunter auch scharfe Schreiben aus den USA. Dies führte dazu, dass sogar innerhalb der Führung der NSDAP Kritik an Goebbels als dem Urheber dieser wahnwitzigen Aktion aufkam, die er aber bald zum Schweigen bringen konnte. Eine Wiederholung einer Pogromnacht aber konnte sich das Regime nicht mehr leisten.

Stattdessen erreichte die Verfolgung mit Ausbruch des Krieges und der bald darauf errichteten Vernichtungslager in Polen einen neuen und letzten Höhepunkt: Die gezielte und systematische Vernichtung der Juden, die in der NS-Sprache als „Endlösung" bezeichnet wurde.

Stationen der Judenverfolgung

Folgen der Rassenlehre – Stationen der Judenverfolgung				
				Vernichtung (ab 1942)
			Terrorisierung (ab 1938)	Beschluss zur Judenvernichtung auf der Wannseekonferenz 1942 („Endlösung"): • Errichtung von Vernichtungslagern in Polen (Auschwitz u.a.) • Ermordung von 3–6 Mio. Juden, Sinti und Roma, Polen, Russen u.a.
		Entrechtung (ab 1935)	Pogromnacht 9.11.38: • Zerstörung jüdischer Wohnungen, Geschäfte und Synagogen • 400 Morde • Deportationen in KZ • „Bußzahlungen" von Juden	
	Diskriminierung (ab 1933) • Hetze • Diskriminierung • Boykott	Nürnberger Gesetze: • Verlust der politischen Rechte • Verbot von Eheschließungen		

Beschluss zur Vernichtung

Am 20. Januar 1942 wurde in Berlin am Großen Wannsee die Vernichtung der Juden beschlossen:

> „Unter entsprechender Leitung sollen im Zuge der Endlösung die Juden in geeigneter Weise im Osten zum Arbeitseinsatz kommen. In großen Arbeitskolonnen, unter Trennung der Geschlechter, werden die arbeitsfähigen Juden straßenbauend in diese Gebiete geführt, wobei zweifellos ein Großteil durch natürliche Verminderung ausfallen wird. Der allfällig endlich verbleibende Restbestand wird, da es sich

bei diesen zweifellos um den widerstandsfähigsten Teil handelt, entsprechend behandelt werden müssen, da dieser, eine natürliche Auslese darstellend, bei Freilassung als Keimzelle eines neuen jüdischen Aufbaues anzusprechen ist. (Siehe die Erfahrung der Geschichte.) Im Zuge der praktischen Durchführung der Endlösung wird Europa von Westen nach Osten durchkämmt."[59]

Schon die Sprache verriet den Geist der Täter: „Endlösung", „in geeigneter Weise zum Arbeitseinsatz kommen", „durch natürliche Verminderung ausfallen", „Restbestand", „entsprechend behandelt werden". Es war eine Sprache der Verschleierung, der Verharmlosung; sie bediente sich des Vokabulars der Tierwelt. Nirgends wurden die Sachverhalte beim Namen genannt, und doch wusste jeder, was gemeint war. So entzog man sich der Verantwortung.

_{Sprache}

Die berüchtigtsten nationalsozialistischen Vernichtungslager entstanden während des Krieges in Polen, allen voran Auschwitz, Treblinka, Majdanek, Sobibor. Sie dienten in erster Linie der Ausrottung der Juden; betroffen waren aber auch Polen, Russen, Sinti und Roma. Aber auch in den anderen Konzentrationslagern grassierte der Tod, sodass die Unterscheidung von Vernichtungs- und Konzentrationslagern fast irreführend ist.

Verfolgen wir den Weg eines Häftlings durch ein Lager. Die Tortur begann schon vor dem Eintritt in das Lager mit dem Transport. Nur ausnahmsweise und nur in der Anfangsphase der Deportationen konnte der Weg in einem Personenzug angetreten werden; die Regel waren Viehwaggons. Man schloss die Türen und überließ die Deportierten ihrem Schicksal, bis der Zug sein Ziel erreicht hatte. Das konnte mehrere Tage dauern; manchmal standen die Wagen auch auf einem Abstellgleis. Ob die Menschen zu essen oder zu trinken hatten, wo sie ihre Notdurft verrichteten, interessierte niemanden. So war es normal, dass beim Öffnen der Türen erst einmal Tote abtransportiert wurden. Am Ziel angekommen begrüßte den künftigen Häftling eine zynische Aufschrift am Lagertor – „Arbeit macht frei". Sofern er nicht, wie in Auschwitz-Birkenau, sofort zur Vergasung selektiert wurde, wurde er von der Lagerbürokratie in Empfang genommen – nicht selten unter lautem Gejohle, von Schlägen und Fußtritten begleitet. Er musste seine Kleider, seine Habseligkeiten und seinen Namen abgeben; im Gegenzug erhielt er eine Häftlingskluft und eine Nummer – in Auschwitz wurde die Nummer in den Unterarm tätowiert. Die verlangten Abzeichen zur Kennzeichnung und das Material zu ihrer Anbringung musste er sich selbst besorgen. Wie das zu bekommen war, fragte niemand. Der Häftling hatte es beim Appell einfach zu haben. Damit begann schon das Geschäft zum Überleben. Der Häftling wurde fotografiert – frontal, im Profil und im Halbprofil. Ihm wurde eine Baracke zugewiesen, in deren Räumen er sich einrichten musste. Er benötigte eine Schlafstelle und einen Platz, wo er etwas deponieren konnte: Ein Blechbüchse zum Essensempfang, ein Stück Brot und vieles andere, was zum Leben und Überleben notwendig war. Die Baracken waren mehrfach überbelegt, sodass er sich seinen Schlafplatz mit weiteren Häftlingen teilen musste; in der Regel mit zwei weiteren Insassen. Litten diese nicht an Krankheiten, hatte er Glück gehabt.

Weg eines Häftlings

In den meisten KZs begann und endete der Tag mit einem Appell. Auschwitz machte hier eine Ausnahme. Beim Appell mussten alle antreten,

Appelle und Arbeit

die nicht in der Krankenbaracke lagen. Hier wurde durchgezählt, Mitteilungen gemacht und Arbeitskommandos gebildet. Es wurden auch bestimmte Strafen wie die Prügelstrafe exekutiert. Der Appell dauerte, bis alles erledigt war. Am Morgen ging das in der Regel zügig; am Abend konnte es sich hinziehen. In Dachau dauerte der längste Appell 17 Stunden. Die Häftlinge hatten hierbei stillzustehen – gleichgültig, ob die Sonne brannte oder einem bei Minus 30° Grad die Füße abfroren. Daher bot auch der tägliche Appell eine Gelegenheit, einen Häftling zu Tode zu bringen.

Die Arbeitskommandos waren unterschiedlicher Natur. Man hatte Glück, wenn man in ein Außenkommando kam, wo tatsächliche Arbeit verrichtet, d. h. etwas hergestellt wurde. Hier wurde man in der Regel am besten behandelt. Arbeiten im Lager konnte den Charakter einer tödlichen Schikane haben; hierbei ging es nicht immer um ein Arbeitsergebnis, sondern auch darum, die Häftlinge sich ab- und zu Tode arbeiten zu lassen. So mussten sie schwere Steine hin- und herschleppen, an der Stelle von Zugmaschinen oder Zugtieren Walzen ziehen.

Essen und Strafen

Die Arbeit dauerte vom frühen Morgen bis in den Abend. Dazwischen lag eine Mittagspause von etwa einer Stunde zum Essenfassen: Eine dünne Suppe und ein paar Scheiben Brot, die man, um zu überleben, rationieren musste. Wer alles auf einmal aß, verringerte seine Überlebenschance. Die Essenration war schon offiziell auf ein Minimum angesetzt; tatsächlich wurde auch dieses noch unterschritten, da auch andere sich am Essen, das für die Häftlinge bestimmt war, bedienten. Das Geschirr hatten die Häftlinge zu besorgen; wer keines hatte, bekam seine Suppe in die bloßen Hände.

Die Essensration nochmals zu reduzieren oder ganz zu streichen, gehörte zu den Strafen im KZ. Bestraft wurde, wer einem Aufseher auffiel: Sei es, dass er nicht strammt genug grüßte, seine Arbeit nicht schnell genug erledigte; denn alles musste in Eile, im Laufschritt getan werden. Anlässe zu Strafen waren endlos, denn sie hingen von der Willkür der Aufseher ab, die durch das Verhängen von Strafen auch beweisen mussten, dass sie ihre Arbeit ordentlich machten. Denn auch die Aufseher waren Häftlinge, die sich durch diese Tätigkeit Vergünstigungen verschafften. Strafen waren Ausdruck von Sadismus und infantiler Brutalität; so die berüchtigte Prügelstrafe, bei der der Häftling auf einen Bock geschnallt wurde und Schläge mit einem Ochsenziemer, einem schweren Holzstock, auf das entblößte Hinterteil bekam. Um selbst der Strafe zu entgehen, musste der Strafende kräftig zuschlagen. Die Haut konnte aufplatzen, die Nieren zerschlagen werden, wenn die Schläge nicht gut platziert waren. Berüchtigt war die Strafbaracke, wo die Häftlinge jedem Sadismus der Aufseher ausgeliefert waren: Nächtliches Exerzieren, Unkraut mit dem Mund jäten u. a. Auch das bloße Stehen wurde zu einer fürchterlichen Strafe: Des Nachts in der Stehzelle mit drei bis vier weiteren Häftlingen auf einem Quadratmeter Raum, tagsüber das stundenlange Stillstehen auf einem Fleck – der Hitze bis zum Hitzschlag und der Kälte bis zu abgefrorenen Gliedmaßen ausgeliefert.

Das alles waren unmenschlichste Grausamkeiten, die nicht wirklich zu beschreiben sind, da alle Beschreibungen den tatsächlichen Hunger, die tatsächlichen Gefühle und Schmerzen, die Zustände von Apathie und Wahnvorstellungen doch nicht vorstellbar und nachfühlbar machen können. Zurück bleiben hier eine schaurige Verantwortung und der Wille, dass alles getan werden müsse, damit sich solche Vorgänge nicht wiederholen können. Ob die Politik – die nationale wie die internationale – in der Zeit danach und bis heute dafür genügend getan hat und tut, ist eine Frage, die einem ebenfalls frösteln machen kann. Denn es gibt kaum etwas Schlimmeres, als auf Verbrechen dieser Art und dieses Ausmaßes mit Phrasen zu antworten.

> „Ich befehligte Auschwitz bis zum 1. Dezember 1943 und schätze, dass mindestens 2 500 000 Opfer dort durch Vergasung und Verbrennen hingerichtet und ausgerottet wurden; mindestens eine weitere halbe Million starben durch Hunger und Krankheit, was eine Gesamtzahl von ungefähr 3 000 000 Toten ausmacht. Diese Zahl stellt ungefähr 70 oder 80 Prozent aller Personen dar, die als Gefangene nach Auschwitz geschickt wurden; die übrigen wurden ausgesucht und für Sklavenarbeit in den Industrien des Konzentrationslagers verwendet."[60]

Opfer und Schuld

So die eidesstattliche Erklärung von Rudolf Höß, dem Kommandanten von Auschwitz, vom 5. April 1946. Zur Frage seiner Schuld erklärte er:

> „Ich stellte damals keine Überlegungen an – ich hatte den Befehl bekommen – und hatte ihn durchzuführen. Wenn der Führer selbst die «Endlösung» befohlen hatte, gab es für einen alten Nationalsozialisten keine Überlegungen, noch weniger für einen SS-Führer."[61]

Wir erinnern uns an die Besprechung der Mentalität der Nationalsozialisten, die Erziehung zum lebenden Automaten, die Ausschaltung jeglichen eigenen Denkens. In Höß Worten wurde dies zur Schutzbehauptung. Ähnlich automatenhaft wirkte auch Adolf Eichmann bei seinem Prozess in Jerusalem.

> „In Eichmanns Mund wirkt das Grauenhafte oft nicht einmal mehr makaber, sondern ausgesprochen komisch," bemerkte Hannah Arendt.

> „Eichmann erschien Arendt wie eine Sprechmaschine, ohne Bezug zu sich selbst und ohne die Fähigkeit, Dinge vom Gesichtspunkt eines anderen Menschen her zu betrachten. Er war eingesperrt in einen Schutzwall aus Selbsttäuschung und Lüge. Und all das zeigte sich auf beispiellose Weise in seiner Art zu sprechen. So wie die meisten seiner Worte «geliehene» waren, so war seine Person unecht. Immer war er geführt worden, immer hatte er eine Gruppe gebraucht, in der er Orientierung für sich finden konnte. Immer gaben andere vor, was er zu denken habe, und so hatte er sich «niemals vorgestellt, was er eigentlich anstellte». Der Gedanke, dass das Böse nur in einer dämonischen, teuflischen Person verkörpert sein könnte, war damit nicht mehr zu halten. Hannah Arendt sprach von einer «Lektion», die man in Jerusalem hatte lernen können, dass nämlich eine solche Realitätsferne und Gedankenlosigkeit in einem mehr Unheil anrichten können als alle dem Menschen innewohnenden bösen Triebe zusammengenommen."[62]

Hannah Arendt prägte das Wort von der „banalen Form des Bösen". Nicht das Böse ist banal, sondern die Form, in der es auftritt. Dies ist ein Weckruf zur Wachsamkeit und Aufmerksamkeit. Halten wir dieser Entwicklung Kants Wort „Habe den Mut, dich deines eigenen Verstandes zu bedienen" entgegen und erinnern wir uns an die Formulierung der Menschenrechte:

„Der Zweck jeder staatlichen Vereinigung ist die Erhaltung der natürlichen und unverjährbaren Menschenrechte. Diese Rechte sind Freiheit, Eigentum, Sicherheit und Widerstand gegen Unterdrückung"[63],

dann wird die Fallhöhe deutlich, die zwischen diesen Formulierungen und den Geschehnissen des Nationalsozialismus liegt. Zugleich wird eine zentrale Ursache dieses Falles bemerkbar: Der Verlust an selbstständigem Denken und, damit verbunden, der Verlust der eigenen Persönlichkeit.

2.5 Die Außenpolitik des Nationalsozialismus

Forderungen 1920 und 1925

Das außenpolitische Programm der NSDAP wurde bereits im Parteiprogramm von 1920 formuliert. Es forderte den Zusammenschluss aller Deutschen zu einem Großdeutschland auf der Grundlage des Selbstbestimmungsrechts, internationale Gleichberechtigung und die Aufhebung des Versailler Vertrags. Darüber hinaus Land und Boden zur Ansiedlung der überschüssigen Bevölkerung. An den letzten Punkt knüpfte Hitler 1925 an und skizzierte Deutschlands Zukunft als Weltmacht: „Deutschland wird entweder Weltmacht oder überhaupt nichts sein."[64]

Außenpolitische Forderungen der NSDAP 1920 und 1925
• Revision des Versailler Vertrags
• Errichtung eines Kontinentalimperiums (Großdeutsches Reich)
• Deutschland als Weltmacht

Doppelgesichtige Außenpolitik

An diesen Forderungen hielt die NSDAP auch nach 1933 fest und versuchte, sie Schritt für Schritt umzusetzen. Hitler verfolgte dabei eine doppelte Strategie: Gegenüber der nationalen und internationalen Öffentlichkeit betonte er immer wieder den Friedenswillen Deutschlands und sein Recht zur Wiedererlangung von Freiheit und Selbstbestimmung; bei internen Besprechungen dagegen wies er darauf hin, dass diese Ziele nur mit Kampf zu erreichen seien und der Wehrwille und die Wehrkraft Deutschlands gestärkt werden müssten. Hitlers außenpolitisches Doppelgesicht wurde von zeitgenössischen Karikaturisten schnell erkannt und immer wieder dargestellt.

Revision des Versailler Vertrags

Zunächst wurde die Revision des Versailler Vertrags in Angriff genommen. Bei dieser Zielsetzung stand die deutsche Öffentlichkeit an Hitlers Seite. Eine Korrektur des Vertrags war schon das leidenschaftliche Ziel der Außenpolitik der Weimarer Republik, die hierin allerdings keine nennenswerten Fortschritte erzielen konnte. Auf einem Plakat zur Reichstagswahl 1938, bei der auch über den Anschluss Österreichs abgestimmt werden sollte, ließ Hitler die erfolgreichen Stationen seiner Revisionspolitik propagandistisch darstellen:

1933: „Deutschland verlässt den Völkerbund von Versailles!"

Damit machte Hitler deutlich, dass die Mitgliedschaft im Völkerbund eine Forderung des Versailler Vertrags war und er vom Prinzip dieses Bundes, Konflikte mit friedlichen Mitteln zu lösen, abrücken werde. Die nach dem Ersten Weltkrieg neu entstandenen Staaten an der Ostgrenze des Deutschen Reiches empfanden diesen Schritt als Bedrohung ihrer Sicherheit; sie schlossen sich zusammen und stellten sich unter den Schutz Frankreichs.

1934: „Der Wiederaufbau der Wehrmacht, der Kriegsmarine und der Luftwaffe wird eingeleitet!"

Im gleichen Jahr schloss Hitler einen Nichtangriffspakt mit Polen, den das Plakat natürlich nicht erwähnt. Der Sinn dieses Vertrags war auch nicht darauf gerichtet, den Frieden zu sichern, sondern Zeit zur eigenen Aufrüstung zu gewinnen.

1935: „Saargebiet heimgeholt! Wehrhoheit des Reiches wiedergewonnen!"

Die Abstimmung des Saarlandes über seinen völkerrechtlichen Status war im Versailler Vertrag festgelegt; 15 Jahre nach dem Abschluss des Vertrages sollten die Saarländer entscheiden, ob sie ihren Sonderstatus beibehalten oder wieder Teil des Deutschen Reiches werden wollten. Trotz des inzwischen errichteten nationalsozialistischen Regimes stimmten sie für das Reich, was Hitler als Erfolg für sich verbuchte.

Die Wiederaufrüstung und die Wiedereinführung der allgemeinen Wehrpflicht verstießen gegen die Vereinbarungen des Versailler Vertrags. Die Vertragspartner protestierten gegen dieses Vorgehen, beließen es aber bei verbalen Protesten. Hierin lag ein großer Unterschied gegenüber ihrem Verhalten während der Weimarer Republik. Damals wurden selbst harmlose Verstöße mit scharfen Sanktionen wie der Besetzung des Ruhrgebietes geahndet, jetzt beschränkten sich die Alliierten auf verbale Proteste. Dies ermutigte und bestärkte Hitler, in seiner Politik der Vertragsbrüche fortzufahren.

1935 schloss England ein Flottenabkommen mit dem Deutschen Reich. Es anerkannte damit faktisch, dass man Deutschland sein Recht zur Verteidigung auf Dauer nicht vorenthalten könne. Es trug damit selbst zur Verletzung des Versailler Vertrags bei. Man fragt sich, warum England zu dieser Einsicht nicht schon zur Zeit der Weimarer Republik gekommen ist. Denn ein Zugeständnis dieser Art hätte zur Stabilisierung der Demokratie beigetragen, wie wir bei Stresemanns Lebensfazit gesehen haben.

1936: „Rheinland vollständig befreit!"

Auch der Einmarsch der Wehrmacht in die im Versailler Vertrag festgelegte entmilitarisierte Zone zog nur verbale Proteste nach sich. England gab sich desinteressiert; Frankreich allein war zu schwach, um entschiedenen Widerstand zu leisten. Im gleichen Jahr kündigte die nationalsozialistische Regierung auch die Locarno-Verträge, was auf dem Wahlplakat dem Jahr 1937 zugerechnet wurde:

1937 „Kriegsschuldlüge feierlich ausgelöscht!"

Mit diesen Schritten wurde der Versailler Vertrag zwar nicht revidiert – so sollte es nur in der NS-Propaganda erscheinen –, aber ignoriert. Deutschland wurde wiederbewaffnet und konnte seine Aufrüstung ungehindert fortsetzen.

Hitler erschien als der Politiker, der gegenüber den Alliierten das erreichen konnte, was den Demokraten der Weimarer Republik nicht gelungen war. 1936 erschien David Lows berühmte Karikatur, in der Hitler auf dem gebeugten Rücken der demokratischen Staatsführer zur Weltherrschaft eilt und ihnen dabei eine Nase dreht. „Rückgratlose Führer der Demokratien" war die Karikatur kritisch untertitelt. Wiederum sah ein Karikaturist, was die internationale Politik nicht sah oder nicht sehen wollte. Und wiederum wurde die deutsche Aufrüstung mit Friedensschalmeien Hitlers begleitet:

> „In dieser Stunde erneuert die deutsche Regierung vor dem deutschen Volke und vor der ganzen Welt die Versicherung ihrer Entschlossenheit, über die Wahrung der deutschen Ehre und der Freiheit des Reiches nie hinauszugehen, und insbesondere in der nationalen deutschen Rüstung kein Instrument kriegerischen Angriffs, als vielmehr ausschließlich der Verteidigung und damit der Erhaltung des Friedens bilden zu wollen."[65]

Inhaltliche Ergebnissicherung

Revision des Versailler Vertrags	
Maßnahmen der NS-Regierung	Reaktionen
• Austritt aus dem Völkerbund	• Entente der Pufferstaaten zwischen Deutschland und der UdSSR unter dem Schutze Frankreichs
• Wiederaufrüstung	• Nur verbale Proteste
• Wiedereinführung der allgemeinen Wehrpflicht	• Nur verbale Proteste
• Flottenabkommen mit England	• England verletzt mit Deutschland den Versailler Vertrag
• Einmarsch ins Rheinland • Kündigung der Locarno-Verträge	• Nur verbale Proteste

Anschluss Österreichs

Am 13. März 1938 erfolgte der Anschluss Österreichs an das Deutsche Reich. Ihm war am 12. Februar eine Begegnung Hitlers mit dem diktatorisch regierenden österreichischen Bundeskanzler Kurt Alois Schuschnigg auf dem Obersalzberg vorausgegangen, bei der Hitler Schuschnigg mit dem Einmarsch in Österreich drohte. Deutschland sei eine Großmacht, so erklärte Hitler, die keine Provokationen hinzunehmen bereit sei. Er forderte von Schuschnigg, das Parteiverbot für die österreichischen Nationalsozialisten aufheben und sie in die Regierung einzubinden; der Nationalsozialist Seyß-Inquart solle Innenminister werden. Schuschnigg erklärte Hitler, dass er gar nicht befugt sei, Ministerernennungen vorzunehmen, das könne nur der Bundespräsident. Der erregte Hitler ließ daraufhin General Keitel herbeirufen, ohne mit ihm allerdings ein Wort zu sprechen. Es war eine Geste der Einschüchterung gegenüber dem österreichischen Bundeskanzler. Schuschnigg musste dann doch nachgeben; am 16. Februar wurde Seyß-Inquart zum Innenminister ernannt. Am 3. März 1938 erklärte der britische Botschafter Neville Henderson, dass Großbritannien die deutschen Ansprüche gegenüber Österreich prinzipiell für berechtigt halte. Auch hier stellte sich England auf die Seite Hitlers und gegen den Versailler Vertrag.

Dem Einmarsch gingen unmittelbar Forderungen und Drohungen voraus. Göring verlangte, dass Seyß-Inquart bis um 19.30 Uhr zum Bundeskanzler ernannt werde, ansonsten drohe der Einmarsch. Der österreichische Bundespräsident verweigerte sich aber dieser Forderung. Seyß-Inquart kam aber dann durch den Rücktritt der österreichischen Regierung doch in die Position, alleiniger verantwortlicher Minister zu sein. Er führte als Innenminister die Regierungsgeschäfte weiter. Eine Stunde später sollte er erneut eine Rolle in Görings politischem Theater spielen, indem er nun ein Telegramm nach Berlin senden sollte, in dem er zur Wiederherstellung von Ruhe und Ordnung um den Einmarsch bat. Was Göring nicht wusste, war, dass zu diesem Zeitpunkt der Einmarschbefehl bereits gegeben war – ohne dass ein Telegramm eingegangen war und ohne dass Seyss-Inquart eine Einverständniserklärung abgegeben hatte, wie der Nürnberger Militärgerichtshof 1946 feststellte.[66]

Görings Kabalen

Angesichts des Rücktritts der Regierung gab Bundeskanzler Schuschnigg eine Rundfunkerklärung ab, in der er Folgendes mitteilte:

Rundfunkerklärung Schuschniggs

„Ich stelle fest vor der Welt, dass die Nachrichten, die in Österreich verbreitet wurden, dass Arbeiterunruhen gewesen seien, dass Ströme von Blut geflossen seien, dass die Regierung nicht Herrin der Lage wäre und aus eigenem nicht hätte Ordnung machen können, von A bis Z erfunden sind. Der Herr Bundespräsident beauftragt mich, dem österreichischen Volke mitzuteilen, dass wir der Gewalt weichen. Wir haben, weil wir um keinen Preis, auch in diesen ernsten Stunden nicht, deutsches Blut zu vergießen gesonnen sind, unserer Wehrmacht den Auftrag gegeben, für den Fall, dass der Einmarsch durchgeführt wird, ohne Widerstand sich zurückzuziehen und die Entscheidungen der nächsten Stunden abzuwarten."[67]

Trotz Schuschniggs bitteren Worten wurde Hitler in Wien mit Jubel begrüßt; und er selbst feierte den Einzug mit den sentimental erregten Worten: „Ich vermelde den Eintritt meiner Heimat in das Deutsche Reich". Dieses Deutsche Reich war damit zum Großdeutschen Reich geworden. Damit war die zweite Etappe der nationalsozialistischen Außenpolitik erreicht: Die Errichtung eines Kontinentalimperiums. Auch hier reagierte das Ausland nur mit verbalem Protest und verwies auf die Respektierung des Selbstbestimmungsrechts. Aus Schuschniggs Verhalten konnte man eine solche Selbstbestimmung allerdings nicht herleiten, bestenfalls aus der Erklärung der österreichischen Bischöfe zur Volksabstimmung am 10. April 1938:

„Aus innerster Überzeugung und mit freiem Willen erklären wir unterzeichneten Bischöfe der österreichischen Kirchenprovinz anlässlich der großen geschichtlichen Geschehnisse in Deutschösterreich: Wir erkennen freudig an, dass die nationalsozialistische Bewegung auf dem Gebiet des völkischen und wirtschaftlichen Aufbaues sowie der Sozial-Politik für das Deutsche Reich und Volk namentlich für die ärmsten Schichten des Volkes Hervorragendes geleistet hat und leistet. Wir sind auch der Überzeugung, dass durch das Wirken der nationalsozialistischen Bewegung die Gefahr des alles zerstörenden gottlosen Bolschewismus abgewehrt wurde. Die Bischöfe begleiten dieses Wirken für die Zukunft mit ihren besten Segenswünschen und werden auch die Gläubigen in diesem Sinne ermahnen. Am Tage der Volksabstimmung ist es für uns Bischöfe selbstverständliche nationale Pflicht, uns als Deutsche zum Deutschen Reich zu bekennen, und wir erwarten auch von allen gläubigen Christen, dass sie wissen, was sie ihrem Volk schuldig sind."[68]

Erklärung der österreichischen Bischöfe

Kaum war der Anschluss Österreichs vollzogen, richtete Hitler seine Begehrlichkeit auf die Tschechoslowakei. Auch dort lebten nach der Grenzziehung

Sudetenfrage

des Versailler Vertrags Deutsche. Sie stellten mit 25% der Gesamtbevölkerung der Tschechoslowakei eine beachtliche Minderheit dar, die ebenfalls mit dem Hinweis auf das Selbstbestimmungsrecht „heim ins Reich" geholt werden sollten. Schon 1935 wurde dazu die „sudetendeutsche Heimatfront" gegründet, deren Führer der Nationalsozialist Konrad Henlein wurde. Er sollte die Selbstständigkeit der sudetendeutschen Gebiete sowie ihren Anschluss an das Deutsche Reich verlangen. Dabei erhielt er die taktische Anweisung, immer ein wenig mehr zu verlangen, als die tschechische Regierung zugestehen kann.

Als sich die Lage im September 1938 zuspitzte, richtete der französische Außenminister am 10. September folgende vertrauliche Anfrage an England:

> „Deutschland kann morgen die Tschechoslowakei angreifen. In diesem Falle würde Frankreich sofort mobilisieren. Marschiert ihr mit uns? Was wird die Antwort Großbritanniens sein?"[69]

Der englische Außenministers Halifax übersandte am 21. September 1938 folgenden Brief an den britischen Botschafter in Paris:

> „Seiner Majestät Regierung [wird] niemals zulassen, dass die Sicherheit Frankreichs bedroht wird, sie [ist] aber nicht in der Lage zu sagen, wie und wann sie unter Umständen handeln wird."[70]

Münchner Abkommen

Wiederum weigerte sich England, gegen Deutschland militärisch vorzugehen, obwohl Frankreich dazu bereit gewesen wäre. Stattdessen übten beide Druck auf die Tschechoslowakei aus, den Forderungen Hitlers nachzugeben. Im Münchner Abkommen wurden die Abtretungen Ende September vertraglich geregelt. Dabei garantierten England und Frankreich den Bestand der verbliebenen Tschechoslowakei gegen weitere Übergriffe.

Münchner Abkommen vom 29.9.1938		
Diplomatische Vorgeschichte	Internationaler Druck	Ergebnis
• Frankreich erwägt militärische Schritte bei einer Verletzung der Tschechoslowakei • England will sich daran nicht beteiligen	• Auf Druck Englands und Frankreichs muss die Tschechoslowakei Hitlers Forderungen erfüllen	• Abtretung der Sudetendeutschen Gebiete an Deutschland • England und Frankreich garantieren den Bestand der verbliebenen Tschechoslowakei

Chamberlain rechtfertigte Englands Verhalten am 26. September 1938 mit sehr verständlichen Worten:

> „Ich kann die Anstrengungen nicht aufgeben, weil es mir undenkbar erscheint, dass die Völker Europas, die keinen Krieg wünschen, in einen blutigen Kampf wegen einer Frage gestürzt werden sollen, über die ein Übereinkommen bereits weitgehend erzielt worden ist [...]. Wenn dieser Vorschlag [der friedlichen Übergabe der sudetendeutschen Gebiete durch die Tschechoslowakei] angenommen wird, wird er den deutschen Wunsch nach einer Vereinigung der [...] Gebiete mit dem Reich befriedigen, ohne dass Blut in irgendeinem Teile Europas vergossen wird."[71]

Es ist schwer vorstellbar, dass Chamberlain wirklich geglaubt haben sollte, dass Hitler damit zufrieden sein werde. Drei Wochen nach Abschluss des Münchner Abkommens gab Hitler an die Wehrmacht die Weisung aus, dass sie auf
- die Sicherung der Grenzen des Deutschen Reiches und Schutz gegen überraschende Luftangriffe
- eine Erledigung der Rest-Tschechei
- die Inbesitznahme des Memellandes

vorbereitet sein müsse. Damit war das Münchner Abkommen für Hitler Schall und Rauch. Am 15.3.1939 marschierten die deutschen Truppen in Prag und in die restliche Tschechoslowakei ein. Widerstand leisteten die Tschechen nicht, aber der Empfang war anders als vor einem Jahr in Österreich. Die entscheidende Frage war aber nun, was England und Frankreich tun werden. Werden sie ihre Bestandsgarantie einhalten? Das taten sie nicht und verhalfen damit Hitler zu einem weiteren Triumph – nicht nur über die Tschechoslowakei, sondern auch über die Verlässlichkeit englischer und französischer Zusagen.

Einmarsch in die Tschechoslowakei

England scheute anscheinend eine kriegerische Auseinandersetzung mit Deutschland um jeden Preis. Es verfolgte seine Appeasementpolitik, die darin bestand, ihm berechtigt erscheinende deutsche Ansprüche zu erfüllen, um dadurch den Frieden in Europa zu wahren. Es geriet damit aber immer mehr ins Zwielicht. Berechtigte Ansprüche waren das Recht Deutschlands auf Selbstverteidigung, auch noch das Selbstbestimmungsrecht der deutschsprachigen Bevölkerung. Aber war auch die Besetzung der Tschechoslowakei noch ein berechtigter Anspruch? Gewiss nicht. Warum also hatte man die Garantieerklärung gegenüber der Tschechoslowakei nicht eingehalten? Warum sah man noch zu, als es klar war, dass Hitler die Argumente von Verteidigung und Selbstbestimmungsrecht nur als Vorwand benutzte?

Appeasementpolitik

Man kann als Gründe für Englands Haltung anführen, dass es selbst mit einer schweren Wirtschaftskrise zu kämpfen hatte, dass auch die britischen Kolonien zu diesem Zeitpunkt sich einem Krieg verweigert hätten. Es gab eine Kriegsmüdigkeit der Öffentlichkeit, die König Georg V. zu dem Ausspruch veranlasst haben solle, dass er eher abdanken und auf dem Trafalgar Square das kommunistische Lied „The Red Flag" („Die rote Fahne") singen würde als seinem Land zuzumuten, noch einmal einen Krieg wie in den Jahren 1914–1918 durchzumachen.

Das sind nachvollziehbare Gründe. Aber sie reichen nicht aus zu erklären, warum England 1938 eine Zusammenarbeit mit dem deutschen Widerstand abgelehnt hatte, die ihm ermöglicht hätte, Hitler auch ohne Krieg zu beseitigen. Wir kommen unten darauf genauer zu sprechen. Auch wäre die Chance auf einen militärischen Erfolg gegen Hitlerdeutschland umso größer gewesen, je früher man Hitler Widerstand geleistet hätte; denn auch Deutschland musste ja erst aufrüsten. Man gewinnt den Eindruck, dass man die englische Politik nicht verstehen kann, wenn man sie nur unter dem Gesichtspunkt der Bekämpfung des Nationalsozialismus sieht.

Fragen

Hitler-Stalin-Pakt Vorgeschichte

Am 23. August 1939 detonierte eine diplomatische Bombe mit gewaltiger Sprengkraft: Hitler und Stalin unterzeichneten an diesem Tag einen Nichtangriffsvertrag zwischen dem Deutschen Reich und der Sowjetunion. Zwei unversöhnliche Erzfeinde mit unversöhnlichen Anschauungen schlossen einen Vertrag, den kein außenstehender Beobachter für möglich hielt. Wie kam es dazu?

> „Die letzten Ereignisse haben gezeigt, dass weder Frankreich noch England bereit sind, sich einer deutschen Expansion in Mittel- und Osteuropa mit Waffengewalt zu widersetzen. Welcher Ausweg bleibt [der UdSSR] als auf die Politik einer Verständigung mit Deutschland zurückzukommen? Eine Zerstückelung Polens böte eine Notlösung, um das [Deutsche] Reich von der Ukraine abzulenken – indem sie es nach Polen hineinführen, in der Hoffnung, es werde dort seinen Landhunger stillen. Ich habe Grund zu der Annahme, dass diese Idee bereits jetzt die sowjetischen Machthaber beschäftigt. [Der stellvertretende Außenminister sagte mir] «Polen bereitet seine vierte Teilung vor»."[72]

So schrieb der französische Botschafter in Moskau am 4. Oktober 1938 an den französischen Außenminister. Er brachte unmissverständlich zum Ausdruck, dass es die Politik der Westmächte war, die Stalin in die Arme Hitlers trieb, da sich die Westmächte, genauer England – wie wir gesehen haben –, einer deutschen Expansion nicht in den Weg stellten. Stalin musste also damit rechnen, dass dies bei einem Angriff Deutschlands auf die Sowjetunion nicht anders sein würde. Ein solcher Angriff wäre ideologisch zu erwarten gewesen und hätte die Sowjetunion in eine militärisch bedrohliche Lage bringen können, zumal Stalin im Jahr davor einen Großteil der militärischen Führung der Sowjetunion durch seine berüchtigten Säuberungen hatte umbringen lassen. Daher musste er einen deutschen Angriff auf die Sowjetunion unter allen Umständen verhindern. Dies konnte er durch eine Verständigung mit Hitler auf Kosten Polens erreichen. Beide Diktatoren konnten, so zumindest die vordergründige Überlegung, dadurch nur gewinnen, indem beide ihren Machtbereich auf diese Weise weiter ausdehnen konnten. Ein deutscher Angriff auf die Sowjetunion wäre nur zu vermeiden gewesen, wenn die Westmächte sich mit Stalin gegen Hitler verbündet hätten und damit der von Deutschland gefürchtete Zweifrontenkrieg zu erwarten gewesen wäre. Mit einem solchen Bündnis wären auch der Angriff auf Polen und damit der Ausbruch des Zweiten Weltkriegs unwahrscheinlich geworden. Genau dieses Bündnis verweigerten England und Frankreich aber. Auch hier stellt sich die Frage, warum sie so handelten.

Gewiss waren England und Frankreich auf der einen und die Sowjetunion auf der anderen Seite politisch und gesellschaftlich so unterschiedlich gestaltet, dass für ein politisches Bündnis dieser Länder keinerlei Voraussetzungen gegeben waren. Auf der anderen Seite galt es, einen möglichen Krieg zu vermeiden und die deutsche Expansion nach Osten zu stoppen. Das war eine Machtfrage, die die ideologischen und gesellschaftlichen Differenzen zunächst nicht berührte. Und England hatte, wie aus dem folgenden Bericht seines Botschafters aus Moskau vom 20. Februar 1939 deutlich wurde, die Lage machtpolitisch, nicht ideologisch analysiert:

Außenpolitik

„Die Sowjetpolitik [wird nicht] durch ideologische oder moralische Erwägungen beeinflusst, sondern ausschließlich durch die unmittelbaren Interessen des Sowjetstaates und seiner gegenwärtigen Herrscher. Die Sowjetregierung [möchte] jegliches Vorgehen vermeiden, das sie in Gegensatz zu Deutschland bringen könnte. Das erfreulichste Ergebnis eines Konflikts [zwischen Deutschland und den Westmächten wäre für sie] der Zusammenbruch beider Seiten. Der Zusammenbruch Deutschlands würde zur Sowjetvorherrschaft in Osteuropa führen."[73]

Der Botschafter erkannte, dass die sowjetische Politik weder ideologischen noch moralischen Richtlinien folgte, sondern allein machtpolitisch ausgerichtet war. Ein Bündnis mit Hitler wäre also denkbar, wenn es machtpolitisch zweckmäßig war. Dabei war klar, wie die Analyse des französischen Botschafters gezeigt hatte, dass ein solches Bündnis auf Kosten Polens und der baltischen Staaten geschlossen werden würde. Wenn die Westmächte ein Interesse am Erhalt der Staaten, die nach dem Ersten Weltkrieg in Osteuropa geschaffen wurden, gehabt hätten, hätten sie also ein Bündnis mit Stalin schließen müssen. Genau das taten sie aber nicht, sondern trieben, wie der französische Diplomat schrieb, mit ihrer Politik Stalin an die Seite Hitlers.

Brisant und bedenkenswert sind auch die beiden weiteren Einsichten des englischen Botschafters. Er sah, dass ein Konflikt Deutschlands mit den Westmächten für Stalin einen gewaltigen politischen Vorteil gebracht hätte. Ein Zusammenbruch Deutschlands würde zur Sowjetvorherrschaft in Osteuropa führen. Der Botschafter prognostizierte eine Entwicklung, die dann tatsächlich eintrat. War das der Grund, warum England das nazistische Deutschland so lange gewähren ließ? Sollte es doch als das vielzitierte Bollwerk gegen den Kommunismus fungieren? Auch das ist nur schwer vorstellbar. Denn eine politische Barbarei zu benutzen, um eine andere abzuwehren, ist keine vernünftige Logik und Politik. Zu diesem Zweck wäre eine stabile Weimarer Republik besser geeignet gewesen.

Inhaltliche Ergebnissicherung

Vorteile eines Bündnisses mit der Sowjetunion		
England	Frankreich	Deutschland
• militärisch günstig wegen Ermöglichung eines Zweifrontenkriegs	• militärisch günstig wegen Ermöglichung eines Zweifrontenkriegs	• militärisch günstig zur Vermeidung eines Zweifrontenkrieg

Diplomatische Vorgeschichte des Hitler-Stalin-Paktes	
England erkennt, dass	Frankreich erkennt, dass
• ein Konflikt zwischen Deutschland und den Westmächten für die UdSSR das Beste wäre • ein Zusammenbruch Deutschlands zur Sowjetvorherrschaft in Osteuropa führte	• Stalin zu einer Annäherung an Hitler getrieben wird • eine Teilung Polens bevorsteht, um von der Sowjetunion (Ukraine) abzulenken

Der Abschluss eines Nichtangriffsabkommens mit der Sowjetunion schuf die Voraussetzung für den deutschen Überfall auf Polen. Hitler hatte in Stalin einen Komplizen gewonnen, der sich mit ihm die Beute teilen würde. Und die

Westmächte waren geographisch zunächst so weit von Polen entfernt, dass ein direktes Eingreifen am Ort des Geschehens nicht unmittelbar bevorstand.

Hitler-Stalin-Pakt

Hitler-Stalin-Pakt		
Hitlers Ziele	Stalins Ziele	Geheimes Zusatzprotokoll
• Fortsetzung der schrittweisen Eroberung des Ostens • Vermeidung eines Zweifrontenkriegs	• Erweiterung der Machtsphäre nach Westen (Baltikum, Polen) • Zuschauer beim Krieg zwischen den Westmächten und Deutschland • Kommunistische Vorherrschaft in Osteuropa	• Baltikum wird zur sowjetischen Interessensphäre • Teilung Polens in Interessenssphären • UdSSR erhält Bessarabien
Kurzfristige Planung	Langfristige Planung	Langfristig umgesetzt

Hitler und Stalin triumphierten beide nach Abschluss des Nichtangriffspaktes. Denn jeder hatte seine Ziele durchsetzen können. Die unmittelbare Folge des Abkommens war Hitlers Angriff auf Polen acht Tage nach der Vertragsunterzeichnung. Der Ausgangspunkt war ein inszenierter Überfall auf den Sender Gleiwitz. Deutsche Soldaten wurden in polnische Uniformen gesteckt und griffen den Sender an; KZ-Häftlinge in deutschen Uniformen dienten als Totenstaffage. Hitler erklärte vor dem deutschen Reichstag: „Polen hat heute Nacht zum ersten Mal auch auf unserem Territorium durch reguläre Soldaten geschossen. Seit 4.45 Uhr wird zurückgeschossen". Gleichzeitig eröffnete der Panzerkreuzer „Schleswig-Holstein" das Feuer gegen die Westernplatte bei Danzig. Damit war, was Hitler zu diesem Zeitpunkt aber noch nicht wusste, der Zweite Weltkrieg vom Zaun gebrochen. Verlogener und makabrer hätte er kaum beginnen können.

2.6 Der Zweite Weltkrieg

Ideologischer Krieg

War der Erste Weltkrieg ein Krieg, den man als „industriellen" Krieg bezeichnen könnte, da nicht mehr die Tüchtigkeit der Soldaten, sondern das Kriegsmaterial den Ausschlag gab, so kam beim Zweiten Weltkrieg eine weitere Qualität hinzu, die durch eine hemmungslose Umsetzung ideologischer Wahnvorstellungen gekennzeichnet war. Zugleich wurde er zu einem Krieg der „politischen Systeme". Im diesem Sinne könnte man vom Zweiten Weltkrieg als einem „ideologischen" Krieg sprechen. Auf beiden Seiten wurde der Gegner dämonisiert und ihm das Menschsein abgesprochen. In diesem Krieg wurde daher nicht nur mit Waffen, sondern auch mit Gedanken und Urteilen gekämpft, die dem Einsatz der Waffen den Boden bereiteten und ihn nicht nur furchtbar, sondern auch bösartig machten. Dass die Ideologie an die Stelle der Wirklichkeit trat, wie wir in unseren Kompetenzkategorien formuliert haben, kann man hier gar nicht ernst genug nehmen. Sie gab dem Krieg seine gespenstische Signatur. Es gilt, vor allem sie herauszuarbeiten, nicht den Krieg im Detail zu verfolgen, was in der Schule aufgrund der Notwendigkeit zur didaktischen Reduktion ohnehin nicht möglich ist.

Hitler erwartete vor allem die Reaktion Englands mit Spannung. Würde es militärisch wieder untätig bleiben wie beim Einmarsch in die Tschechoslowakei vor einem halben Jahr? Am 3. September 1939 erhielt er die Antwort. Paul Schmidt, der langjährige Chefdolmetscher des Auswärtigen Amtes, verfasste einen anschaulichen Bericht, wie Hitler und seine Genossen auf die Übergabe der englischen Kriegserklärung an Deutschland reagierten:

Reaktionen

> „Ich blieb in einiger Entfernung vor Hitlers Tisch stehen und übersetzte ihm dann langsam das Ultimatum der britischen Regierung. Als ich geendigt hatte, herrschte völlige Stille [...]. Wie versteinert saß Hitler da und blickte vor sich hin. Er war nicht fassungslos, wie es später behauptet wurde, er tobte auch nicht, wie es wieder andere wissen wollten. Er saß völlig still und regungslos auf seinem Platz. Nach einer Weile, die mir wie eine Ewigkeit vorkam, wandte er sich Ribbentrop zu, der wie erstarrt am Fenster stehen geblieben war. «Was nun?», fragte Hitler seinen Außenminister mit einem wütenden Blick in den Augen, als wolle er zum Ausdruck bringen, dass ihn Ribbentrop über die Reaktion der Engländer falsch informiert habe. [...] Auch [...] im Vorraum herrschte [...] Totenstille. Göring drehte sich zu mir um und sagte: «Wenn wir diesen Krieg verlieren, dann möge uns der Himmel gnädig sein!» Goebbels stand in einer Ecke, niedergeschlagen und in sich gekehrt [...]. Überall sah ich betretene Gesichter, auch bei den kleineren Parteileuten, die sich im Raum befanden."[74]

Der Kriegsverlauf ließ die Niedergeschlagenheit schnell vergessen. In 18 Tagen wurde Polen besiegt. Am 28. September 1939 teilten sich Hitler und Stalin die Beute: Die UdSSR erhielt die ostpolnischen Gebiete sowie die baltischen Länder, Deutschland West- und Zentralpolen. Die westpolnischen Gebiete wurden zu „Reichsgauen", Zentralpolen zum „Generalgouvernement" erklärt. Hans Frank wurde sein Leiter; er residierte in Krakau.

Am 6. Oktober 1939 richtete Hitler ein Friedensangebot an England und Frankreich, wobei er die Anerkennung der geschaffenen Lage voraussetzte. Es wurde abgelehnt. Damit war die Befürchtung des ehemaligen Generalstabschefs Ludwig Beck, die er 1938 geäußert hatte, eingetreten:

> „Wir stehen also der Tatsache gegenüber, dass ein militärisches Vorgehen Deutschlands [...] automatisch zu einem europäischen oder einem Weltkrieg führen wird. Dass ein solcher nach menschlicher Voraussicht mit einer nicht nur militärischen, sondern auch allgemeinen Katastrophe für Deutschland endigen wird, bedarf [...] keiner weiteren Ausführungen mehr."[75]

Statt dieser Bedenken wurde aber die Propagandamaschinerie der Nationalsozialisten laut: „Mit unseren Fahnen ist der Sieg". Für die Kriegsjahre 1939 bis 1941 traf dies auch zu. Frankreich wurde schnell überrannt, England hielt sich auf dem europäischen Kontinent zunächst aus dem Kriegsgeschehen heraus und die USA waren noch nicht in den Krieg eingetreten.

Fassen wir die ersten Jahre, die Phase der sog. „Blitzkriege", in einer Übersicht zusammen. Im Unterricht erarbeiten wir die Vorgänge mithilfe von Karten, indem wir die entsprechenden Veränderungen verfolgen und erläutern.

Kriegsverlauf von 1940 bis 1941

Der Kriegsverlauf von 1940 bis Frühjahr 1941	
4-6/1940: Besetzung Dänemarks und Norwegens	• Am 9.4. wird Dänemark besetzt • In einem sich anschließenden zweimonatigen Kampf wird trotz britischer Unterstützung Norwegen besiegt
5-6/1940: Überrennung der Niederlande, Belgiens und Frankreichs	• Missachtung der Neutralität von Belgien und Holland • Kapitulation der beiden Länder • Besetzung der Kanalküste und Einmarsch in Frankreich • Das englische Expeditionsheer kann sich fast vollständig über den Ärmelkanal zurückziehen • Der Südflügel des Heeres stößt ins Kernland Frankreichs vor. Der französische Widerstand bricht schnell zusammen. Am 14.6.40 wird Paris besetzt; am 22.6. im Wald von Compiègne ein Waffenstillstand unterzeichnet • Elsass-Lothringen wird dem Reich eingegliedert • Der Norden und Westen Frankreichs werden besetzt • Der Süden und Südosten bleiben vorläufig unter französischer Verwaltung („Vichy-Regierung"); sie werden im November 1942 ebenfalls besetzt • 2 000 000 Kriegsgefangene werden zum Arbeitseinsatz nach Deutschland gebracht
8/1940: Geplante Landung in England (Unternehmen „Seelöwe")	• Beginn der Luftschlacht um England mit dem Ziel, die Lufthoheit über England als Voraussetzung zur Landung zu gewinnen • Größter Einsatz der Deutschen; verzweifelter Widerstand der Engländer; Churchill drängt zum Durchhalten • Ziel der Luftherrschaft wird nicht erreicht • Auch zur See kein entscheidender Sieg • Hitler lässt vom Plan der Invasion ab
3/41–43: Afrikafeldzug	• Hitler will England über seine Kolonien im Mittelmeerraum treffen: Ägypten und Vorderer Orient • Deutschland muss Italien zu Hilfe kommen, das sich mit seinen Operationen auf dem Balkan und in Nordafrika übernommen hat: Mussolini wollte das Mittelmeer zum „mare nostro" machen
4/41: Balkanfeldzug	• Feldzug gegen Jugoslawien und Griechenland • Jugoslawien kapituliert am 17.4.; Griechenland am 21.4.41

Diese Erfolge in den ersten Kriegsjahren ließen Hitlers Kritiker verstummen und gaben ihm den Schein des erfolgreichen Feldherrn. Diese Illusion lag vor allem darin begründet, dass die später entscheidenden Kriegsgegner Sowjetunion und USA am Krieg noch nicht beteiligt waren oder wie England sich auf dem Kontinent noch zurückhielten. Die Anfangserfolge waren in ihrem Wert also durchaus zweifelhaft, bestärkten aber Hitlers Glauben, den Krieg erfolgreich führen und gewinnen zu können.

Mit der Kriegserklärung gegen die Sowjetunion am 22. Juni 1941 begann das Unternehmen „Barbarossa" – der Feldzug gegen Russland. Es war die erste große und schon kriegsentscheidende Fehlentscheidung des „Größten Feldherrn aller Zeiten", wie Hitler teils propagandistisch, teils spöttisch genannt wurde. Warum erklärte Hitler Stalin den Krieg, nachdem noch nicht einmal zwei Jahre seit Abschluss des Nichtangriffspakts vergangen waren?

Feldzug gegen die Sowjetunion

Ein Tagebucheintrag von Generaloberst Halder anlässlich einer Führungsbesprechung am 31. Juli 1940 gibt darüber Auskunft:

> „Englands Hoffnung ist Russland und Amerika. Wenn Hoffnung auf Russland wegfällt, fällt auch Amerika weg."[76]

Um England zu treffen, griff Hitler nun Russland an; und er war der Ansicht, dass die USA nicht in den Krieg eintreten werden, wenn Russland geschlagen sei. Die unmittelbare Folge des Angriffs auf Russland war ein Kriegsbündnis zwischen England und der UdSSR, das am 12. Juli 1941 geschlossen wurde. Damit befand sich Deutschland im Zweifrontenkrieg, den alle Militärstrategen bisher zu vermeiden suchten. Schlimmer noch, mit dem Afrikafeldzug war sogar eine dritte Front aufgetan.

Mit dem Russlandfeldzug begannen die Strategien und Verbrechen, die die Bezeichnung „Ideologischer Vernichtungskrieg" rechtfertigen. In der Ukraine hätte es allerdings auch anders kommen können. Hier wurden Hitlers Soldaten zunächst als Befreier von der Stalinistischen Terrorherrschaft begrüßt. Man erhoffte sich von den Deutschen eine Rückkehr zu Recht und Gesetz. Hätte Hitler ein wenig strategisch gedacht, hätte er diese Situation zu seinen Gunsten ausnutzen können. Aber er dachte in ideologischen Kategorien. So kam es zum ersten großen Verbrechen, dem Massenmord von Babin Jar, bei dem am 29. und 30. September 1941 mehr als 33 000 Juden von Maschinengewehrsalven niedergemäht wurden. Und mit Kriegsgefangen verfuhr man nicht weniger grausam. Man sperrte sie in eine Umzäunung auf einer Wiese und überließ sie ihrem Schicksal – ohne Nahrung, ohne Wasser, ohne Behausung, ohne Toiletten. Mit ihren Händen gruben sich die Menschen Löcher für die Nacht. Zur Nahrung diente allein die Wiese. Nach drei Tagen war das Gras verschwunden, nach fünf lagen die meisten im Delirium oder hatten den Verstand verloren. Damit war klar, was von den Deutschen zu erwarten war.

Ideologischer Vernichtungskrieg

Nach Hitlers Wille sollten die Truppen in zwei Richtungen vorstoßen: Auf Leningrad und in die Ukraine. War die Zielrichtung Ukraine militärstrategisch noch verständlich, stellte Leningrad ein rein ideologisches Ziel dar. Die schönste Stadt Russland sollte dem Erdboden gleichgemacht werden. So wollte es Hitler; die OHL hätte den direkten Weg nach Moskau vorgezogen. Auch, um die Front nicht unendlich in die Länge zu ziehen. Leningrad konnte nur belagert, nicht aber erobert werden. Um es auszuhungern, wurde eine Blockade über die Stadt verhängt, die rund 900 Tage dauerte. Etwa eine Million Opfer kostete die militärisch sinnlose Belagerung der Stadt. Spuren der Beschießung kann man heute noch sehen; ebenso Hinweisschilder, die vor Granateinschlägen warnten. Um die körperlichen und psychischen Belastungen zu erkennen, denen die Menschen ausgesetzt waren, muss man Passfotos aus der

Leningrad

Leningrader Frau zu Beginn und am Ende der Belagerung

damaligen Zeit betrachten. Manche Menschen sind in diesen drei Jahren so gealtert, als ob 30–40 Jahre vergangen wären.

Mit beginnendem Winter begann die Offensive gegen Moskau. Sie blieb in Regen, Schlamm und in der Kälte stecken. Kälte und Nachschubprobleme führten zu riesigen Verlusten. Nach dem Ende des Winters begann eine Gegenoffensive der Russen, die zu verlustreichen Abwehr- und Rückzugskämpfen führte. Im Kaukasusfeldzug vom Sommer 1942 erreichten die Kämpfe einen Höhepunkt und der Krieg seine entscheidende Wende. Das Ziel des Feldzuges war Stalingrad und die dortigen Erdölfelder. Nach schweren Kämpfen um die Stadt gelang der Roten Armee im November 1942 ein entscheidender Vorstoß: Sie konnte die deutsche 6. Armee in Stalingrad einkesseln.

Stalingrad

Um aus dem Kessel auszubrechen, bat der kommandierende General Friedrich Paulus Hitler per Fernschreiben um Handlungsfreiheit. Kurt Zeitzler, der Chef des Generalstabs im Hauptquartier, unterstützte Paulus Anliegen. Die Luftwaffenchefs erklärten, dass an eine Versorgung aus der Luft nicht zu denken sei. Hitler aber schwieg. Man sandte ein Telegramm an Paulus, Hitler bedenke sich noch, werde aber wohl morgen früh den Befehl zum Ausbruch geben. In Stalingrad begann man daher schon mit ersten Vorbereitungen zum Ausbruch. Dann aber traf Hitlers Telegramm mit dem Befehl ein: „Kein Ausbruch. Die 6. Armee bleibt in Stalingrad." Hitler hatte mit Reichsmarschall Göring, dem Oberbefehlshaber der Luftwaffe, gesprochen, der ihm garantierte, Stalingrad könne ausreichend aus der Luft versorgt werden: 500 Tonnen je Tag! Zeitzler war entsetzt, protestierte, zweifelte Görings Zusicherung an. Vergebens. Die 6. Armee blieb in Stalingrad, und Paulus war nicht der Mann, auf eigene Verantwortung zu handeln.

Mitte Dezember schien sich eine weitere Möglichkeit zum Ausbruch zu bieten. Die 4. Panzerarmee marschierte auf Stalingrad zu, um den Eingeschlossenen Durchbruchhilfe zu leisten. Sie war schon auf 48 km vor Stalingrad angekommen; bei 30 km sollte Paulus ausbrechen. Nun aber erlitt die 8. Italienische Armee eine Niederlage, sodass ein Loch im Verteidigungsgürtel entstand, der zu einer Einkesselung der Heeresgruppe A führte könnte. Damit wäre ein zweites, zahlenmäßig noch größeres Stalingrad entstanden. Daher erhielt die Panzerarmee am 23. Dezember 1942 den Befehl zur Umkehr. Ihr Kanonendonner, der in Stalingrad schon zu hören war, wurde immer schwächer und hörte endlich ganz auf. Jetzt wusste man, dass auch diese Chance vertan war. Statt des Entsatzes kam zu Neujahr 1943 ein Telegramm Hitlers: „Die 6. Armee hat mein Wort, dass alles geschieht, um sie herauszuholen. Adolf Hitler". Paulus vertraute wohl noch auf Hitlers Wort, viele andere nicht mehr.

In einem der letzten Briefe, die noch aus Stalingrad herausgebracht werden konnten, war zu lesen:

Abschiedsbrief aus Stalingrad

„Ich habe mich seit einer Woche um diesen Brief herumgedrückt und immer gedacht, dass die Ungewissheit zwar qualvoll sei, aber immer noch einen Hoffnungsschimmer enthalte. So dachte ich auch über den Ausgang meines eigenen Schicksals nach und nahm täglich die Ungewissheit unserer Lage, die zwischen Hilfe und Untergang schwebte, mit in den Schlaf. Und ich bemühte mich auch nicht, das Zweifelhafte endgültig zu klären. [...] Ich war entsetzt, als ich die Karte sah. Wir sind ganz allein, ohne Hilfe von außen, Hitler hat uns sitzenlassen. [...] Die Männer meiner Batterie ahnen es auch, aber sie wissen es nicht so genau wie ich. So also sieht das Ende aus. In Gefangenschaft gehen Hannes und ich nicht, ich habe gestern vier Mann gesehen, die von den Russen gefangengenommen waren, nachdem unsere Infanterie wieder den Stützpunkt genommen hatte. Nein, in Gefangenschaft gehen wir nicht. Wenn Stalingrad gefallen ist, wirst Du es hören und lesen, und Du weißt dann, dass ich nicht wiederkehre."[77]

Am 24. Januar 1943, 11.16 Uhr traf im Führerhauptquartier ein letzter Funkspruch ein:

Letzte Bitte zur Kapitulation

„Truppe ohne Munition und Verpflegung. 18 000 Verwundete ohne Verbandszeug und Medikamente. Weitere Verteidigung sinnlos. Zusammenbruch unvermeidbar. Armee erbittet, um noch vorhandene Menschenleben zu retten, sofortige Kapitulationsgenehmigung. Paulus"[78]

Die Stunden vergingen; am nächsten Tag traf Hitlers Telegramm ein:

„Verbiete Kapitulation. Die Armee hält ihre Position bis zum letzten Mann und bis zur letzten Patrone. Adolf Hitler"[79]

Am Ende waren 150 000 Mann gefallen, 120 000 gerieten in Gefangenschaft. „Für Stalingrad trage ich allein die Verantwortung", erklärte Hitler gegenüber Generaloberst Manstein, dem Oberbefehlshaber der Heeresgruppe Don, der die 6. Armee angehörte.

Das Jahr 1943 brachte die Kriegswende. Die Ostfront wurde immer weiter zurückgedrängt; das Afrikakorps musste sich geschlagen zurückziehen. Wie bei Stalingrad kam es auch hier zu ähnlich heftigen Auseinandersetzungen. Rommel, der Oberbefehlshaber des Afrikakorps, verlangte die notwendige Kapitulationsgenehmigung; Hitler verweigerte sie ihm.

Kriegswende

„Ihrer Truppe", hieß es im Führerbefehl, „können Sie keinen anderen Weg zeigen als den zum Siege oder zum Tode."[80]

Alles oder Nichts – das waren die Pole, zwischen denen Hitler sich schon 1925 bewegte, als er das außenpolitische Ziel seiner Deutschlandpolitik mit „Weltmacht oder Nichts" festlegte. Zwischentöne kannte er nicht. Rommel soll im Anschluss seiner Unterredung mit Hitler zu seiner Frau gesagt haben, dass Hitler das Schicksal der Menschen, die für ihn kämpfen, völlig gleichgültig sei.

Im Dezember 1941 waren die USA in den Krieg eingetreten, nachdem die Japaner den amerikanischen Marinestützpunkt Pearl Harbor überfallen hatten. Anfang des Jahres 1943 trafen der englische Premierminister Churchill und der amerikanische Präsident Roosevelt im marokkanischen Casablanca zu einer Konferenz zusammen, um das weitere Vorgehen gegen Deutschland zu beraten. Stalin war auch eingeladen, wollte aber wegen der Entscheidung um Stalingrad Russland nicht verlassen. Eines der schwerwiegendsten Ergebnisse der Konferenz war die Forderung der bedingungslosen Kapitulation Deutschlands. Damit wurde nicht nur den Nationalsozialisten, sondern allen Deutschen das Recht abgesprochen, über ihr weiteres Schicksal mit den Siegermächten zu verhandeln und mitzubestimmen. Diese Forderung widersprach nicht nur den eigenen Prinzipien der Alliierten, die sie in der Atlantikcharta 1941 formuliert hatten, sondern führte auch zu einer unnötigen Verschärfung des Krieges und erschwerte die Arbeit des Widerstands. Jetzt musste es darum gehen, alle Kräfte zu mobilisieren, um dem Schicksal einer bedingungslosen

Bedingungslose Kapitulation

Sportpalast Berlin 1943

Kapitulation zu entgehen. Goebbels nutzte diese Situation zu einer agitatorischen Rede im Berliner Sportpalast, in der er zum Totalen Krieg aufrief. In der ihm eigenen Logik erklärte er den „Totalen Krieg" zum „Kürzesten Krieg", was auch auf einem Spruchband hinter der Rednerbühne zu lesen war. Er erreichte in einem Frage-Antwort-Ritual, dass die Zuhörer der Frage „Wollt ihr den totalen Krieg?" mit fanatischer Begeisterung zustimmten. Totaler Krieg bedeutete den Einsatz aller Kräfte – auch der zivilen – für den Krieg. Damit wurde die Intensität des Krieges und seiner Opfer nochmals gesteigert.

Errichtung der Zweiten Front

Nachdem der Vormarsch der Russen in Ostpreußen deutschen Boden erreicht hatte, entschlossen sich Amerikaner und Engländer endlich, die von Stalin schon seit Jahren geforderte Zweite Front auf dem europäischen Kontinent zu eröffnen. Sie landeten am 6. Juni 1944, dem berühmten D-Day, in der Normandie. Deutschland war nun von zwei Seiten in die Zange genommen und hatte den alliierten Angriffen, die nun auch durch massive Bombeneinsätze unterstützt wurden, nichts mehr entgegenzusetzen. Die Bildung des Volkssturmes im September 1944, in dem alle männlichen Deutschen aufgeboten wurden, die altersbedingt bisher noch nicht oder nicht mehr der Wehrmacht angehörten, konnte daran nichts mehr ändern. Im Gegenteil, sie brachte noch eine tragische Note. Denn insbesondere jugendliche Befehlshaber trugen zum weiteren Morden bei, indem sie besonnene Bürger, die vor sinnlosem Widerstand warnten, standrechtlich erschießen oder erhängen ließen.

Kapitulation

Am 25. April 1945 reichten sich US- und SU-Truppen in Torgau an der Elbe die Hand; am 30. April begingen Hitler und Goebbels im Führerhauptquartier in Berlin Selbstmord. Ihre Leichen wurden verbrannt. Großadmiral Dönitz wurde zum Nachfolger Hitlers bestellt. Am 8. Mai 1945 unterschrieben er und weitere Generäle die bedingungslose Kapitulation Deutschlands. Damit war der Krieg in Deutschland beendet. Im Fernen Osten zog er sich noch knappe vier Monate hin, bis nach den Atombombenabwürfen auf Hiroshima und Nagasaki auch die Japaner am 2. September 1945 kapitulierten.

Der Zweite Weltkrieg	
• Überfall auf Polen	• Wende bei Stalingrad
• Phase der Blitzkriege	• Verlust der Afrikastellungen
• Feldzug gegen Russland	• Totaler Krieg
	• Zweifrontenkrieg nach Landung der Alliierten in der Normandie
	• Bedingungslose Kapitulation
Ideologischer und grausam-brutaler Vernichtungskrieg, der dem Gegner das Menschsein absprach, keinerlei Regeln der Kriegsführung mehr gelten ließ und auch vor der Zivilbevölkerung nicht haltmachte.	

Kompetenzorientierte Urteilsbildung

Betrachten wir die Natur des Zweiten Weltkrieges und fragen uns, wie wir das Auftreten eines ideologischen Vernichtungskriegs historisch-anthropologisch verstehen können. Wir nehmen dazu wieder unsere Kompetenzkategorien zu

Hilfe. Wir haben in den Domänen „Krieg" und „Wirklichkeit" folgende Kategorien unterschieden, auf die wir zur Urteilsbildung zurückgreifen:

Krieg	Wirklichkeit
• Krieg als Naturzustand	• Götterwirklichkeit
• Gerechter Krieg	• Gedankenwirklichkeit
• Heiliger Krieg	• Symbolische Wirklichkeit
• Ächtung des Krieges	• Sinneswirklichkeit
	• Verlust von Wirklichkeit durch Ideologie

Zunächst schließen wir die Begriffe aus, die wir nicht brauchen. Das sind in der Domäne „Krieg" die Kategorien „Gerechter" und „Heiliger" Krieg, sowie die „Ächtung des Kriegs". Denn im Vernichtungskrieg ging es nicht um die Wiederherstellung eines gerechten Rechtszustands; auch wurde er nicht im Auftrag eines Gottes geführt. Der Krieg als solcher war auch nicht geächtet, sondern galt im Gegenteil in der NS-Ideologie als Grundprinzip allen Daseins. Diese Bewertung lässt uns vermuten, dass wir uns mit der Kategorie „Krieg als Naturzustand" einem Verständnis nähern können. Hier gewinnen wir einen Anhaltspunkt in der Tatsache, dass zu den Zeiten, als der Krieg noch als Naturzustand galt, Grausamkeit und die Vernichtung des anderen nicht verpönt waren, sondern positiv bewertet wurden. Sie implizierten keinen Makel, sondern man war geradezu stolz auf sie. Wir haben dies im zweiten Band unserer „Geschichte im Unterricht" am Beispiel Assurbanipals dargestellt.[81] Eine solche Bewertung von Grausamkeit und Vernichtung finden wir bei Himmler wieder, wenn er angesichts der millionenfachen Morde erklärte:

> „Von Euch werden die meisten wissen, was es heißt, wenn 100 Leichen beisammen liegen, wenn 500 da liegen oder wenn 1000 da liegen. Dies durchgehalten zu haben und dabei – abgesehen von Ausnahmen menschlicher Schwäche – anständig geblieben zu sein, das hat uns hart gemacht. Dies ist ein niemals geschriebenes und niemals zu schreibendes Ruhmesblatt unserer Geschichte."[82]

Bei Himmler handelte es sich nicht mehr um die ungebrochene Natürlichkeit, mit der Gewalt ausgeübt wurde wie etwa noch bei Assurbanipal, er musste sich dazu überwinden; schließlich waren seitdem 2 500 Jahre Geschichte vergangen. Aber am Ende war er stolz, diese Grausamkeit aufgebracht und ertragen zu haben. Hier stoßen wir wieder auf das uns schon bekannte regressive Element im Nationalsozialismus.

Ziehen wir, um das Verständnis weiter zu vertiefen, noch die Domäne „Wirklichkeit" zurate. Schließen wir auch hier zunächst die Kategorien aus, die wir nicht benötigen. Das sind die Kategorien „Symbolische Wirklichkeit" und „Sinneswirklichkeit". Die Geschehnisse deuten nicht über sich hinaus auf eine höhere Wirklichkeit, und die Menschen werden auch nicht als das wahrgenommen, was ihnen die Sinneswirklichkeit bietet: Nämlich als Mensch. Stattdessen werden sie als „Feind", „Untermensch", „Ungeziefer" usw. betrachtet. Das sind gedankliche Bestimmungen, die sich an die Stelle der Sinneswirklichkeit setzen und diese auslöschen. Die Gedanken werden so erlebt, als ob sie selbst eine Wirklichkeit wären. Im Unterschied zur Antike sind sie das aber nicht mehr. Sie erscheinen nur so und gewinnen daher eine Wirklichkeit, die nun gespenstisch ist: Die Wahnwirklichkeit der Ideologie. Sie tritt auf, wenn das eigene Ich zu schwach ist, seinen Gedanken gegenüberzutreten und sie an der Sinneswirklichkeit zu prüfen. Statt seine Gedanken zu beherrschen, wird der Mensch von ihnen beherrscht. Sie handeln in ihm, nicht er selbst. Das ist der Zustand von Besessenheit und das verzerrte und karikierte Gegenstück zur Götterwirklichkeit, bei der anstelle des Menschen Götter dachten und handelten. Nun sind es wirklichkeitsleere Gedankengespinste und Gedankengespenster: Ideologien. Ihre Natur ist, dass sie nicht bloße Gedanken sind, die ein Mensch hat, sondern dass sie als bloße Gedanken eine eigene Selbstständigkeit gewinnen und entfalten, die in Wahrheit nur der denkenden Persönlichkeit zukommt und zukommen kann. Diese denkende Persönlichkeit verschwand in der Ideologie und machte so ihre Wirksamkeit möglich.

2.7 Widerstand gegen den Nationalsozialismus

Formen des Widerstands

Formen des Widerstands	
Passiver Widerstand	Aktiver Widerstand
• Emigration	• Weitergabe geheimer Nachrichten
• Rücktritt	• Sabotage
• Hilfe für Verfolgte	• Attentat
• Streik	• Vorbereitung und Durchführung eines Staatsstreichs
• Befehlsverweigerung	
• Desertion	• Bildung einer Übergangsregierung
• Mündliche oder schriftliche Proteste	• Erarbeitung eines Regierungsprogramms

Träger des Widerstands

Träger des Widerstands				
Einzelpersonen	Jugend	Politische Gruppierungen	Kirche	Militär
• Georg Elser	• Weiße Rose • Edelweißpiraten	• Kommunisten • Sozialdemokraten • Bürgerliche Gruppen	• Bekennende Kirche • Katholischer Widerstand einzelner Bischöfe	• Beck • Witzleben • Tresckow • Stauffenberg

Probleme des Widerstands

Probleme des Widerstands
• Ohne Mitwirkung des Militärs war ein aktiver Widerstand aussichtslos
• Jeder Kontakt konnte als Hochverrat ausgelegt werden (Todesstrafe)
• Ein Spitzel- und Denunziantentum verlangte höchste Vorsicht
• Es machte einen breit organisierten Widerstand unmöglich

Beschränken wir uns auf drei Formen und Gruppen des Widerstands:

- Die Widerstandsgruppe der „Weißen Rose": Sie zeigt den geistigen Hintergrund des Widerstands und steht den Schülern altersmäßig am nächsten
- Den bürgerlicher Widerstand um Carl Goerdeler und Helmuth James von Moltke: Er führt uns realpolitische Alternativen vor Augen (Goerdeler) und macht die Natur des Nationalsozialismus sichtbar (Moltke)
- Den militärischer Widerstand: Er war der Widerstand, der allein Aussicht auf praktischen Erfolg hatte.

Die Weiße Rose war ein Kreis von Studenten um den Münchner Philosophieprofessor Kurt Huber. Ihre bekanntesten Mitglieder waren Hans und Sophie Scholl, Willi Graf, Christoph Probst und Alexander Schmorell. Sie verfassten Flugblätter gegen den Nationalsozialismus, die sie in Süddeutschland verteilten. Bei einer solchen Flugblattaktion in der Münchner Universität wurden Hans und Sophie Scholl Anfang 1943 verhaftet; in der Folge auch weitere Mitglieder. Wenige Tage darauf wurden sie verurteilt und hingerichtet.

Die Weiße Rose

Im ersten Flugblatt der Weißen Rose stand zu lesen:

„Nichts ist eines Kulturvolkes unwürdiger, als sich ohne Widerstand von einer verantwortungslosen und dunklen Trieben ergebenen Herrscherclique «regieren» zu lassen. Ist es nicht so, dass sich jeder ehrliche Deutsche heute seiner Regierung schämt, und wer von uns ahnt das Ausmaß der Schmach, die über uns und unsere Kinder kommen wird, wenn einst der Schleier von unseren Augen gefallen ist und die grauenvollsten und jegliches Maß unendlich überschreitenden Verbrechen ans Tageslicht treten? [...] «Alles darf dem Besten des Staats zum Opfer gebracht werden, nur dasjenige nicht, dem der Staat selbst nur als ein Mittel dient. Der Staat selbst ist niemals Zweck, er ist nur wichtig als eine Bedingung, unter welcher der Zweck der Menschheit erfüllt werden kann, und dieser Zweck der Menschheit ist kein anderer, als Ausbildung aller Kräfte des Menschen, Fortschreitung. Hindert eine Staatsverfassung, dass alle Kräfte, die im Menschen liegen, sich entwickeln; hindert sie die Fortschreitung des Geistes, so ist sie verwerflich und schädlich, sie mag übrigens noch so durchdacht und in ihrer Art noch so vollkommen sein.»"[83]

Es war ein akademischer, ein geistiger Widerstand, den die Weiße Rose leistete. Sie sprach von der Würde und der Verantwortung des Menschen gegenüber seinem Leben und von der Scham, mit der ein gebildeter Mensch auf das NS-Regime blickt. Sie rückte die Freiheit und die Persönlichkeit ins Zentrum ihres Denkens und verwies mit dem abschließenden Schillerzitat auf die Aufgabe des Staates: Er habe dem Menschen zu dienen, nicht dürfe der Mensch dem Staate untergeordnet werden.

Das waren idealistische Vorstellungen zu Wesen und Bedeutung des Staates; es waren notwendige Vorstellungen zum Gedeihen des sozialen Lebens und es waren charakteristisch deutsche Vorstellungen, die der deutschen idealistischen Philosophie und Literatur entwachsen waren. Sie machten auf diese Weise deutlich, dass der Nationalsozialismus genau das Gegenteil von dem verkörperte, was auf kultureller und geistiger Ebene für Deutschland charakteristisch war.

Der Widerstand war real chancenlos. Die Weiße Rose verfügte über keinerlei Machtmittel, ihre Forderungen auch nur entfernt durchzusetzen. Er war eine moralische Geste in einer unmoralischen Zeit. Der Nationalsozialismus reagierte aufgeregt gegenüber dieser für ihn praktisch unbedeutenden Gefahr.

Er reagierte deshalb so heftig, will die Aktionen der Weißen Rose zeitlich mit der Kriegswende und dem Fall von Stalingrad zusammenfielen, die das äußere Ende des Nationalsozialismus in der Ferne sichtbar werden ließen. Die Gedanken der Widerstandsgruppe repräsentierten darüber hinaus die Welt, die der Nationalsozialismus ausrotten wollte. Nun erhoben sie ihr Haupt und zeigten, dass sie doch stärker waren als Sicherheitsdienste, Kerker und Tod.

Carl Friedrich Goerdeler

Carl Friedrich Goerdeler war Oberbürgermeister von Leipzig und ein politisches Gewicht, das öffentlich an der Seite Hitlers auftreten konnte. Er entwickelte im Mai 1941 einen Friedensplan, den er auch der englischen Regierung übermitteln wollte:

> „Folgende von der deutschen Gruppe verfolgten Friedensziele werden als Grundlage von Verhandlungen vorgeschlagen:
> 1. Wiederherstellung der vollen Souveränität der während des Krieges von den Kriegsparteien besetzten neutralen Länder.
> 2. Bestätigung der vor dem Kriege erfolgten Anschlüsse von Österreich, Sudetenland, Memelland an Deutschland.
> 3. Wiederherstellung der Grenzen Deutschlands von 1914 gegenüber Belgien, Frankreich, Polen.
> 4. Festsetzung der europäischen Ländergrenzen auf Grund des nationalen Selbstbestimmungsrechtes durch eine Friedenskonferenz sämtlicher Staaten.
> 5. Rückgabe der deutschen Kolonien oder gleichwertiger Kolonialgebiete unter gleichzeitiger Einrichtung eines internationalen Mandatarsystems für alle Kolonien.
> 6. Keine Kriegsentschädigungen, gemeinsamer Wiederaufbau."[84]

Selbst wenn man annimmt, dass es sich hier nur um „Grundlagen von Verhandlungen", nicht um deren unbedingt zu erreichenden Ziele handelt, und auch wenn man zugesteht, dass sie zu einem Zeitpunkt verfasst wurden, als das Deutsche Reich noch siegreich war, reibt man sich doch verwundert die Augen über den politischen Realitätssinn von Carl Goerdeler. Er dachte weiterhin in Großmachtkategorien, wollte nicht nur die Situation Deutschlands vor dem Ersten Weltkrieg wiederherstellen, sondern auch die Annexionen Hitler bis 1938 festschreiben. Auch wollte er Kriegsentschädigungen verweigern. Das Großmachtstreben Deutschlands war ein zentraler Grund für den Ausbruch des Ersten Weltkriegs. Und nun sollte von den Alliierten ein noch größeres Deutschland akzeptiert werden. Das waren gewiss absolut illusorische Vorstellungen, die nur in völliger Unkenntnis der alliierten Zielsetzungen hatten verfasst werden können.

Helmuth J. von Moltke und der Kreisauer Kreis

Ganz anders waren die Vorstellungen, die im Kreisauer Kreis entwickelt wurden. Der Kreis wurde nach dem Ort benannt, in dem er vor allem tagte: Dem Gut des Grafen Helmuth James von Moltke in Kreisau/Schlesien.

> „Das zertretene Recht muss wieder aufgerichtet und zur Herrschaft über alle Ordnungen des menschlichen Lebens gebracht werden. Unter dem Schutz gewissenhafter, unabhängiger und von Menschenfurcht freier Richter ist es Grundlage für alle zukünftige Friedensgestaltung.
>
> Die Glaubens- und Gewissensfreiheit wird gewährleistet. Bestehende Gesetze und Anordnungen, die gegen diese Grundsätze verstoßen, werden sofort aufgehoben.

Brechung des totalitären Gewissenszwangs und Anerkennung der unverletzlichen Würde der menschlichen Person als Grundlage der zu erstrebenden Rechts- und Friedensordnung. Jedermann wirkt in voller Verantwortung an den verschiedenen sozialen, politischen und internationalen Lebensbereichen mit. Das Recht auf Arbeit und Eigentum steht ohne Ansehen der Rassen-, Volks- und Glaubenszugehörigkeit unter öffentlichem Schutz."[85]

Diese Gedanken gehen von der Herrschaft des Rechts aus, das von einer tatsächlich unabhängigen Rechtsprechung verwaltet wird. Sie stellen die Würde des Menschen uneingeschränkt in den Mittelpunkt der staatlichen Ordnung, gehen von einer voll verantworteten Mitwirkung des Einzelnen in allen Lebensbereichen aus und verlangen ein Recht auf Arbeit für jedermann ohne Rücksicht auf ethnische, nationale oder religiöse Zugehörigkeit. Der Glaube und das Gewissen sind frei.

Die Alliierten hätten vermutlich auch diese Gedanken abgelehnt; aber aus anderen Gründen als bei Goerdeler. Sie hätten sie wohl zurückgewiesen, weil sie fortschrittlicher, humaner und sozialer waren als ihre eigenen Vorstellungen und weil sie gerade nicht von Macht, sondern von Recht ausgingen. Versuchen wir, sie mit unseren Kompetenzkategorien zu beurteilen.

Kompetenzorientierte Urteilsbildung

Domänen der Orientierungskompetenz					
Herrschaft	Gesellschaft	Recht	Wirtschaft	Selbstverständnis	Religion
Europäische Neuzeit					
Demokratie Gewaltenteilung	Bürgerliche Gesellschaft	Rechtsgleichheit	Soziale Marktwirtschaft	Individualismus	Religionsfreiheit

Wir erkennen, dass die Vorstellungen des Kreisauer Kreises der historischen und anthropologischen Entwicklung der Neuzeit vollkommen angemessen waren. Der Kreis versuchte, eine Staatsform zu skizzieren, die den Werten der europäischen Neuzeit gerecht werden konnte. Mit einem Recht auf Arbeit, das sich aus der Rechtsgleichheit und der Menschenwürde herleitet, übertreffen sie sogar den heutigen Rechtszustand der Bundesrepublik. Ebenso mit ihrer Anschauung einer vollverantworteten Mitwirkung des Einzelnen in allen Bereichen des öffentlichen Lebens. Mit diesen Anschauungen wäre der Kreisauer Kreis auch heute noch nicht nur brandaktuell, sondern auch sozial und politisch fortschrittlich, fast schon revolutionär.

Helmuth James von Moltke, einer der führenden Denker des Kreisauer Kreises und eine der beeindruckendsten Persönlichkeiten der Zeitgeschichte, wurde vom Volksgerichtshof zum Tode verurteilt. Über dieses Urteil schrieb er am 10. Januar 1945 aus seiner Tegeler Haft an seine Frau:

Natur des Nationalsozialismus

„Das Schöne an dem so aufgezogenen Urteil ist folgendes: wir haben keine Gewalt anwenden wollen – ist festgestellt; wir haben keinen einzigen organisatorischen Schritt unternommen, mit keinem einzigen Mann über die Frage gesprochen, ob er einen Posten übernehmen wolle – ist festgestellt; in der Anklage stand es anders. Wir haben nur gedacht, und zwar eigentlich nur Delp, Gerstenmaier und ich, die anderen galten als Mitläufer [...]. Und vor den Gedanken dieser drei einsamen

Männer, den bloßen Gedanken, hat der N. S. eine solche Angst, dass er alles, was damit infiziert ist, ausrotten will. Wenn das nicht ein Kompliment ist. Wir sind nach dieser Verhandlung aus dem Goerdeler-Mist raus, wir sind aus jeder praktischen Handlung heraus, wir werden gehenkt, weil wir zusammen gedacht haben. Freisler hat recht, tausendmal recht; und wenn wir schon umkommen müssen, dann bin ich allerdings dafür, dass wir über dieses Thema fallen. [...] Durch diese Personalzusammenstellung ist dokumentiert, dass nicht Pläne, nicht Vorbereitungen, sondern der Geist als solcher verfolgt werden soll."[86]

Moltke klagte nicht über sein Schicksal, sondern versuchte, ihm eine Erkenntnis über die Natur des Nationalsozialismus abzugewinnen. Er erkannte in ihm eine elementare Feindschaft gegen den Geist; „der Geist als solcher" sollte verfolgt werden. Wir kamen durch die Anwendung unserer Kompetenzkategorien zu einem ähnlichen Ergebnis: Das Menschsein, das Prinzip des Humanen, sollte ausgelöscht und durch eine Animalisierung ersetzt werden.

Der militärische Widerstand

Der militärische Widerstand hätte zum ersten Mal im September 1938 tätig werden können. Der bevorstehende Einmarsch in die Tschechoslowakei zur Besetzung der sudetendeutschen Gebiete hätte zu einem Krieg führen können. In diesem Falle wollte Generalfeldmarschall Erwin von Witzleben Hitler in Berlin gefangennehmen. Berlin war bereits durch von Witzlebens Truppen besetzt. Man wartete darauf, dass England das Münchner Abkommen nicht unterschreiben werde.

Versuch der Gefangennahme Hitlers

Die Aktion wurde durch eine mündliche Botschaft des Deutschen Geschäftsträgers Theo Kordt an Lord Halifax vom 7. September 1938 vorbereitet:

„Außergewöhnliche Zeiten erfordern außergewöhnliche Mittel. Heute komme ich zu Ihnen nicht in meiner Eigenschaft als Deutscher Geschäftsträger, sondern als Sprecher politischer und militärischer Kreise in Berlin, die mit allen Mitteln einen Krieg verhindern wollen. [...] Nach unserer genauen Kenntnis plant Hitler einen Angriff auf die Tschechoslowakei. [...] Wenn daher Frankreich willens ist, seine Verpflichtungen gegenüber seinem tschechoslowakischen Verbündeten zu erfüllen, und wenn die Versicherungen des Premierministers ernst gemeint sind, dass das britische Reich in einem solchen Falle nicht beiseite stehen könne, so betrachten es meine Freunde als notwendig, dass die britische Regierung diesen entscheidenden Tatbestand klar hervortreten lässt. [...] In der deutschen öffentlichen Meinung ebenso wie in verantwortlich denkenden Kreisen der Armee ist Hitlers Krieg unpopulär und wird als Verbrechen gegen die Zivilisation angesehen. Wenn die erbetene Erklärung gegeben wird, sind die Führer der Armee bereit, gegen Hitlers Politik mit Waffengewalt aufzutreten. Eine diplomatische Niederlage würde einen sehr ernst zu nehmenden politischen Rückschlag für Hitler in Deutschland nach sich ziehen und würde praktisch das Ende des nationalsozialistischen Regimes bedeuten."[87]

England ließ sich auf dieses Ansinnen nicht ein und unterzeichnete das Münchner Abkommen. So konnte der Widerstand nicht aktiv werden.

Verhaftungsversuche 1940–1941

Vor dem Frankreich- und Norwegenfeldzug im Frühjahr 1940 wollte General Hammerstein, der Inspekteur des Westheeres, Hitler bei einer Truppenbesichtigung verhaften lassen. Aber Hitler kam nicht. Bald darauf wurde Hammerstein entlassen. Er war erst kurz zuvor zum Inspekteur berufen worden. Das Gleiche versuchte Erwin von Witzleben im Frühjahr 1941. Wiederum trat Hitler die Truppenbesichtigung nicht an. 1942 schied Witzleben aus Gesundheitsgründen aus dem aktiven Militärdienst aus.

Die Zeit von 1939–42 bot dem militärischen Widerstand kaum Chancen, aktiv zu werden, da Hitler siegreich war. Erst mit der Kriegswende im Jahre 1943 nahmen sie wieder zu. Hitler besuchte am 13. März 1943 die Heeresgruppe Mitte. Generalmajor Henning von Tresckow packte eine Bombe in Hitlers Flugzeug. Aber sie detonierte nicht. Eine Untersuchung ergab, dass der Zünder zwar funktioniert hatte, den Sprengstoff aber dennoch nicht explodierte. Möglicherweise war er im Flugzeug zu kühl geworden.

Attentatsversuche 1943

Am 21. März 1943 ergab sich eine weitere Möglichkeit, Hitler zu töten. Oberst Rudolf-Christoph von Gersdorff erklärte sich zu einem Selbstmordattentat bereit. Hitler kam zu einer Ausstellung sowjetischer Beutewaffen ins Berliner Zeughaus. Von Gersdorff hatte die Möglichkeit, Hitler zu begleiten und sich in unmittelbarer Nähe zu ihm aufzuhalten. In seinen Manteltaschen trug er die beiden Bomben, die beim versuchten Flugzeugattentat vor einer guten Woche nicht explodiert waren. Auch im Zeughaus war es kühl; aber Gersdorff ging davon aus, dass seine Körperwärme ausreichte, den Sprengstoff nicht zu sehr abkühlen zu lassen. Die beiden Bomben waren mit Zündern versehen, die etwa 10 Minuten Zeit von der Zündung zur Explosion benötigten; eine Direktzündung war aus technischen Gründen nicht möglich. Da Hitler aber etwa 12–14 Minuten in der Ausstellung verweilen sollte, schien dies nicht problematisch. Wider Erwarten eilte aber Hitler in 2 Minuten durch die Ausstellung, besah keines der Exponate und ließ sich auch in kein Gespräch verwickeln. So scheiterte auch dieser Attentatsversuch. Gersdorff musste und konnte die Bombe – er hatte nur eine scharfmachen können – rechtzeitig entschärfen.[88]

Am 13. August 1943 sollte Hitler soll in Ostpreußen verhaftet und hingerichtet werden. Er kam aber wieder nicht.

Im Folgenden wurde ein Attentat immer schwieriger, da Hitler nicht mehr in die Öffentlichkeit ging. So konnte ein weiterer Anschlag nur im Führerhauptquartier selbst durchgeführt werden. Dies schränkte den Personenkreis der möglichen Attentäter ein, da nur wenige Zutritt zum Hauptquartier hatten. Rittmeister von Breitenbuch, ein Ordonnanzoffizier von Generalfeldmarschall Ernst Busch, hatte am 11. März 1944 Gelegenheit, an einer Lagebesprechung auf dem Obersalzberg teilzunehmen. Hier wollte er Hitler mit einer Pistole erschießen. Es gelang ihm auch, eine entsicherte Pistole in der Hosentasche versteckt einzuschmuggeln; seine Dienstwaffe mit Koppel hatte er – wie alle anderen auch – vorher abgeben müssen. Doch als Hitler die Offiziere zur Besprechung bat, wurde Breitenbuch überraschend der Zutritt verwehrt. Hitler hatte befohlen, dass die Besprechung ohne Ordonnanzoffiziere stattfinden sollte. Buschs Einspruch, er benötige Breitenbuch für seinen Vortrag, war erfolglos. So musste Breitenbuch im Vorzimmer warten, in schwerer Sorge, dass sein Vorhaben verraten worden war.

Attentatsversuche 1944

Am 1. Juli 1944 wurde Oberst Claus Schenk Graf von Stauffenberg zum neuen „Chef des Stabes beim Befehlshaber des Ersatzheeres" ernannt; damit konnte auch er an den regelmäßigen Lagebesprechungen teilnehmen. Am 6. Juli begegnete er Hitler auf dem Obersalzberg; an diesem Tag bot sich aber keine Gelegenheit für ein Attentat. Am 11. Juli fehlte Himmler, der mit beseitigt werden sollte; am 15. Juli musste er selbst vortragen. An diesem Tag stellte Rommel Hitler ein Ultimatum:

> „Ich muss Sie bitten, die Folgerungen aus dieser Lage unverzüglich zu ziehen. Ich fühle mich verpflichtet, als Oberbefehlshaber der Heeresgruppe dies klar auszusprechen."[89]

Am 17. Juli wurde aber Rommel bei einem Tieffliegerangriff so schwer verletzt, dass er vollkommen handlungsunfähig war. So war Stauffenberg erneut gefordert.

Der 20. Juli 1944

Am 20. Juli 1944 gelang es Stauffenberg, zwei Bomben ins Führerhauptquartier in Ostpreußen zu schaffen. Er trug die Bomben in seiner Aktentasche. Um die Zünder zu präparieren, zog er sich unter dem Vorwand, sein Hemd wechseln zu müssen, in ein Nebenzimmer zurück. Die Zeit drängte, da Hitler die Lagebesprechung wegen der am Nachmittag erwarteten Ankunft Mussolinis um eine halbe Stunde vorverlegte. So wurde Stauffenberg durch einen Oberfeldwebel zur Eile gedrängt und bei den Vorbereitungen gestört; er konnte nur eine Bombe scharfmachen. Die andere gab er seinem Adjutanten zurück statt sie mit in die Tasche zu packen. Die Aktentasche mit dem tödlichen Inhalt stellte er unter den Kartentisch. Wegen des Gedränges um Hitler konnte er sie wohl nicht optimal platzieren. Sie stand seitlich von Hitler hinter dem Tischschragen des Kartentisches, wo sie von einem Offizier mit dem Fuß noch etwas weiter nach hinten geschoben wurde. Um 12.45 Uhr detonierte die Bombe. Sie zerstörte den Besprechungsraum und verletzte dreizehn der vierundzwanzig Teilnehmer erheblich; vier davon so schwer, dass sie an den Folgen der Verletzungen verstarben. Hitler erlitt einen Bluterguss am rechten Ellbogen und einige Hautkratzer an der linken Hand; ansonsten blieb er unverletzt. Er hatte sich gerade mit dem vortragenden General Heusinger über die massive Tischplatte gelehnt, um die Karte besser in Augenschein nehmen zu können. Auch verpuffte die Druckwelle angesichts der geöffneten Fenster und der nur leichten Bauweise der Baracke. Im unterirdischen Lagebunker wäre auch die eine Bombe für alle tödlich gewesen. Stauffenberg hörte in nicht allzu großer Entfernung von der Besprechungsbaracke noch die Explosion. Es gelang ihm, vor dem Anlaufen der entsprechenden Sicherungsmaßnahmen das Führerhauptquartier zu verlassen und nach Berlin zurückzufliegen. Er verließ das Führerhauptquartier in der Annahme, Hitler sei tot.

Scheitern

Die weiteren Geschehnisse waren von Unklarheiten, Zögerlichkeiten und auch Pannen geprägt. Fellgiebel, General und Mitverschwörer, ließ zwar zunächst alle Telefonverbindungen vom Führerhauptquartier nach draußen stilllegen; wenig später wurden sie aber wieder hergestellt. Darüber hinaus gab es weitere Leitungen, auf denen die Nachricht, dass Hitler lebe, hinausgehen konnte. So konnte auch Goebbels über das Attentat und dessen Scheitern informiert werden. Fellgiebel selbst meldete an die Mitverschwörer in Berlin, dass Hitler das Attentat unverletzt überlebt habe. Als dann Stauffenberg in Berlin eintraf, behauptete er seiner tatsächlichen Überzeugung gemäß, Hitler sei tot. So entstand eine Unklarheit über den tatsächlichen Sachverhalt, der die

Handlungen der Verschwörer lähmte. Um 16.00 h wurde dann ein Fernschreiben mit Befehlen der Bendlerstraße, dem Sitz der Verschwörer, versehentlich auch an das Führerhauptquartier geschickt, sodass man dort über die Vorgänge in Berlin informiert war. Sogleich gingen entsprechende Gegenbefehle heraus, die die Befehlslage weiter undurchsichtig machten. Erst ab 17.30 h wurden die „Walküre"-Befehle, wie der Umsturzplan mit seinem Codenamen hieß, weitergegeben; aber auch sie erreichten nicht alle Stellen – und viele zu spät. Denn auch bei der Übermittlung der Befehle war eine Panne eingetreten. Einer von Stauffenbergs Ordonnanzoffizieren gab sie als „Geheime Kommandosache" aus; so mussten sie erst alle verschlüsselt werden; auch konnten sie dann nur einzeln verschickt werden. So kamen sie bei manchen Dienststellen erst gegen 21.00 h an. Inzwischen waren aber die Gegenaktionen angelaufen. Gegen 23.00 Uhr wurde der Bendlerblock von einer Panzerbrigade besetzt, die den Befehl hatte, den Putsch niederzuschlagen. Fromm, der Oberbefehlshaber des Ersatzheeres, der schon am Mittag aus der Verschwörung ausgestiegen war, aber in Haft gesetzt wurde, kehrte nun die Situation um; er ließ seinerseits die Verschwörer verhaften und kurz nach Mitternacht Stauffenberg, Haeften, Olbricht und Mertz von Quirnheim erschießen – angeblich aufgrund eines vorausgegangenen Standgerichts. Der Staatsstreich war gescheitert. Der Widerstand in Österreich und Frankreich, der erfolgreich die NS-Führung entmachtet hatte, wurde als Übung deklariert und rückgängig gemacht. Es begann nun eine Inquisitions- und Verhaftungswelle, die zu 700 Verhaftungen und etwa 110 Hinrichtungen führte. Und man traute seinen Ohren kaum: Englische Rundfunksender gaben die Namen der Widerstandskämpfer durch. Die Gestapo brauchte sie nur noch aufzusammeln. Die Widerstandsbewegung war am Ende.

Werfen wir am Ende noch einen Blick auf die Frage der Rechtfertigung des Widerstands. Wir haben diese Frage nach dem Widerstand gegen den Staat und einer „gottgewollten Obrigkeit" bereits bei Luther im 3. Band unserer Reihe besprochen.

Kompetenzorientierte Beurteilung

„Wie können wir auf der Grundlage unserer Kompetenzkategorien die Frage nach einem unmittelbaren Widerstandsrecht beantworten? Wir haben erkannt, dass die absoluten Werte „Recht, Gerechtigkeit, Wahrheit" mit dem zusammenhängen, was man im Mittelalter „Gott" nannte. Sie stellen – mittelalterlich gesprochen – seine philosophischen Attribute dar; mit den Augen der Neuzeit gesehen repräsentieren sie seine neuzeitliche Daseinsweise: Gott ist in diesen Begriffen aufgegangen und aufgehoben. Wer sich für Recht, Gerechtigkeit und Wahrheit einsetzt, kann daher nicht im Gegensatz zu einem „Willen Gottes" stehen. Eine Obrigkeit ist daher nur dann gerechtfertigt, wenn sie diese Werte vertritt und auf ihrer Grundlage die Sozialordnung gestaltet. [...] Diese Werte stellen nicht nur die Grundlagen einer Staats- und Sozialordnung dar, sondern sie beschreiben auch die Wesens- und die Lebensbedingungen des Menschen. Wer diese Werte missachtet oder anderen unterordnet, zerstört seine Lebensgrundlagen. Daher ist ein unmittelbares Widerstandsrecht nötig und berechtigt, wenn diese Werte gefährdet werden. [...] In der Bundesrepublik besitzen wir dieses Widerstandsrecht in Bezug auf eine Gefährdung der Demokratie; es wurde pragmatisch aus den Erfahrungen der Geschichte begründet. Wäre es historisch-anthropologisch begründet, wie wir es mithilfe unserer Kompetenzkategorien getan haben, würde man erkennen, dass es auch in Bezug auf eine Verletzung der Menschenrechte unmittelbar gelten müsste. Soweit hat es die neuzeitliche Demokratie noch nicht gebracht; aber es liegt in ihrer Substanz begründet und stellt daher eine notwendige Forderung an jeden demokratischen Staat dar. Hätte man an einer solchen gedanklichen Begründung des neueren Staatswesens, wie sie die Menschenrechtserklärung intendiert hatte, weitergearbeitet, hätten es die protestantischen Verschwörer gegen Hitler leichter gehabt, ihren Eidbruch zu begründen. Es wäre nämlich klar gewesen, dass ein solcher Eid nur dann Gültigkeit haben kann, wenn sich die Person, der man den Eid geschworen hat, an diesen Grundwerten orientiert. Einfacher gesagt: Man kann sich nicht einer Regierung oder einem Regenten gegenüber eidlich verpflichten, sondern nur solchen Werten."[90]

Der Konflikt vieler Offiziere zwischen ihrem Eid auf Hitler und ihrem Gewissen hätte auf diese Weise gelöst werden können. Denn dieser Eid war selbst schon eine Unmöglichkeit, da er Hitler an die Stelle rückte, an der nur absolute Werte stehen können. Das waren in der Vergangenheit „Gott", die „Res publica" und die „Polis" sowie in den Theokratien der „Gottkönig". Dass sich Hitler an seine Stelle setzte, zeigt erneut den regressiven Charakter des Nationalsozialismus, wie wir dies oben dargelegt haben. Diese Unmöglichkeit eines „Führereids" hätten die Offiziere und die deutsche Öffentlichkeit allerdings schon vor der Katastrophe des Krieges erkennen können und erkennen müssen. In dieser Hinsicht sind sie nicht von moralischer Schuld freizusprechen, im Hinblick auf den Widerstand aber sehr wohl. Er ist in dem absoluten Wert der Menschenrechte begründet, die die rechtmäßige Nachfolge von „Gott", „Staat" und „Gottherrscher" angetreten haben.

Inhaltliche Ergebnissicherung

Widerstand gegen den Nationalsozialismus		
Akademischer Widerstand	**Bürgerlicher Widerstand**	**Militärischer Widerstand**
• „Weiße Rose" mit • Kurt Huber • Geschwister Scholl	• Carl Friedrich Goerdeler • Helmuth J. von Moltke	• Erwin von Witzleben • Henning von Tresckow • Claus von Stauffenberg
• Idealistischer Widerstand auf der Grundlage der Menschenrechte und der kulturellen Entwicklung Deutschlands • Aufruf zum Widerstand durch Flugblätter	• Goerdelers Vorstellungen eines Großdeutschen Reiches waren machtpolitisch ausgerichtet und völlig unrealistisch • Der Widerstand des Kreisauer Kreises um Graf von Moltke war rein gedanklicher Natur; es gab keine konkreten politischen Pläne	• Geplante Verhaftung Hitlers 1938 scheitert an der fehlenden Kooperation Englands • Attentatsversuche scheitern an unglücklichen Umständen • Das Scheitern des Attentats vom 20. Juli 1944 bedeutet das Ende des Widerstands

Widerstand und Alliierte

Das befremdliche Verhalten der Alliierten zum Widerstand sei am Ende nochmals erwähnt, da es zum Verständnis der Politik der Alliierten führt, wie wir im nächsten Kapitel sehen werden.

„Im ganzen blieb die Aufklärung des weitläufigen Hintergrundes der Verschwörung mühsam. Von Stieff und Fellgiebel weiß man, dass sie selbst unter der Folter mindestens sechs Tage lang keine Einzelheiten hergaben. Entgegen einer verbreiteten Legende wurden auch keine Namensregister oder Kabinettslisten gefunden [...] Desgleichen hat Schlabrendorff, von dem eine ins einzelne gehende Schilderung der vier Stufen der Folter stammt, angefangen von den Dornenschrauben auf den Fingerwurzeln über die sogenannten Spanischen Stiefel bis zum Streckbett und anderen Torturen, keinen Mitverschworenen der Heeresgruppe Mitte preisgegeben. [...]. Doch was die Gefolterten, denen in diesen «verschärften Verhören» die ganze Grausamkeit und Rachsucht des Regimes entgegenschlug, nicht hergaben, leistete nun die Gegenseite. Als wollten sie Hitler einen letzten Dienst erweisen, veröffentlichten englische Rundfunksender «ständig Namen von Leuten, von denen sie behaupteten, dass sie auch am Staatsstreich teilgenommen hätten»."[91]

2.8 Die Politik der Alliierten

Die Politik Englands und sicherlich auch der USA wird gerade in der Reaktion auf das Scheitern des Attentats vom 20. Juli deutlich:

Grundziel der englischen Politik

„Über das Scheitern des Attentats vom 20. Juli 1944 waren manche im britischen Foreign Office geradezu erleichtert. [...] «Es kann nun mit einiger Sicherheit gesagt werden, dass wir, wie die Dinge jetzt liegen, besser dran sind, als wenn das Attentat vom 20. Juli erfolgreich gewesen und Hitler ermordet worden wäre [...]. [D]as Töten von Deutschen durch Deutsche wird uns vor künftigen Verlegenheiten vieler Art bewahren.» [...] «Wir sollten uns nicht in die Position bringen, mit irgendwelchen Deutschen, ob gut oder schlecht, zu verhandeln» [...] Großbritannien und Deutschland waren beide zunächst imperiale Mächte, dank der Kolonial- und Flottenpolitik in wachsender Rivalität. Die Untaten und der Angriff Hitlers auf ganz Europa gaben Deutschland schließlich dem Verdammungsurteil der ganzen Welt preis. Großbritannien war an seiner Exekution führend beteiligt und sah damit nicht nur zu Recht das Böse bestraft, sondern auch den alten Konflikt mit Deutschland als endgültig entschieden an."[92]

Richard von Weizsäcker, eine der integersten und bedeutendsten Politikerpersönlichkeiten der Bundesrepublik und der Nachkriegsgeschichte, die weit entfernt von revisionistischen Gedanken irgendwelcher Art ist, sprach hier aus, was Historiker wie Joachim Fest nur anzudeuten wagten, dass nämlich das primäre Ziel der alliierten Politik keineswegs die Niederschlagung des Nationalsozialismus, sondern die Ausschaltung Deutschlands als Weltmacht war und dass dazu der Nationalsozialismus die bestmögliche Begründung geliefert hatte. Unter diesem Gesichtspunkt wird die alliierte anglo-amerikanische Politik verständlich, unter dem Gesichtspunkt der Überwindung des Nationalsozialismus dagegen nicht.

Die erste Kriegskonferenz zwischen England und den USA fand vom 9.–12. August 1941 in strengster Geheimhaltung auf einem Schlachtschiff vor Neufundland statt. Dort trafen sich der amerikanische Präsident Roosevelt und der britische Premierminister Churchill und erarbeiteten gemeinsame Grundsätze der Kriegs- und Nachkriegspolitik, die am 14. August 1941 als Atlantikcharta veröffentlicht wurden. Dies war insofern bemerkenswert, als zum einen zum damaligen Zeitpunkt die USA noch gar nicht in den Krieg eingetreten waren und zum anderen ein gewisses anglo-amerikanisches Vordenken in der Bestimmung der Kriegs- und Nachkriegspolitik zu erkennen war.

Atlantikcharta

Die Atlantikcharta legte folgende Prinzipien fest:

- Selbstbestimmungsrecht der Völker bei der Wahl ihrer Regierungsformen
- Unabhängigkeit und Souveränität der Staaten nach außen
- Gleichberechtigung aller Staaten im Welthandel bei freiem Zugang zu den Märkten
- Vollständige Entwaffnung und Entmilitarisierung aller Aggressorstaaten
- Herstellung eines dauerhaften Systems der kollektiven Sicherheit.

Im Hinblick auf Deutschland wurde beschlossen, dass für Deutschland die Grundsätze der Atlantik-Charta nicht anzuwenden seien. Das kann man im Hinblick auf Nazideutschland verstehen, auch noch im Hinblick auf eine mögliche Sorge, dass auch ein Nachkriegsdeutschland noch unter dem Einfluss eines nachwirkenden NS-Gedankenguts stehen könnte. Im Hinblick auf eine dauerhafte Friedensordnung nach dem Kriege ergibt eine selektive Anwendung dieser Prinzipien aber keinen Sinn. Denn man hätte dann keine allgemeingültigen politischen Grundsätze beschlossen, sondern Grundsätze, die nach politischer Opportunität angewendet oder auch nicht angewendet werden können. Das wäre ein Beleg dafür, dass man die Nachkriegsordnung nicht nach den Prinzipien des Rechts, sondern nach dem Gutdünken der Macht aufzurichten gedenke.

Konferenz von Casablanca

Die zweite Kriegskonferenz zwischen England und den USA fand eineinhalb Jahre später vom 14.-24. Januar 1943 im marokkanischen Casablanca statt. Die französische Exilregierung unter de Gaulle war als Gast eingeladen. Stalin ließ sich wegen der anstehenden Entscheidung um Stalingrad entschuldigen, sandte aber auch keinen Vertreter. So wurden auf dieser Konferenz wiederum nur die Interessen und die Kriegsstrategie der westlichen Alliierten formuliert:

- Aufschiebung der zweiten Front
- Landung auf Sizilien
- Forderung nach bedingungsloser Kapitulation

Der erste Beschluss verärgerte die UdSSR, denn Stalin drängte auf die Errichtung einer zweiten Front, um die Sowjetunion zu entlasten. Es schien, als ob die Westalliierten die gleiche Taktik, nur mit umgekehrtem Vorzeichen anwandten, die Stalin beim Abschluss des Nichtangriffspaktes mit Hitler vorschwebte. Sollte Russland erst im Kampf mit Deutschland ausbluten? Dieses nicht unberechtigte Misstrauen hatte Folgen für die Beziehungen der UdSSR zu den Westmächten in der Nachkriegszeit, insofern die UdSSR zu der Überzeugung kam, dass es für seine Sicherheit selbst sorgen müsse.

Die Landung auf Sizilien sollte einen möglichen Marsch auf Mitteleuropa durch Italien und den Balkan vorbereiten, aber auch der Beherrschung des Mittelmeerraumes und damit der Sicherung britischer Interessen dienen. Der gemeinsame Krieg gegen Deutschland ließ also die Verfolgung nationaler Interessen der Alliierten nicht automatisch in den Hintergrund treten.

Über die kriegsverschärfende Bedeutung der Forderung nach bedingungsloser Kapitulation haben wir schon gesprochen.

An der Konferenz von Teheran vom 18. November bis zum 1. Dezember 1943 nahm nun zum ersten Mal auch Stalin teil. Er versuchte, seine Ansprüche aus dem Hitler-Stalin-Pakt gegenüber den Westalliierten zu verteidigen, was ihm auch gelang. Der östliche Teil Polens, von der „Curzon"-Linie bis zur Ostgrenze, sollte an die Sowjetunion fallen, dafür Polen im Westen durch von Deutschland abzutretende Gebiete entschädigt werden. Churchill legte drei Streichhölzer auf die Landkarte Polens, eines auf die Westgrenze, eines auf die Ostgrenze und eines auf die Curzon-Linie; dann nahm er das Streichholz von der Ostgrenze weg und legte es auf die Oder-Neiße-Linie. Damit wurde die „Westverschiebung" Polens anschaulich demonstriert und beschlossen. Zugleich bedeutete dies, dass man sich über eine territoriale Verkleinerung des Deutschen Reiches einig war. Ein Selbstbestimmungsrecht für Deutschland war nicht vorgesehen; auch wurde die Frage nicht gestellt, was die „Verschiebung" eines ganzen Landes für die Bevölkerung bedeutete. Zwangsumsiedlungen und Vertreibungen von Millionen von Menschen nahm man damit in Kauf. Über die Gebietsabtretungen hinaus war man sich auch über eine prinzipielle Aufteilung des Deutschen Reiches einig. Meinungsverschiedenheiten gab es aber in der Frage, wie die Aufteilung konkret vorgenommen werden sollte. Deutschland sollte ferner entmilitarisiert und in seiner Industriekapazität beschränkt werden. Die Westalliierten sagten der UdSSR die Errichtung einer zweiten Front für Mai 1944 zu; die UdSSR dagegen versprach, die USA im Krieg gegen Japan zu unterstützen, wenn der europäische Krieg beendet ist.

Konferenz von Teheran

Die Konferenz von Jalta fand vom 4.–11. Februar 1945 im ehemaligen Zarenschloss auf der Krim statt. Stalin befand sich in einer starken Position, da russische Truppen bereits weit ins Deutsche Reich eingedrungen waren. Auf der anderen Seite brauchten die USA die UdSSR zur Gründung der UNO und zum Kampf gegen Japan. Die Vereinigten Staaten machten der Sowjetunion mit den Kurilen sowie der nördlichen Sachalin territoriale Zugeständnisse und räumten ihr Stützpunktrechte in Port Arthur ein. Darüber hinaus erhielt sie die Zusage, dass die Äußere Mongolei von China unabhängig bleibe. So schien die Konferenz zu einem Geschäft zwischen den USA und der Sowjetunion zu werden.

Konferenz von Jalta

Deutschland betreffend stellte man Überlegungen an, es industriell weitestgehend zu beschneiden bis hin zu seiner Umwandlung in einen Agrarstaat, wie dies der Morgenthauplan von 1944 vorsah. Von einer Zerstückelung Deutschlands rückte man langsam ab. Die Beschlüsse von Teheran bzgl. einer Westverschiebung Polens und damit die Abtretung deutscher Gebiete im Osten blieben aber bestehen und wurden bestätigt. Der genaue Verlauf der polnischen Westgrenze blieb allerdings offen. Strittig blieb die Zusammensetzung der polnischen Regierung: Sollte sie „bürgerlich" oder „sozialistisch" ausgerichtet sein? Moskau hatte im Juli 1944 eine Marionettenregierung aufgebaut: Ein von Kommunisten beherrschtes „Nationales Befreiungskomitee" in Lublin. Dagegen erhoben die Westmächte zwar Einspruch, aber ohne entschiedene Konsequenz, was einer faktischen Aufgabe Polens gleichkam, für dessen Freiheit man 1939 in den Krieg gegen Nazideutschland zog.

Jaltaer Erklärung

Die Jaltaer „Erklärung über die befreiten Völker" legte fest, dass die Völker demokratische Einrichtungen nach eigener Wahl schaffen können. Man vermied aber eine Klärung des Begriffs „demokratisch", sodass jeder darunter das verstehen konnte, was zu seinem politischen System passte. Stalin war sich darüber im Klaren, dass jede frei gewählte Regierung antisowjetisch wäre, was er nicht zulassen konnte.

Die Westmächte akzeptierten die Forderung der Sowjetunion nach einer Sicherheitszone an ihrer Westgrenze, hatten aber keine Pläne, wie diese bei Erhaltung der Freiheit der östlichen Staaten realisiert werden könne. Dies bedeutete die Sowjetisierung der nach dem Ersten Weltkrieg geschaffenen Pufferstaaten. Damit verlor nicht nur Polen, sondern der gesamte Ostblock seine Freiheit. Die Perspektive, die der britische Diplomat im Vorfeld des Hitler-Stalin-Paktes gezeichnet hatte, war damit Wirklichkeit geworden. So kam bald nach Abschluss der Konferenz die kritische Frage auf, ob die Westmächte und die USA Osteuropa leichtfertig aufgegeben oder gar verraten haben. Es schien so, als ob auf Jalta die USA und die Sowjetunion die europäische Welt unter sich in eine westliche und in eine östliche Einflusssphäre aufgeteilt hätten, deren Grenzen man in der Nachkriegszeit beachten und respektieren wolle. Das Verhalten der beiden Großmächte in dieser Zeit deutet in der Tat darauf hin. So hielt sich der Westen bei allen Umsturzversuchen gegenüber den sozialistischen Regimen zurück; vor dem Einmarsch in die Tschechoslowakei versicherte sich der sowjetische Generalsekretär beim amerikanischen Präsidenten, ob die Vereinbarungen von Jalta noch gälten. Und Präsident George Bush sen. erklärte 1989 bei seinem Treffen mit dem sowjetischen Generalsekretär Gorbatschow auf Malta, dass der Gipfel von Malta die erste Konferenz nach Jalta sei, damit also eine neue Weltordnung in Kraft getreten sei, die Jalta und den Kalten Krieg abgelöst habe.

Konferenz von Potsdam

Im Unterschied zu Jalta ließ die Konferenz von Potsdam vom 17. Juli bis 2. August 1945 wieder mehr Differenzen und Unklarheiten zwischen den Westmächten und der UdSSR erkennen. Churchill, der noch vor einem halben Jahr der Abtretung der deutschen Ostgebiete an Polen zugestimmt hatte, sprach nun von einem Deutschland in den Grenzen von 1937, Stalin hingegen hielt an den Grenzen von 1945 fest. Man bestätigte die Regierungsübernahme durch die Besatzungsmächte sowie die Einrichtung eines „Alliierten Kontrollrats". Einigkeit herrschte in der Frage der Entwaffnung Deutschlands, der Auflösung der Wehrmacht, der Beseitigung aller Naziorganisationen sowie der Entnazifizierung. Man einigte sich auf einen demokratischen Aufbau der Länder und Gemeinden, auf eine demokratische Ausrichtung der Erziehung und des Justizwesens. Allerdings blieb – wie schon auf Jalta – ungeklärt, was man unter „demokratisch" verstand.

Deutschland sollte auch industriell abgerüstet, seine Wirtschaftskraft eingeschränkt werden. Das Ziel war eine Absenkung des Lebensstandards auf ein Niveau, das den „mittleren Lebensstandard der europäischen Länder nicht übersteigt".

An Reparationen forderte Stalin 10 Milliarden Dollar; die Westmächte sollten zusammen ebenso viel erhalten. Aufgrund der Erfahrungen des Ersten Weltkriegs fürchten die USA aber absolute Zahlen. So einigte man sich, dass jede Macht die Reparationen grundsätzlich aus der eigenen Besatzungszone nehmen sollte. Die Sowjetunion erhalte darüberhinaus 25% der Demontagen aus den Westzonen; davon sollten 15% durch Lieferung von Kohle und Nahrungsmittel beglichen werden, 10% sollten ohne Gegenleistung erfolgen. Umfang und Art der Demontagen sollten durch den Kontrollrat festgelegt werden, aber auch der Entscheidung des jeweiligen Militärgouverneurs unterliegen. Der Kontrollrat wurde dadurch überflüssig.

Zum Problem wurde nochmals die polnische Westgrenze. Stalin wollte im Sinne der früheren Vereinbarungen die Oder-Neiße-Linie festlegen. Der neue US-Präsident Truman dagegen wünschte, dass das Gebiet östlich dieser Grenze zur sowjetischen Besatzungszone gerechnet werde; er missbilligte, dass es an Polen übergeben worden war. Churchill, der diesen Vorschlag vor eineinhalb Jahren selbst gemacht hatte, fand die Abtretung dieser Gebiete nun problematisch. Am Ende aber blieb es bei der polnischen Verwaltung der deutschen Ostgebiete; sie wurden nicht als Teil der SBZ betrachtet und die Oder-Neiße-Linie wurde – entgegen dem Wortlaut des Vertrags – als polnische Westgrenze akzeptiert. Damit ging der Beschluss zur „Aussiedlung", d. h. der Ausweisung und Vertreibung der Deutschen einher. Polen erhielt 100 615 km² Land, verlor aber im Osten 180 000 km² an die Sowjetunion. Auch hier wurde die Bevölkerung aus den alten Ost- in die neuen Westgebiete umgesiedelt.

Politik der Alliierten		
Konferenzen von Casablanca und Teheran	Konferenz von Jalta	Konferenz von Potsdam
• Aufschiebung der zweiten Front • Landung auf Sizilien • Bedingungslose Kapitulation • „Westverschiebung" Polens • Territoriale Verkleinerung Deutschlands • Aufteilung Deutschlands • Entmilitarisierung • Beschränkung der Industriekapazität	• Demontage Deutschlands bis zum Agrarstaat • Bestätigung der „Westverschiebung" Polens • Sowjetisierung der 1918 geschaffenen Pufferstaaten • Festlegung von „Einflusssphären" zwischen der USA und der UdSSR	• Deutschland in den Grenzen von 1937 oder 1945? • Regierungsübernahme durch Besatzungsmächte • Einrichtung eines „Alliierten Kontrollrats" • Entwaffnung Deutschlands • Entnazifizierung • Demokratisierung • Reparationszahlungen und Demontagen • Mittleres Lebensniveau für Deutschland

Die Politik der Alliierten war nicht primär gegen den Nationalsozialismus, sondern gegen die Großmacht Deutschland gerichtet, zu deren Vernichtung der Nationalsozialismus unwiderlegliche Argumente lieferte. Die Alliierten verfolgten eigene machtpolitische Ziele, die zu einer Aufteilung Europas in eine amerikanisch-westliche und in eine sowjetisch-östliche Einflusssphäre führten.

Inhaltliche Ergebnissicherung

Nationalsozialismus

Bedeutung

Die Konferenz von Potsdam war die letzte gemeinsame Zusammenkunft der „Großen Drei". Man „einigte" sich durch die Anwendung fragwürdiger Verfahren: Man verschob endgültige Regelungen und die Klärung strittiger Punkte auf eine Friedenskonferenz, die dann aber nicht stattfand. Der Status des Abkommens und damit seine Verbindlichkeit blieben unklar. Die Beschlüsse hatten nur die Form eines Protokolls bzw. eines Kommuniqués. War das nun ein förmlicher Vertrag, wie es die UdSSR verstand, oder handelte es sich nur um Absichtserklärung mit provisorischem Charakter, wie die Westmächte dies sahen?

Kompetenzorientierte Urteilsbildung

Vergleichen wir die Politik der Alliierten und ihre Vorstellungen von einem Nachkriegseuropa mit denen des Kreisauer Kreises. Wir hatten festgestellt, dass sich die politischen Vorstellungen des Kreisauer Kreises mit den Forderungen deckten, die wir aus unseren Kompetenzkategorien herleiten können. Das waren die unbedingte Achtung des Individuums und der Menschenrechte sowie die unbedingte Gültigkeit des Rechts. Diese Grundsätze werden in das spätere Grundgesetz der Bundesrepublik Deutschland eingehen, wie wir unten noch sehen werden. Galten sie auch für die Alliierten? Dass die Politik der Sowjetunion auf gänzlich anderen Grundlagen beruhte, verwundert nicht. Bei ihr handelte es sich ja um eine totalitäre Diktatur. In der Politik Englands und der USA hätte man solche Werte allerdings erwarten können. Sie sind in der amerikanischen Verfassung verankert; und auch einer Jahrhunderte alten Demokratie wie England sollten sie nicht fremd sein. Dennoch muss man konstatieren, dass sie bei der Gestaltung der alliierten Politik keine Rolle spielten. Sonst hätte man den Deutschen das Selbstbestimmungsrecht nicht verweigern und die Sowjetisierung Osteuropas niemals hinnehmen dürfen. Die Politik der Alliierten war durchweg von Machtinteressen geleitet, das Recht als absoluter Wert und Maßstab spielte keine Rolle. Hier sind nicht Defizite zu beklagen, sondern hier wird eine grundlegend andere Auffassung von Politik deutlich als die, die sich im mitteleuropäischen Raum bis zur Mitte des 19. Jahrhunderts entwickelt hatte und die noch von Persönlichkeiten wie dem deutschen Kaiser Friedrich III. als Ideal betrachtet wurde. Ihm schwebte, wie wir in Band 4 gesehen haben, die Vorstellung eines Kulturstaates, nicht eines Machtstaates vor. Auch die Revolutionäre auf dem Hambacher Fest von 1832 dachten noch in diesen Kategorien. Hier wird eine spezifische Art des deutschen Denkens sichtbar, das sich aus der deutschen Klassik und der deutschen Philosophie entwickelt hatte: Das absolute Ernstnehmen von Ideen, Werten und Recht als Grundlage der Lebensgestaltung und des politischen Lebens.

> „Was für eine Philosophie man wähle, hängt sonach davon ab, was man für ein Mensch ist: denn ein philosophisches System ist nicht ein toter Hausrat, den man ablegen oder annehmen könnte, wie es uns beliebte, sondern es ist beseelt durch die Seele des Menschen, der es hat."[93]

So sprach Johann Gottlieb Fichte, der große deutsche Philosoph, in der Einleitung zu seiner Wissenschaftslehre. Die deutsche Philosophie hatte erkannt, dass Ideen Realien sind, dass sie den Menschen konstituieren, dass der Umgang mit ihnen zur Herausbildung einer freien und sozialen Persönlichkeit führt. Diese Anschauungen sind in der zweiten Hälfte des 19. Jahrhunderts auch in Deutschland verschwunden; auch hier trat mit der sog. „Realpolitik" das Recht gegenüber der Macht zurück. Wohin dies führte, hat die weitere Entwicklung bis zum Nationalsozialismus gezeigt. In der „Realpolitik" traten gerade die antirealsten, die zerstörerischsten Elemente des menschlichen Lebens und Zusammenlebens zu Tage. In der Wahrung des Rechts und dem absoluten Schutz der Existenz jedes Einzelnen ohne Ansehen von Religion, Hautfarbe und Geschlecht hätte das Deutsche Reich einen Inhalt gehabt, das seine Existenz vor aller Welt gerechtfertigt hätte. Der Nationalismus des Kaiserreichs und der Nationalsozialismus des Dritten Reiches haben dieses Existenzrecht zuerst gedanklich, dann auch real verspielt.

„Alle, [...] die [...] die Freiheit wenigstens ahnden, und sie nicht hassen, oder vor ihr erschrecken, sondern sie lieben: alle diese sind ursprüngliche Menschen, sie sind, wenn sie als ein Volk betrachtet werden, ein Urvolk, das Volk schlechtweg, Deutsche. [...] was an Geistigkeit, und Freiheit dieser Geistigkeit glaubt, und die ewige Fortbildung dieser Geistigkeit durch Freiheit will, das, wo es auch geboren sei, und in welcher Sprache es rede, ist unseres Geschlechts, es gehört uns an und wird sich zu uns tun."[94]

Helmuth James von Moltke wäre dieser Definition gewiss gefolgt. Sie war das Gegenteil dessen, was Nationalismus und Nationalsozialismus darunter verstanden haben.

3 Deutschland nach 1945

3.1 Planung der Unterrichtseinheit

Gehen wir wieder von unseren Domänen aus und suchen die für unsere Unterrichtseinheit relevanten Kategorien.

Relevante Kategorien

Herrschaft	Recht	Gesellschaft	Religion	Wissenschaft
• Aufbau der Demokratie	• Menschenrechte	• Bürgerliche Gesellschaft	• Religionsfreiheit	• Freiheit der Wissenschaft
• Sozialistische Diktatur	• Rechtsstaat	• Sozialistische Gesellschaft	• Verordneter Atheismus	• Sozialistische Wissenschaft
• Einfluss der Besatzungsmächte	• Unabhängigkeit der Justiz			

Wirklichkeit	Selbstverständnis	Wirtschaft	Krieg
• Sinneswirklichkeit	• Individualismus	• Marktwirtschaft	• Ächtung des Kriegs
• Ideologie	• Der „sozialistische Mensch"	• Planwirtschaft	• Klassenkampf

Didaktische Überlegungen

Wir finden nach 1945 eine gemeinsame deutsche Geschichte vor der Entstehung der beiden deutschen Staaten und nach ihrer Wiedervereinigung, sowie je eine eigene Geschichte der BRD und der DDR, die aber an entscheidenden Stellen immer wieder Schnittstellen aufweist. Um diesen Wechselbezug von BRD und DDR deutlich zu machen, behandeln wir die Geschichten der beiden Staaten nicht nacheinander, sondern miteinander verzahnt. Das wird ihrer tatsächlichen Natur besser gerecht, denn zentrale Geschehnisse in beiden Staaten waren nicht unabhängig voneinander, sondern oft sehr direkt aufeinander bezogen: Der Tag des Aufstands in der DDR wurde zum Nationalfeiertag in der BRD, der Beitritt der BRD zur NATO löste die Gründung des Warschauer Paktes aus, die Berlinkrisen und der Mauerbau betrafen unmittelbar beide Staaten usw.

Worauf wir aus Gründen der Zeitknappheit verzichten müssen, ist eine selbstständige Darstellung des Kalten Krieges. Der Kalte Krieg bildete den Hintergrund der Entstehung und der Entwicklung der beiden deutschen Staaten. Daher werden wir ihn einbeziehen, sobald er für die historischen Ge-

Situation nach Kriegsende 101

schehnisse in der BRD und in der DDR bedeutsam ist; wir werden aber nicht auf den Korea- und Vietnamkrieg sowie auf die Entwicklung der Supermächte eingehen, sofern sie nicht einen Bezug zu den Geschehnissen in Deutschland haben.

Wir planen die Unterrichtseinheit als Ganze, verteilen ihre Darstellung aber auf drei Kapitel.

Deutschland von 1945–1990
Leitfrage: Stabilität durch Teilung?
Die Politik der Alliierten bis 1949
• Die alliierte Verwaltung Deutschlands • Das Leben in Deutschland nach 1945 • Flucht und Vertreibung • Nürnberger Prozesse • Wiederaufbau einer deutschen Verwaltung • Wege zur Teilung: Marshallplan – Währungsreform

Strukturskizze Deutschland von 1945–1990

Die Entwicklung Deutschlands im Zeichen der Teilung und des Kalten Krieges	
BRD	DDR

• Gründung der BRD
• Verfassung der BRD
• Die Politik Konrad Adenauers:
  • Soziale Marktwirtschaft
  • Westintegration:
    Pariser Verträge und NATO
• Gesellschaftliche Entwicklung der BRD: Die 68er Jahre
• Die sozial-liberale Koalition
• Ostpolitik Willy Brandts
• KSZE
• NATO-Doppelbeschluss
	• Gründung der DDR
	• Verfassung der DDR
	• Die DDR unter Walter Ulbricht:
	  • Planwirtschaft
	  • Ostintegration:
	    RGW und Warschauer Pakt
	• Stabilisierung der Teilung:
	  17. Juni 1953
	  Mauerbau 1961
	• Die DDR unter Erich Honecker
	• Politik und Gesellschaft
	• Politische und wirtschaftliche Krise

Politik der Wiedervereinigung
• Friedliche Revolution in der DDR • Erhalt oder Preisgabe der DDR? • Kohls Zehn-Punkte-Plan • Wirtschafts-, Währungs- und Sozialunion • Internationale Dimension der Wiedervereinigung: 2+4–Vertrag

3.2 Die Situation unmittelbar nach Kriegsende

Grundsätzlich bestand über eine Aufteilung Deutschlands in Besatzungszonen Einigkeit bei den Siegermächten. Die Frage war allerdings, wie die Aufteilung unter den Alliierten vorgenommen werden wird und wie endgültig sie sein sollte. Die Teilungspläne von Roosevelt und Mosely aus den Jahren 1943 und

Aufteilung Deutschlands

1944 sahen drei Besatzungszonen vor, die sich auf Deutschland in den Grenzen von 1937 bezogen. Roosevelts Pläne wiesen eine relativ kleine sowjetische Besatzungszone aus, deren Westgrenze östlich von Berlin und Leipzig verlaufen wäre, also vor allem das Gebiet der abzutretenden Ostgebiete umfasst hätte. Bei Moselys Plan erstreckte sie schon über das vollständige Gebiet der späteren SBZ, umschloss aber ebenfalls die Gebiete, die später unter polnische bzw. sowjetische Verwaltung fielen. Lediglich nach Berlin ragte eine Landzunge aus der amerikanischen Besatzungszone hinein, die Berlin der sowjetischen Zone entriss. Diese Pläne waren von vornherein Makulatur, da bereits 1943 auf der Konferenz von Teheran die „Westverschiebung" Polens und damit die Abtretung der Ostgebiete beschlossen worden war. Sie dürften daher eher dem propagandistischen Zweck gedient haben, Stalin für die Abtretung der Ostgebiete verantwortlich zu machen. Der endgültige Plan beinhaltete diese Abtretung dann auch und teilte das verbliebene Reichsgebiet in vier Besatzungszonen; denn auf Jalta hatte man – entgegen dem anfänglichen Widerstand Stalins – auch Frankreich eine Besatzungszone zugestanden, die aus der amerikanischen und der englischen Zone herausgeschnitten werden sollte.

Protokoll über die Besatzungszonen

Daneben existierte ein „Protokoll über die Besatzungszonen in Deutschland und die Verwaltung Groß-Berlins", das am 12. September 1944 beschlossen und am 8. Mai 1945 bestätigt wurde. Es stellte fest, dass Deutschland in den Grenzen vom 31. Dezember 1937 fortbestehe, aber in vier Zonen eingeteilt werde. Die Gebiete „unter polnischer und sowjetischer Verwaltung" wurden nicht erwähnt. Damit war für sie eine juristisch unklare Lage geschaffen, die für Unsicherheit sorgte; sie hielt bis 1990 an. Berlin erhielt einen Sonderstatus: Es gehörte zu keiner Zone, sondern stellte ein eigenes Gebiet dar, das von allen Besatzungsmächten verwaltet wurde; es wurde ebenfalls in vier Sektoren geteilt. Die Rote Armee räumte dafür 12 von 20 Verwaltungsbezirken. Als Preis für die gemeinsame Berlinverwaltung zogen sich die Westalliierten aus der späteren SBZ zurück; sie waren schon in Teile Mecklenburgs, Thüringens und Sachsens vorgedrungen. So entstand für Berlin eine Insellage, die eine Regelung der Zufahrts- und Versorgungswege nötig machte. Im November 1945 wurde eine vertragliche Übereinkunft für die Luftkorridore getroffen; über die Wasser- und Landwege gab es keine Vereinbarung. Sie galten als selbstverständliche Bestandteile der Besatzungsrechte der Westalliierten. Eine „Stadtkommandantur", deren Leitung alle 14 Tage wechselte, regelte die Besatzung und Verwaltung von ganz Berlin.

Alliierter Kontrollrat

Zur Verwaltung von Deutschland wurde ein Alliierter Kontrollrat geschaffen, der aus den vier Oberbefehlshabern der Besatzungszonen bestand und der für die Deutschland als Ganzes betreffenden Angelegenheiten zuständig war. Er sollte das zentrale Regierungsorgan für Deutschland sein, das sowohl exekutive als auch legislative Befugnisse hatte. Er trat mindestens einmal in zehn Tagen zusammen. Seine Entscheidungen mussten einstimmig ergehen. Damit war er von vornherein funktionsunfähig, da sich zunächst Frankreich, dann die Sowjetunion immer wieder einem Konsens verweigerten. Dies führte zu einer Verselbstständigung der Besatzungszonen und zu einer faktischen Teilung Deutschlands, die man theoretisch abgelehnt hatte.

Die Grenzen der Besatzungszonen waren schwieriger zu überwinden als die Grenzen zum Ausland; man benötigte entsprechende Passierscheine, die nur bei Vorliegen ganz besonderer Gründe ausgestellt wurden. Dies führte zu humanitären Härten, wenn Familienmitglieder nach den Kriegswirren in verschiedenen Besatzungszonen gestrandet waren. Denn eine Familienzusammenführung war noch kein hinreichender Grund für die Erteilung eines Passierscheins. Dies zeigte, dass die menschliche Atmosphäre zwischen Besatzern und Bevölkerung am Anfang sehr zu wünschen übrig ließ. Die Besatzungssoldaten sollten den Kontakt zu Zivilpersonen meiden und ihnen dienstlich mit Strenge begegnen. In den westlichen Zonen wurde ein regelrechtes „Fraternisierungsverbot" erlassen, das den gesellschaftlichen Umgang mit Deutschen untersagte. Es galt bis zum Oktober 1945. In der französischen Zone bestand eine Grußpflicht der Zivilbevölkerung gegenüber den französischen Soldaten.

Besatzungszonen

Deutschland nach 1945		
Grenzen	Regierung	Berlin
• Grenzen vom 31.12.1937 • Vier Besatzungszonen • Gebiete unter polnischer und sowjetischer Verwaltung	• Alliierter Kontrollrat: • 1 Oberbefehlshaber/je Besatzungszone • Legislative und Exekutive in einem • Entscheidungen für Deutschland als Ganzes • Funktionsunfähig wegen Einstimmigkeitsgebot	• Eigenes Gebiet • Interalliierte Regierungsbehörde (Kommandantura) aus Vertretern der vier Besatzungsmächte

Das Leben in Deutschland nach 1945 war zunächst von den sog. „Trümmerfrauen" geprägt. Ihre Männer waren im Krieg gefallen oder befanden sich in Gefangenschaft, sodass sie den Trümmern der Kriegsschäden im wörtlichen wie im übertragenen Sinne, der Not und dem Chaos allein gegenüberstanden und das Überleben für sich und ihre Kinder organisieren mussten. Zwei Millionen Wohnungen waren völlig, 2,5 Millionen mehr oder weniger zerstört. Sieben Millionen Menschen waren obdachlos; dazu kamen bis Herbst 1946 noch 10 Millionen Flüchtlinge und Vertriebene aus den nun polnischen oder sowjetischen Ostgebieten. Insgesamt waren im Nachkriegsdeutschland etwa 17 Millionen Menschen ohne Wohnung. So richtete man sich ein, wie und wo es nur möglich war: In Wellblechbaracken, in Trümmern mit noch halbwegs erhaltenen Wohnungsresten usw.

Wohnungsnot

Neben der Wohnungsnot erschwerte auch eine Versorgungskrise das Leben. Die Märkte waren mit dem Krieg zusammengebrochen, neue noch nicht wieder aufgebaut. Die Nahrungsmittel pro Person überstiegen kaum den Ernährungswert von 1000 Kalorien; vor der Kapitulation lag er bei 2000. Der normale Bedarf bewegt sich zwischen 2300 und 3000 Kalorien pro Tag. Der

Versorgungskrise

Ernährungs- und Gesundheitszustand lag also auf einem Tiefpunkt. Erst 1949 wurde wieder der Kriegswert von 2000 Kalorien erreicht. Diese wirtschaftlichen Nöte stellten die Hauptprobleme der Besatzungszonen und ihrer Verwaltung dar. Ihre Lösung wurde durch die Abschottung der Zonen gegeneinander erheblich erschwert.

Schwarzmarkt

Die erste Konsequenz einer solchen Versorgungsnot war die Bildung von Schwarzmärkten. Wenn überhaupt etwas zu bekommen war, dann auf dem Schwarzmarkt zu vielfach überteuerten Preise oder nur im Tausch gegen Naturalien oder Sachwerte. Hochkonjunktur hatten solche Überlebenskünstler, denen es gelang, zwei geliehene Kilogramm Butter so geschickt zu tauschen, dass man selbst davon leben und sie am Ende der Tauschkette wieder zurückgeben konnte. Die wirtschaftliche Not führte zu Appellen an die Weltöffentlichkeit, zu Protestaktionen und Hungermärschen in den Großstädten und Ballungszentren. In der amerikanischen und der britischen Besatzungszone wurden ab 1946 Kinderspeisungen organisiert, bei denen Schulkinder täglich eine warme Mahlzeit bekamen. In der amerikanischen Zone waren dies täglich 3,5 Millionen Kinder, die an der sog. „Hoover-Speisung" teilnahmen. Die Appelle an die Weltöffentlichkeit lösten die CARE-Paket-Ak-tionen aus, bei denen Lebensmittelpakete aus den USA und Kanada nach Deutschland versandt wurden. Die sowjetische und die französische Zone waren am schlechtesten dran; denn Frankreich und die Sowjetunion litten selbst Not. Allerdings ließ sich Frankreich zu Beginn eine absichtliche Unterversorgung seiner Zone zuschulden kommen.

Wie die Nahrungsmittel war auch das Heizmaterial knapp. So eilte man hinter Kohletransporten her, um wenigsten ein paar Brocken zu ergattern, verheizte Mobiliar und beschaffte sich Holz, wo immer man konnte.

Vermisste Angehörige

Die materielle Not wurde von einer menschlichen begleitet: Die Sorge um vermisste Angehörige, die ohne Nachricht noch nicht aus dem Krieg zurückgekehrt waren oder die man auf der Flucht verloren hatte und nun in einer anderen Zone vermutete. Jeder Flüchtlingszug wurde von Frauen erwartet, die Bilder ihrer vermissten Männer oder Söhne in die Höhe hielten – in der Hoffnung, dass irgendeiner der Ankommenden sie erkannte und zu ihrem Schicksal Auskunft geben konnte.

3.3 Flucht und Vertreibung der deutschen Bevölkerung aus den Ostgebieten

Die Flucht der deutschen Bevölkerung aus den Ostgebieten war eine Reaktion auf den Einmarsch der Roten Armee und die von ihr dabei verübten Verbrechen. Die Vertreibung dagegen ergab sich als unmittelbare Folge des alliierten Beschlusses zur sog. „Westverschiebung" Polens. Beide stellten neben der Judenvernichtung einen weiteren tiefen Sturz in den Abgrund des Unmenschlichen dar. Sie waren anderer Natur als der Holocaust, aber in ihrer Art nicht weniger grauenhaft. Ein Vergleich ist nur in Bezug auf das Verhalten Einzelner oder Gruppen möglich, ein Abwägen von Schuld auf der einen und auf der anderen Seite entbehrt eines Maßstabes und ein Aufwiegen von Schuld mit Schuld ist gänzlich unmöglich. Über die anthropologischen Voraussetzungen des Ausbrechens solcher elementarer Bestialität haben wir bereits bei der Darstellung der Verbrechen des Nationalsozialismus gesprochen.

> „Kurz darauf trafen sowjetische Panzer ein. Ein General [...] fragte nach der Zahl der vorhandenen deutschen Offiziere und gab den Befehl zur sofortigen Liquidierung aller irgendwie Verdächtigen. Durch Abwerfen von Nebelbomben entstand eine entsetzliche Panik. In diesem künstlichen Nebel begann nun ein allgemeines Abschlachten, Plündern, Vergewaltigen. Man hörte die Schreie der Erschlagenen, Schießen, das Kreischen der geschändeten Frauen, die Hilferufe der Kinder und alten Leute. [...] Zu Hause angekommen, gingen die Verfolgungen der Deutschen [...] weiter. Die kleinste Kleinigkeit genügte, um erschossen oder nach schweren Misshandlungen verschleppt zu werden. Das Denunziantentum blühte. Kein Deutscher hatte auch nur das geringste Recht mehr. Nacht für Nacht schleppten polnische Bengel betrunkene Russen in die Häuser, in denen sich deutsche Frauen und Mädchen befanden, oder verrieten diese in ihren noch so geschickt ausgesuchten Verstecken. Wir Deutschen mussten nun unter menschenunwürdigen Bedingungen als Arbeitssklaven auf unsern eignen Besitzungen arbeiten."95

Flucht vor der Roten Armee

So die protokollarische Aussage einer Frau aus Penezniew, im Kreis Turck in Polen. Solche Berichte zur Flucht von der Roten Armee sind vielfach überliefert. Sie beschreiben im Wesentlichen eine immer gleiche Verhaltensweise. Soldaten, die sich solchen Brutalitäten widersetzten wie der russische Schriftsteller Lew Kopelew, wurden wegen „Mitleids mit dem Feind und kleinbürgerlichen Humanismus" vor Gericht gestellt und verurteilt.

Was als Vertreibung durchgeführt wurde, hieß in den Vereinbarungen der alliierten Kriegskonferenzen „Übersiedlung", die human vonstattengehen sollten. Aus Stolp in Pommern berichtete dazu ein evangelischer Pfarrer:

Vertreibungen

> „Wie es um die menschliche Form der Umsiedlung bestellt war, hatte ich dann in ungezählten Fällen mitzuerleben Gelegenheit gehabt. Es war ein gewohnter Anblick in den Straßen Stolps geworden, dass polnische Milizsoldaten deutsche Frauen oder Greise vor sich hinstießen und sie mit Peitschenhieben und Kolbenstößen zum Bahnhof trieben. Die Tatsache, dass die Frauen oft mit vorgebundener Schürze und in Hausschuhen vorübergetrieben wurden, zeigte, wie plötzlich und unvorbereitet diese Austreibungen erfolgten [...]. Ehe die Ausgewiesenen zum Bahnhof abgeführt wurden, hat man häufig allen diesen Menschen einen Revers [Verpflichtungserklärung] vorgelegt und die Unterschrift dann unter Gewaltandrohung, oft auch erst nach brutaler Misshandlung, erzwungen. Ein Vordruck [...] besagte, dass der Unterschreibende erklärte: 1. Er verlasse Stolp freiwillig, 2. er stelle keinerlei Ansprüche an den polnischen Staat, 3. er werde nie wieder nach dort zurückkehren."96

In Bad Salzbrunn wurde der Sonderbefehl zur Übersiedlung am 14. Juli 1945 mit seiner Erstellung sofort wirksam; danach hatten die Betroffenen drei Stunden Zeit, ihm nachzukommen. Ansonsten erfolge die „Übersiedlung" mit Gewalt. Wie sollte man aber von dem Befehl Kenntnis erhalten, wenn er – wie geschehen – frühmorgens um 6.00 Uhr verfasst und dann in der Zeit von 6.00 bis 9.00 Uhr ausgeführt werden sollte? Das waren Schikanen, die darauf angelegt waren, eine humane Umsiedlung von vornherein unmöglich zu machen.

Dass die Vertreibungen nicht nur Reaktionen auf Gräueltaten der Deutschen waren, belegen Pogrome, die bereits zwei Tage nach Kriegsbeginn durchgeführt und schon vor Kriegsbeginn angekündigt wurden. Sie wurden von der nationalsozialistischen Propaganda ausgeschlachtet und ihrerseits als Vorwand für die eigenen Übergriffe genommen. Man hielt daher solche Berichte zunächst für NS-Propaganda. Spätere Untersuchungen haben aber ihre Richtigkeit bestätigt.

Vertreibungen zu Kriegsbeginn

„Ich sah vom Blumengarten aus die Quälerei mit an. Ich durfte mich aber nicht bemerkbar machen, da mich die Polen wahrscheinlich genauso behandelt und noch vergewaltigt hätten. Das hatten sie mehrfach mit den Töchtern unserer Nachbarn gemacht, die auch Deutsche waren. Mein Mann fiel mehrmals hin, wurde aber mit Fußtritten und Kolbenschlägen wieder hochgetrieben. Unter großem Gejohle und Beschimpfungen wie «Hitlerowiec, Schwab, deutsches Schwein» trieben sie meinen Mann vom Grundstück [...]. Die Polen schlugen weiter auf ihn ein, traten ihn und stachen mit den Bajonetten zu. Sie rissen ihn wieder hoch und trieben ihn vor sich her. Ich war durch diesen Überfall und die Misshandlungen meines Mannes so verängstigt, dass ich ohne Verpflegung und ohne Gepäck über die angrenzenden Wiesen in eine Lehmgrube floh. Dort fand ich Nachbarn. Sie berichteten auch von Misshandlungen. Inzwischen war es dunkel geworden. Die ganze Nacht hörten wir von weitem das Lärmen der Soldaten, das Weinen der Kinder, das Jammern der Frauen und der Mädchen. Zwischendurch fielen Schüsse. An mehreren Stellen des Ortes brannten die Häuser der deutschen Bauern [...]. [Nach dem Einmarsch der deutschen Truppen] fand ich meinen Mann tot, erschossen, erschlagen. Ich identifizierte ihn anhand seiner Kleidung. Er war fast bis zur Unkenntlichkeit zerschlagen. Er hatte klaffende Wunden in Rücken, Brust und Bauch. Kopf und Schulter waren blutverkrustet. In meinem Schmerz und meiner Ohnmacht bin ich zusammengebrochen."[97]

12–14 Millionen Menschen wurden aus den Ostgebieten vertrieben; dabei verloren ca. 2,8 Mill. Menschen ihr Leben.

Übergriffe nach NS-Vorbild

Auch aus der Tschechoslowakei wurden die Deutschen vertrieben; nicht selten mit zynischer Imitation von NS-Verhaltensweisen. So mussten Deutsche in der Tschechoslowakei ein „N" auf der Brust tragen, um sich als Deutsche auszuweisen; oder deutsche Straßenarbeiter wurden mit Hakenkreuzen markiert und so Übergriffen ausgeliefert. Den Gipfel solcher Verhaltensweisen bildeten die nach Kriegsende fortgeführten KZs, in denen sich nun Deutsche statt der ehemaligen Inhaftierten wiederfanden, manchmal sogar auch beide. Leben und Behandlung der Insassen unterschieden durch nichts von den KZs der Nationalsozialisten. Betont sei noch, dass es sich bei den Personengruppen, die diese Verbrechen verübten, meist um politisch organisierte Gruppierungen handelte. Diejenigen, die zuvor selbst Opfer ähnlicher Misshandlungen und Übergriffe geworden waren, hatten sich in der Regel gerade nicht an solchen „Racheaktionen" beteiligt.

Russells Kritik

Bertrand Russell war einer der ersten, die die Praxis der Vertreibungen öffentlich kritisierten; so in seinem Leserbrief an die „Times" vom 19. Dezember 1945:

„In Osteuropa werden jetzt von unseren Verbündeten Massendeportationen in einem unerhörten Ausmaß durchgeführt, und man hat ganz offensichtlich die Absicht, viele Millionen Deutsche auszulöschen, nicht durch Gas, sondern dadurch, dass man ihnen ihr Zuhause und ihre Nahrung nimmt und sie einem langen schmerzhaften Hungertod ausliefert. Das gilt nicht als Kriegsakt, sondern als Teil einer bewussten «Friedens»-Politik [...]. Im Potsdamer Protokoll wird vorgeschrieben, dass die Ausweisungen von Deutschen in «geregelter und humaner» Weise durchgeführt werden sollten. Und es ist wohl bekannt – durch öffentliche Berichte wie durch Briefe, die zahlreiche britische Familien von Verwandten und Freunden in den Besatzungsarmeen erhielten –, dass diese Bedingungen von unseren russischen und polnischen Verbündeten nicht beachtet worden sind."⁹⁸

Diese Vorgänge belasten neben den Verbrechen der Nationalsozialisten die deutsch-polnischen wie auch die deutsch-tschechischen Beziehung bis zum heutigen Tage. Es ist schwer verständlich, dass Gesetze, die diese Vertreibungen legitimiert haben, bis heute nicht aufgehoben und als Unrecht benannt wurden. Legt man unsere Kompetenzkategorien zur Bewertung dieses Verhaltens zugrunde, muss man sagen, dass solche Staaten und Regierungen noch nicht in der europäischen Neuzeit angekommen sind, da sie sich dem Standard der Menschenrechte versagen. Sie haben auch nicht erkannt, dass es für eine Nichtbeachtung der Menschenrechte keinerlei Rechtfertigung gibt.

Durch den Nationalsozialismus und die Vertreibungen wurden eine gemeinsame deutsch-polnische und deutsch-tschechische Geschichte brutal beendet, die mehr als 700 Jahre währte. Ein Neubeginn der Beziehungen, der im Gange ist, wird auf den Werten der europäischen Neuzeit aufbauen müssen, die seit der zweiten Hälfte des 19. Jahrhunderts zum furchtbaren Schaden Europas und seiner Länder ins Abseits gedrängt wurden.

Die Situation Deutschlands nach 1945	
Menschliche und wirtschaftliche Nöte	Vertreibung aus den Ostgebieten
• Wohnungsnot • Versorgungskrise • Kinderunterernährung • Ungewissheit über vermisste Soldaten und Familienmitglieder	• Mit 12–14 Mill. Vertriebenen eine der größten Bevölkerungsvertreibungen der Weltgeschichte • Dabei sind 2,8 Mill. Menschen umgekommen • Ende einer 700-jährigen gemeinsamen deutsch-polnischen und deutsch-tschechischen Geschichte • Belastung der Beziehungen zu Polen und Tschechien

Inhaltliche Ergebnissicherung

3.4 „Vergangenheitsbewältigung" durch Alliierte und Deutsche

Eine der drängendsten Fragen der Nachkriegsgeschichte war der strafrechtliche Umgang mit den Tätern des Dritten Reichs. Nach den Gesetzen des Deutschen Reiches waren sie nicht zu belangen, da es für diese Verbrechen keine Gesetze gab. Auch das Internationale Strafrecht der damaligen Zeit lieferte dafür keine Grundlage. Auf der anderen Seite war klar, dass man solche Verbrechen nicht ungesühnt lassen konnte. Es war also notwendig, dafür eine

Rechtsgrundlage zu schaffen. Dies war die Aufgabe der Nürnberger Prozesse, die vom 14. November 1945 bis zum 1. Dezember 1946 geführt wurden.

Dazu wurde ein Internationaler Militärgerichtshof eingerichtet, der mit Vertretern der Siegermächte besetzt wurde. Neutrale Staaten wurden nicht beteiligt. Dieser Militärgerichtshof legte drei Verbrechenskategorien fest, die seine Arbeit leiten und strukturieren sollten:

Verbrechenskategorien

- „Verbrechen gegen den Frieden"

Damit wurden die Planung, Vorbereitung, Einleitung oder Führung eines Angriffskrieges unter Strafe gestellt. Ebenso die Verletzung internationaler Verträge, Vereinbarungen oder Zusicherungen; und die Teilnahme an einem gemeinsamen Plan oder einer gemeinsamen Verschwörung zur Ausführung einer der vorgenannten Handlungen.

- „Kriegsverbrechen"

Auf diese Weise sollten Verletzungen des Kriegsrechts und der Kriegsbräuche erfasst werden. Sie beinhalten die Ermordung, Misshandlung oder Verschleppung der Zivilbevölkerung zur Zwangsarbeit oder zu irgendeinem anderen Zwecke, die Ermordung oder Misshandlung von Kriegsgefangenen oder Personen auf hoher See, Tötung von Geiseln, Raub öffentlichen oder privaten Eigentums, mutwillige Zerstörung von Städten, Märkten und Dörfern oder jede durch militärische Notwendigkeit nicht gerechtfertigte Verwüstung.

- „Verbrechen gegen die Menschlichkeit"

Darunter verstand man die Ermordung, Ausrottung, Versklavung, Verschleppung der Zivilbevölkerung oder andere an ihr vor Beginn oder während des Krieges begangene unmenschliche Handlungen. Auch eine Verfolgung aus politischen, rassischen oder religiösen Gründen fiel unter diese Kategorie, sofern der Gerichtshof dafür zuständig war. Dies galt unabhängig davon, ob die Handlungen gegen das Recht des Landes, in dem sie begangen wurden, verstießen oder nicht. Anführer, Organisatoren, Anstifter und Helfershelfer, die Pläne zu solchen Verbrechen geschmiedet oder durchgeführt hatten, konnten so zur Rechenschaft gezogen werden. Sie waren auch dann verantwortlich, wenn die geplanten Taten nicht von ihnen selbst, sondern von anderen Personen ausgeübt wurden.[99]

Neues Völkerrecht

Damit sollten die Grundlagen eines neuen Völkerrechts geschaffen werden. Insgesamt wurden in allen Prozessen 5000 Personen verurteilt; darunter 800 Todesurteile, von denen 500 vollstreckt wurden. Die zu Freiheitsstrafen Verurteilten wurden zwischen 1950 und 1957 entlassen – mit Ausnahme von Rudolf Heß.

Beurteilung der Nürnberger Prozesse

Die Nürnberger Prozesse werden bis heute kontrovers beurteilt:

> „Heute erleben wir den Vorgang, dass sich über der Gerichtsbarkeit der Staaten und Länder eine Weltjustiz aufbaut, die nach den geltenden Regeln des Völkerrechts urteilt. – [...] Die Richter von Nürnberg bedeuten eine Etappe in der Weltrechtsentwicklung, denn sie zeigten den internationalen Rechtsbrechern, den jetzigen und als Warnung allen künftigen, dass die Willkür der Staatsmänner und internationalen Abenteurer der Politik ihre Schranken findet im Völkerrecht und in den Gesetzen der Menschlichkeit. Hier liegt die zukunftsweisende Bedeutung des Nürnberger Prozesses."[100]

Hans Mayer, der diese Sätze 1946 gesprochen hatte, erhoffte sich eine den Staaten und Regierungen übergeordnete Justiz, die sich den Gesetzen der Menschlichkeit verpflichtet fühlte. Diese Hoffnung entsprach dem Rechtsverständnis, wie es sich in Europa entwickelt und in den Menschenrechten niedergeschlagen hatte. Zu einer solchen Einschätzung führen auch unsere Kompetenzkategorien. Sie zeigen zugleich, dass hier Handlungsbedarf besteht. Denn die Hoffnung Hans Mayers hat sich nicht erfüllt, da wiederum Machtgesichtspunkte das Recht an den Rand drängten. Den Grund dafür hatte einer der amerikanischen Mitankläger von Nürnberg formuliert:

„Wir dürfen niemals vergessen, dass nach dem gleichen Maß, mit dem wir die Angeklagten heute messen, auch wir morgen von der Geschichte gemessen werden."[101]

In diesem Punkte hatten die Nürnberger Prozesse schon zum Zeitpunkt ihrer Durchführung versagt, indem sie das gerade geschaffene Recht nur auf die Verlierer des Krieges, nicht aber auch auf die Sieger anwandten, wenn sie sich vergleichbarer Verbrechen schuldig gemacht hatten. Damit hatten sie dem Recht seine wesentliche Eigenschaft der Allgemeingültigkeit genommen und es zu einem Machtinstrument von Staaten und Regierungen verkommen lassen, die entscheiden, wann es angewandt werden sollte und wann nicht. Eine solche Entscheidung darf aber nicht im Ermessen einer Regierung oder eines Staates liegen. Sie ist Angelegenheit der Judikative, die nach dem Standard der europäischen Herrschaftstheorie von der Exekutive unabhängig sein muss, um sie wirksam kontrollieren zu können. Auch das lehren uns unsere Kompetenzkategorien, die hier wiederum auch ein politisches Handeln begründen. Wenn wir diese politischen Defizite moralisch bewerten, kommen wir zu dem bei Eichmann schon festgestellten Befund: Das Böse ist nicht in einer dämonischen Person verwurzelt, sondern in einem mangelhaften und gleichgültigen Denken über die Dinge; in der Gedankenlosigkeit, mit der als richtig erkannte Einsichten nicht umgesetzt werden, sondern einem pragmatischen Wähnen und Meinen untergeordnet werden, das der Nährboden von Egoismus und Verbrechen jeder Art ist. Nichts anderes bedeutet die Überordnung von Macht über das Recht.

Beurteilung der Nürnberger Prozesse	
Positiv	Negativ
• Ausschaltung der NS-Elite	• „Tribunal der Sieger"
• Fundamentaler Beitrag zur Aufklärung der NS-Verbrechen	• Keine Beteiligung neutraler Staaten
• „Hoher Standard des Verhaltens gegenüber fremden Nationen und gegenüber dem eigenen Volk"	• Rechtsgrundlage des Prozesses nicht klar genug geklärt: Naturrecht statt „Keine Strafe ohne Gesetz"
• „Von historischer Bedeutung in Gegenwart und Zukunft"	• Unterordnung des Rechts unter die Macht: Nur deutsche Kriegsverbrechen wurden abgeurteilt
„Nicht Recht wurde begründet, sondern das Misstrauen gegen das Recht gesteigert." (Karl Jaspers)	

Inhaltliche Ergebnissicherung

Die Nürnberger Prozesse betrafen die Hauptkriegsverbrecher und damit die NS-Elite, nicht aber den einfachen Parteigenossen oder die Gesinnungsgenossen in der Bevölkerung. Auch sie galt es in irgendeiner Weise zu erfassen, zur Rechenschaft zu ziehen, ihr Denken zu überwinden, zu „entnazifizieren", wie dies in der Sprache der Alliierten lautete.

„Entnazifizierung" der Masse

Das Dilemma, in dem sich die Alliierten befanden, beschrieb der Nachfolger Eisenhowers im Amt des amerikanischen Militärgouverneurs (1947-1949), Lucius D. Clay, so:

> „Mir scheint, dass unser Hauptverwaltungsproblem im Herbst 1945 und im Frühjahr 1946, als wir die örtlichen deutschen Verwaltungsstellen bilden und die wichtigsten deutschen Beamten ernennen mussten, darin bestand, leidlich fähige Deutsche zu finden, die nicht auf irgendeine Weise mit dem Naziregime verbunden oder ihm angegliedert gewesen waren. Einerseits stand fest, dass zwölf Millionen oder mehr Deutsche, die in unterschiedlichen Ausmaßen Nazis gewesen sind, nicht auf ewig vom politischen und wirtschaftlichen Leben ausgeschlossen bleiben konnten. Auf der anderen Seite war für die Entstehung eines demokratischen Deutschlands unbedingt wesentlich, dass die echten Nationalsozialisten identifiziert wurden."

Meldebogen

Zunächst verfolgten die Alliierten eine Politik der rigorosen Entfernung aller NSDAP-Mitglieder aus ihren Ämtern. Diese füllten dann die Internierungslager. 1945 waren in der ABZ 177 512 Nationalsozialisten, in der BBZ 68 500, in der FBZ 18 963 und in der SBZ 67 179 interniert. Anfang 1947 waren 100 000 davon wieder auf freiem Fuß. Die Amerikaner, die die „Entnazifizierung" am nachdrücklichsten betrieben, kamen aber bald zu der Erkenntnis, dass man nicht alle NSDAP-Mitglieder verhaften könne, da dies nur zu überfüllten Lagern führte. Man brauche also ein Verfahren, um die echten Nazis gegenüber bloßen Mitläufern ausfindig machen zu können. Dazu entwickelten sie einen mehrseitigen und detaillierten Fragebogen zu Aktivitäten und Mitgliedschaften der Bürger im Dritten Reich. Jeder Deutsche über 18 musste einen „Meldebogen" zur Überprüfung an die „Landesministerien für politische Befreiung" einreichen, sonst bekam er weder Beschäftigung noch Lebensmittelkarten. In der amerikanischen Besatzungszone waren so 13 Millionen Meldebogen zu bearbeiten, was den Verwaltungsaufwand verzehnfachte. Entsprechend diesem Meldebogen wurden die Betroffenen in Schuldkategorien eingeordnet, nach denen gegen sie ein Verfahren eröffnet wurde. Man unterschied „Hauptschuldige", „Belastete", „Minderbelastete", „Mitläufer" und „Entlastete".

Spruchkammern

Es kam in der amerikanischen Zone zu 3,5 Millionen Verhandlungen gegen Betroffene vor sog. „Spruchkammern", eine Art Schöffengericht. Jeder Vierte hatte sich also strafbar gemacht. An Strafen wurden Freiheitsentzug, Vermögensverlust (z. B. wurden Betriebe ehemaliger Nazis verstaatlicht), Berufsverbot, Amts- und Pensionsverlust, Geldbußen u.a. verhängt. Die Problematik der Spruchkammern war, dass man sich durch „Leumundszeugnisse", die man sich leicht gegen Naturalien oder Wertsachen beschaffen konnte, entlasten konnte. Solche Zeugnisse waren als „White wash" bzw. „Persilschein" bekannt. Wer wenig zu fürchten hatte, dürfte sich also den Spruchkammern gestellt haben; wer etwas zu verbergen hatte, würde alles daran setzen, einen „Persilschein" zu erhalten. Damit waren diejenigen in einer besseren Position, die Unrecht nicht scheuten. Zu dieser Misere kam eine unglückliche Vorgehensweise der Spruchkammern hinzu: Sie behandelten zunächst die Bagatellfälle; die Verfahren gegen die wirklich Belasteten wurden verschoben – und kamen häufig nicht mehr zur Durchführung, weil sich die politische Großwetterlage inzwischen verändert hatte. Der Hauptfeind hieß nun nicht mehr Faschismus und Nationalsozialismus, sondern Kommunismus. Der politische Umschwung ließ also das schwerere Unrecht ungesühnt, was das Misstrauen gegen den Rechtsstaat weiter steigerte. Am 15. Dezember 1950 wurde das Entnazifizierungsverfahren durch Gesetzesbeschluss des Deutschen Bundestags offiziell beendet. Ehemalige Nationalsozialisten waren und blieben in ihren Ämtern. Von einer Vergangenheitsbewältigung konnte also ernsthaft keine Rede sein.

Entnazifizierung	
Nürnberger Prozesse:	Entnazifizierung der breiten Masse:
• Schaffung eines neuen Völkerrechts: • „Verbrechen gegen den Frieden" • „Kriegsverbrechen" • „Verbrechen gegen die Menschlichkeit"	• Meldebogen • Spruchkammern • Bagatellfälle behandelt • Schwere Fälle vertagt
• Vorbildliche Rechtsprechung? • Tribunal der Sieger?	• 1950 eingestellt

Inhaltliche Ergebnissicherung

3.5 Wiederaufbau einer deutschen Verwaltung und der Weg in die Teilung

Die Verwaltung der Besatzungszonen lag zunächst in den Händen der Alliierten, d. h. ihrer Militärbediensteten und Soldaten, die in Räumen der Gemeinden, manchmal aber auch nur an Tischen auf der Straße die Anliegen der Bürger regelten. Die Verwaltung des Landes wieder in deutsche Hände zu geben, war daher das Ziel in allen Besatzungszonen, wobei das dabei eingeschlagene Tempo sehr unterschiedlich war. Auch hier gingen die Amerikaner voran; die Franzosen bildeten das Schlusslicht; in ihrer Zone ging der politische Wiederbau nur ganz schleppend voran.

Man begann mit der Einrichtung deutscher Verwaltungsstellen auf lokaler, dann auf regionaler Ebene. Ihre Aufgabe war zunächst die Unterstützung der Sieger bei der politischen und wirtschaftlichen Kontrolle, d. h. es handelte sich um bloße Auftragsverwaltungen ohne Kompetenz und demokratische Legitimation. Dieser Zustand galt im Wesentlichen bis Anfang 1946.

Die Gemeinde-, Stadt- und Kreisräte durften von Anfang an gewählt werden. Bei den höheren Ämtern – Bürgermeister, Oberbürgermeister, Landrat, Ministerpräsident – gab es noch Vorbehalte gegenüber einer demokratischen

Aufbau von unten nach oben

Wahl. Sie wurden nach dem Willen der Alliierten besetzt. Ende 1946 konnte in Württemberg-Baden der erste Landtag gewählt werden.
Diesen Wahlen ging eine Neugliederung bzw. Neugründung der Länder voraus. Denn das bisher größte Bundesland Preußen wurde durch Beschluss des Alliierten Kontrollrats 1947 aufgelöst.

Länder in den jeweiligen Besatzungszonen			
Amerikanische BZ	Britische BZ	Französische BZ	Sowjetische BZ
• Bayern • Bremen • Hessen • Württemberg-Baden	• Hamburg • Niedersachsen • Nordrhein-Westfalen • Schleswig-Holstein	• Baden • Rheinland-Pfalz • Saarland • Württemberg-Hohenzollern	• Brandenburg • Mecklenburg • Sachsen • Sachsen-Anhalt • Thüringen

Da die in Potsdam beschlossenen „Zentralen Verwaltungseinrichtungen" am französischen Widerstand gescheitert waren, konnte der Verwaltungsaufbau nur innerhalb der einzelnen Zonen stattfinden. Auch hier ging die amerikanische Zone voran, wogegen in der französischen Besatzungszone keinerlei übergeordnete Verwaltungsstellen geschaffen wurden.

Verwaltungsaufbau in der ABZ

Der Oberbefehlshaber der ABZ, General Lucius D. Clay, regte am 17. Oktober 1945 die Ministerpräsidenten seiner Zone zur Bildung eines „Länderrates" an. Seine Aufgabe war eine Koordinierung der Regierungsangelegenheiten zwischen den Ländern. „Die Sicherstellung dieser Koordinierung ist Ihre Aufgabe, nicht unsere," so äußerte sich Clay. Der Rat nahm am 6. November in Stuttgart seine Arbeit auf. Er nannte sich „Länderrat der amerikanischen Zone" und war eine Regierung für die gesamte Zone. Dem „Länderrat" wurde im März 47 ein „Parlamentarischer Rat" zur Seite gestellt. Er bestand aus Delegierten der Landtage der AZ; er sollte den Länderrat kontrollieren und Gesetze geben. Er hatte die Funktion einer Legislative. Damit war eine Vorform einer länderübergreifenden Regierung und eines länderübergreifenden Parlaments nach dem Prinzip der Gewaltenteilung und Gewaltenkontrolle gegeben. Dieser Aufbau sollte den anderen Besatzungszonen als Vorbild dienen.

Wiederaufbau der Verwaltung Deutschlands		
Gemeinsam	Westzonen	Ostzone
• Verwaltungsstellen auf lokaler und regionaler Ebene • Errichtung der Länder • Aufbau des politischen Lebens von unten nach oben	ABZ • Länderrat • Parlamentarischer Rat BBZ • Zonenbeirat FBZ • Keine übergeordnete Einrichtungen geschaffen	SBZ • Zentralverwaltungen oberhalb der Länder • Deutsche Wirtschaftskommission

Aber nur die Britische Besatzungszone folgte mit der Schaffung einer länderübergreifenden Regierung, dem „Zonenbeirat", nach. In der FBZ geschah nichts. Und die Sowjetische Besatzungszone verfolgte eine eigene Strategie. Zunächst schuf sie ebenfalls Länderverwaltungen mit Politikern an der Spitze. Oberhalb der Länderebene wurden dann 11 übergeordnete Zentralverwaltungen eingerichtet, denen je ein Präsident vorstand. Fünf von elf Präsidenten gehörten dabei der KPD an. So wurde die Bedeutung der Länder relativiert und vermindert, indem sie einer anderen, kommunistisch überrepräsentierten Verwaltung unterstellt wurden. 1952 wurden folgerichtig die Länder wieder aufgelöst und zu bloßen Verwaltungsbezirken umfunktioniert. Lediglich eine „Deutsche Wirtschaftskommission" wurde als zentrale Verwaltungsstelle für die SBZ eingerichtet.

Verwaltungsaufbau in den anderen Besatzungszonen

Zentrales Anliegen der Länder war es, die aktuelle wirtschaftliche Not zu überwinden, die Ländergrenzen durchlässig zu machen, um letztlich wieder auf eine Einheit Deutschlands zuzusteuern.

Der bayerische Ministerpräsident Hans Ehard lud am 5. Juni 1946 zu einer gemeinsamen Konferenz aller deutschen Ministerpräsidenten ein, um drängende aktuelle Probleme zu besprechen. Es kamen auch die Ministerpräsidenten der Länder der SBZ. Aber sie kamen mit gebundener Marschroute und durften nur über das Problem der Einrichtung einer deutschen Zentralregierung reden. Ähnlich erging es den Ministerpräsidenten der westlichen Länder: Sie durften nur über die wirtschaftlichen Probleme sprechen. So kam es zu keiner Tagesordnung und die Ministerpräsidenten der SBZ reisten noch am selben Abend ab. Damit waren die Konferenz und dieser Versuch, die Zonengrenzen zu überwinden, gescheitert.

Münchner Ministerpräsidentenkonferenz

Einen ersten Schritt zu einer ökonomischen Teilung Deutschlands und Europas bedeutete der Marshallplan, offiziell „European Recovery Program" (ERP) genannt. Er beinhaltete ein umfassendes Programm der USA zum Wiederaufbau der Wirtschaft, das an ganz Europa gerichtet war, aber nur Westeuropa zugutekam, da die Länder im Einflussbereich der Sowjetunion es nicht annehmen durften. Es umfasste ein Gesamtvolumen von 12,4 Milliarden Dollar. Mit diesem Geld wurden Kredite vergeben, Rohstoffe, Lebensmittel und Waren gekauft. Der Plan wurde am 3. April 1948 vom Kongress der Vereinigten Staaten verabschiedet und am selben Tag von US-Präsident Harry S. Truman in Kraft gesetzt. Er sollte vier Jahre gelten. Dadurch entstand ein erstes spürbares wirtschaftliches Ungleichgewicht zwischen West- und Osteuropa und zwischen den westlichen und der östlichen Besatzungszone Deutschlands.

Marshallplan

Für die Verabschiedung des Marshallplans gab es drei Gründe:
- Hilfe für die notleidende und von Hungersnot bedrohte Bevölkerung Europas
- Eindämmung der Sowjetunion und des Kommunismus im Sinne von Trumans Containment-Politik
- Schaffung eines Absatzmarktes für die amerikanische Überproduktion.

Die größten Summen erhielten die Verbündeten England und Frankreich; der Verlierer Deutschland lag immerhin in der Mitte der Rangliste.

Währungsreform Die Währungsreform von 1948 vertiefte die wirtschaftliche Spaltung Deutschlands weiter und machte sie vor allem unübersehbar. Treibende Kraft zu dieser Währungsreform waren nicht die Deutschen, sondern die USA und England. In einem Memorandum äußerte sich das amerikanische Außenministerium im März 1948 zur Frage der Währungsunion und der wirtschaftlichen Einheit:

> „Der Fortschritt der Verhandlungen in Berlin [über die gemeinsame Währungsreform] macht eine sofortige Bestandsaufnahme nötig, um festzustellen, ob eine vierzonale Währungsreform noch in unserem Interesse ist angesichts der Veränderungen der europäischen Lage seit unserer Entscheidung, eine solche Reform vorzuschlagen."[102]

Der Amerikanische Oberbefehlshaber Clay erhielt die Anweisung, sich aus den Viermächteverhandlungen innerhalb von 90 Tagen zurückzuziehen. Damit wurde die Währungsreform auf die drei westlichen Besatzungszonen begrenzt. Den Beschluss zu einer Währungsreform in ihren Zonen fassten England und die USA; Frankreich musste sich notgedrungen anschließen. Wirtschaftlich war die Einführung einer neuen, stabilen Währung gewiss notwendig und sinnvoll. Sie bedeutete aber einen gewichtigen Schritt hin zur Spaltung Deutschlands. Die Währungsreform trat am 21. Juni 1948 in Kraft.

Modalitäten der Reform Die Modalitäten des Umtauschs waren diese: Jeder erhielt sofort ein Kopfgeld von 40,- DM und einen Monat später weitere 20,- DM. Für 1000 Reichsmark sollte es 100 DM geben, von denen zunächst nur 50,- DM ausbezahlt wurden. Bei der zweiten Rate wurden aber statt der ursprünglichen 50,- DM nur noch 15,- DM ausbezahlt. Damit vollzog sich die tatsächliche Entwertung im Verhältnis 100:6,5. Schulden wurden dagegen 100:10 umgeschrieben, Mieten, Löhne, Renten 1:1, blieben also im Nominalwert gleich. Sachwerte, Immobilien, Aktien waren von einer Entwertung verschont. Damit war wie vor 25 Jahren wieder der „kleine Mann" der Leidtragende der Währungsreform.

Folgen der Reform Die Folgen der Reform waren schon am nächsten Tag sichtbar: Die Schaufenster waren mit einem Schlag voll; das Lebensnotwendige war wieder zu bekommen. Allerdings stiegen die Preise, und die Arbeitslosigkeit nahm zu, sodass gegen Ende des Jahres eine deutliche Unzufriedenheit in der Bevölkerung herrschte. Doch drehte sich dieser Trend Anfang 1949 um; die Preise fielen und die Löhne stiegen – und mit ihnen, trotz der nun offenkundigen wirtschaftlichen Teilung Deutschlands, die Stimmung der Bevölkerung der Westzonen.

Blockade Berlins Politisch zog die Währungsreform eine Blockade Berlins nach sich, die Stalin vom 24. Juni 1948 bis 12. Mai 1949 über die Stadt verhängte: Er ließ alle Zugangswege zu Wasser und zu Land sperren, da es für sie – im Unterschied zu den Luftkorridoren – keine vertragliche Regelung gab. Die Berlin-Blockade markierte einen ersten Höhepunkt des Kalten Kriegs und stellte die Westmächte vor die Frage, wie sie sich dazu verhalten sollten. Ihre Pläne reichten von einer militärischen Durchbrechung der Blockade bis hin zur Preisgabe Westberlins. Clay aber setzte sich mit seinem Gedanken einer Luftbrücke durch: Berlin sollte aus der Luft versorgt und damit die Blockade wirkungslos gemacht werden. Im Minutentakt flogen Flugzeuge – vom Berliner Humor „Rosinenbomber" genannt – nach Berlin ein und versorgten die Stadt unter Aufbietung aller Kräfte und manchmal auch unter Lebensgefahr mit dem Lebensnotwendigen. Psychologisch war die Berlinblockade ein Erfolg für die Westalliierten, die entschlossen gezeigt hatten, dass sie Berlin nicht aufgeben wollen und werden. Die Stimmung der Westdeutschen schlug zugunsten der Besatzungsmächte um – aus Besatzern wurden Beschützer, wie an Berlin zu sehen war. Parallel dazu verstärkte sich aber die Neigung der Westalliierten, die Westzonen zu einem Weststaat zusammenzuschließen. Für Berlin war die Teilung mit der Währungsreform vollzogen. Es gab nun ein West- und Ostberlin. Seit 1948 regierten zwei Parlamente und verwalteten zwei Stadtverwaltungen die Stadt. Damit war in Berlin 1948 vollzogen, was dem übrigen Deutschland 1949 bevorstand.

Weichenstellungen zur Teilung Deutschlands		
Ministerpräsidentenkonferenz	Marshallplan	Währungsreform
• Am 5. Juni 1946 Tagung der Ministerpräsidenten aller Zonen in München • Für SBZ nur Thema „Zentralregierung" erlaubt • Für Westzonen nur Thema „Wirtschaft" erlaubt • Scheitern, da keine Tagesordnung möglich	• Kredite für Wiederaufbau und Warenkauf für alle angeboten • Annahme durch Westzonen und westliche Länder • Ablehnung durch Ostzone und östliche Länder • Schaffung unterschiedlicher Voraussetzungen für eine künftige Wirtschaftsentwicklung	• Auf Verlangen der USA und Englands • Nur in Westzonen und Westberlin • In SBZ und Ostberlin eigene Währungsreform • Zwei Währungen in Deutschland • Berlinblockade stärkt im Westen das Gefühl und den Willen zur Zusammengehörigkeit

Inhaltliche Ergebnissicherung

4 Die Entwicklung Deutschlands im Zeichen der Teilung

4.1 Die Entstehung eines westdeutschen Staates: Die Bundesrepublik Deutschland

Byrnes Rede

Die Rede des amerikanischen Außenministers James F. Byrnes am 6. September 1946 in Stuttgart markierte einen Kurswechsel der amerikanischen Politik. Byrnes stellte fest, dass die wirtschaftlichen Verhältnisse den Deutschen nicht erlaubten, den wünschenswerten Lebensstandard zu erreichen. Daher ergebe sich die Notwendigkeit, die Zonengrenzen zu überwinden. Den Deutschen solle die Hauptverantwortung über ihr künftiges Schicksal gegeben werden. Die Bildung einer deutschen Regierung, die demokratisch und verfassungsmäßig legitimiert sei, sei anzustreben. Dazu solle ein Nationalrat gebildet werden, der als gesamtdeutsche Regierung handeln und eine Verfassung ausarbeiten solle.

Eine unmittelbare Folge der Rede war die Schaffung einer Bizonenverwaltung für die amerikanische und die britische Zone am 1. Oktober 1946; am 1. Januar 1947 wurden diese Zonen dann zu einem einheitlichen Wirtschaftsgebiet vereinigt. Allerdings lehnten Frankreich und die Sowjetunion einen Beitritt zu diesem Wirtschaftsgebiet ab, sodass ein Jahr ohne große Veränderungen verging.

Die USA setzten aber ihre Politik der Vereinigung der westlichen Zonen fort. Auf der Londoner Sechsmächtekonferenz vom 23. Februar bis 2. Juni 1948 erreichten sie, dass Frankreich und die Beneluxstaaten ihre Bedenken gegen einen deutschen Weststaat zurückstellten.

Frankfurter Dokumente

Wie dieser Weststaat aussehen sollte, umrissen die westlichen Alliierten in den „Frankfurter Dokumenten" vom 1. Juli 1948. Sie forderten darin eine deutsche Verfassung, eine Neugliederung der Länder und ein Besatzungsstatut. Dazu machten sie auch entsprechende Vorgaben. Die Dokumente stießen bei den westdeutschen Politikern aber keineswegs auf Akzeptanz. Ihnen gingen die zukünftigen Rechte der Alliierten in Deutschland viel zu weit, und sie begriffen die Aufforderung zur Verfassungsgebung als Meilenstein zur deutschen Teilung. Nach drei Konferenzen nahmen die Ministerpräsidenten die „Frankfurter Dokumente" schließlich doch an. Sie betonten aber, dass der Weststaat und die Verfassung nur provisorisch sein sollten; daher wollten sie

Wiederaufbau und Teilung 117

keine Verfassung, sondern nur ein „Grundgesetz" ausarbeiten. Wie es ausgestaltet werden sollte, gab Dokument I in klaren Worten vor:

> „Die Verfassungsgebende Versammlung wird eine demokratische Verfassung ausarbeiten, die für die beteiligten Länder eine Regierungsform des föderalistischen Typs schafft, die am besten geeignet ist, die gegenwärtig zerrissene deutsche Einheit schließlich wieder herzustellen und die Rechte der beteiligten Länder schützt, eine angemessene Zentralinstanz schafft und die Garantien der individuellen Rechte und Freiheiten enthält."[103]

Ein „Parlamentarischer Rat", wie die Verfassungsgebende Versammlung genannt wurde, um den provisorischen Charakter zu kennzeichnen, konstituierte sich am 1. September 1948 in Bonn. Er bestand aus 65 Abgeordneten gemäß der Fraktionsstärke der 11 Landtage. Konrad Adenauer (CDU) wurde zum Präsidenten des Rates, Carlo Schmid (SPD) zum Vorsitzenden des Hauptausschusses gewählt. Streit- und Diskussionspunkte der Versammlung waren: Parlamentarischer Rat

- Kompetenzen des Staatsoberhauptes
- Rechte der Zweiten Kammer
- Steuerverteilung zwischen Bund und Ländern
- Elternrecht und das Verhältnis zwischen Staat und Kirche
- Verhältnis zwischen Zentralismus und Föderalismus
- Ruhrstatut

Am 8. Mai 1949 nahm der Rat das Grundgesetz mit 53 von 65 Stimmen an; am 12. Mai 1949 genehmigten es die Militärgouverneure. Auch die nachfolgenden Abstimmungen in den Landtagen ergaben eine eindeutige Mehrheit; nur Bayern stimmte dagegen. Am 23. Mai 1949 wurde das „Grundgesetz der Bundesrepublik Deutschland" verkündet. Damit war die BRD geschaffen.

Mit dem „Grundgesetz" hatte die neue „Bundesrepublik Deutschland" eine in vieler Hinsicht einzigartige Verfassung erhalten. Grundgesetz der BRD

Die Besonderheiten begannen schon in der Präambel von 1949:

> „Im Bewusstsein seiner Verantwortung vor Gott und den Menschen, von dem Willen beseelt, seine nationale und staatliche Einheit zu wahren und als gleichberechtigtes Glied in einem vereinten Europa dem Frieden der Welt zu dienen, hat das deutsche Volk in den Ländern Baden, Bayern, Bremen, Hamburg, Hessen, Niedersachsen, Nordrhein-Westfalen, Rheinland-Pfalz, Schleswig-Holstein, Württemberg-Baden und Württemberg-Hohenzollern, um dem staatlichen Leben für eine Übergangszeit eine neue Ordnung zu geben, kraft seiner verfassungsgebenden Gewalt dieses Grundgesetz der Bundesrepublik Deutschland beschlossen. Es hat auch für jene Deutsche gehandelt, denen mitzuwirken versagt war. Das gesamte deutsche Volk bleibt aufgefordert, in freier Selbstbestimmung die Einheit und Freiheit Deutschlands zu vollenden."[104]

Drei Besonderheiten der Präambel seien hervorgehoben:
- Die Vorläufigkeit der Verfassung: „Um dem staatlichen Leben für eine Übergangszeit eine neue Ordnung zu geben"
- Der Alleinvertretungsanspruch: „Es hat auch für jene Deutsche gehandelt, denen mitzuwirken versagt war"
- Das Gebot der Herstellung der deutschen Einheit in Freiheit.

Zu den außergewöhnlichen und einmaligen Regelungen der Verfassung selbst gehören folgende Bestimmungen:

„Artikel 1

"(1) Die Würde des Menschen ist unantastbar. Sie zu achten und zu schützen ist Verpflichtung aller staatlichen Gewalt.

(2) Das Deutsche Volk bekennt sich darum zu unverletzlichen und unveräußerlichen Menschenrechten als Grundlage jeder menschlichen Gemeinschaft, des Friedens und der Gerechtigkeit in der Welt.

(3) Die nachfolgenden Grundrechte binden Gesetzgebung, vollziehende Gewalt und Rechtsprechung als unmittelbar geltendes Recht."[105]

- Der Schutz des Einzelnen steht an erster und oberster Stelle
- Die Verfassung bekennt sich zu den Menschenrechten
- Die Grundrechte des Menschen sind unmittelbar geltendes Recht.

Das bedeutet zum einen, dass sie nicht erst beschlossen werden müssen, um gültig zu sein; zum anderen, dass sie durch eine staatliche Gesetzgebung auch nicht aufgehoben werden können. Sie sind also vorstaatlicher Natur; d. h. sie werden nicht erst durch die Gesetzgebung eines Staates wirksam, sondern sind in der Natur des Menschen begründet. Sie sind ein Naturrecht. Über die grundlegende Bedeutung der Menschenrechte als Naturrecht haben wir bei der Behandlung der Französischen Revolution gesprochen, worauf hier verwiesen sei.[106]

Kompetenzorientierte Urteilsbildung

Damit hatten die Väter des Grundgesetzes bedeutende Lehren aus der Zeit des Nationalsozialismus gezogen. Die mit dem Grundgesetz festgeschriebenen Werte entsprechen den Werten, zu denen es die Geschichtsentwicklung der europäischen Neuzeit gebracht hatte. Damit waren und sind sie vorbildlich. Die Frage bliebe dann nur, ob sie in der politischen und juristischen Praxis auch so umgesetzt werden und wurden, wie es dem Geist und dem Wortlaut der Verfassung entspricht. Als Rechtsgrundlage sind sie mustergültig und auch einzigartig in der Verfassungsgebung der Länder der Welt. Wohl bekennen sich auch andere Länder zu den Grund- und Menschenrechten, aber unmittelbar geltendes und vorstaatliches Recht sind sie nur in der bundesdeutschen Verfassung.

Auch Artikel 20 nimmt eine bemerkenswerte Stellung in der Verfassungsgeschichte ein:

Sozialstaat

„(1) Die Bundesrepublik Deutschland ist ein demokratischer und sozialer Bundesstaat."

Damit wurde verfassungsmäßig festgelegt, dass die BRD ein Sozialstaat ist. Eine Unterstützung bedürftiger Personen durch eine wie auch immer geartete und benannte Sozialhilfe stellt daher kein Gnadenakt der Regierung dar, sondern beschreibt eine verfassungsmäßige Verpflichtung.

(4) Gegen jeden, der es unternimmt, diese Ordnung zu beseitigen, haben alle Deutschen das Recht zum Widerstand, wenn andere Abhilfe nicht möglich ist."[107]

Widerstandsrecht

Im Zusammenhang mit der Verabschiedung der Notstandsgesetze 1968 wurde den Deutschen ein Widerstandsrecht verfassungsmäßig zugebilligt, wenn die demokratischen Grundlagen und Grundstrukturen des Staates verletzt werden. Die BRD wurde so eine „streitbare Demokratie". Dass auch dieses Widerstandsrecht aus der Natur der Menschenrechte herzuleiten ist, haben wir in Band 3 bei der Behandlung Luthers und der Bauernkriege gezeigt.[108] Dort wurde deutlich, dass es nicht nur bei einer Verletzung der demokratischen

Grundordnung, sondern grundsätzlich bei einer Verletzung der Menschenrechte zum Tragen kommt. Denn in den Menschenrechten manifestiert sich keine Satzung menschlichen Wollens, sondern eine Grundordnung des Daseins.

Die Absätze (2) und (3) des Artikels 20 betreffen die Volkssouveränität und das Prinzip der Gewaltenteilung, die auch in anderen Verfassungen demokratischer Standard sind. Zu fragen wäre hier lediglich, ob die Volkssouveränität hinreichend durchgeführt ist, ob also das „Volk" – und hier müsste man präzisieren: „der einzelne Bürger" – über ausreichende Möglichkeiten verfügt, am politischen Leben teilzunehmen bzw. auf es Einfluss zu nehmen. Angesichts der Entwicklung der Demokratie zu einer „Parteiendemokratie", könnte man diesen Punkt verneinen. Hier gäbe es also noch Verbesserungspotenzial. Ebenso bei der Umsetzung der Gewaltenteilung. Eine wirksame Kontrolle der Gewalten ist nur möglich, wenn die Gewalten streng und konsequent geteilt und voneinander unabhängig sind. Die Einrichtung, dass sowohl im Bund als auch in den Ländern Justizminister an der Spitze der Justiz stehen, wäre zu überdenken. Denn Minister sind Organe der Exekutive, nicht der Judikative. Die Exekutive hat damit die Möglichkeit, in die Angelegenheiten der Judikative einzugreifen und eine wirksame Kontrolle ihres Tuns zu verhindern. Diese Problematik kommt besonders beim Umgang mit dem Terrorismus und der Rolle des Verfassungsschutzes zum Tragen, wie wir noch sehen werden. Ähnliches gilt für die Wahl der Verfassungsrichter durch Bundestag und Bundesrat, die selbst Organe der Legislative, nicht aber der Judikative sind.

Kompetenzorientierte Urteilsbildung

Entstehung der Bundesrepublik Deutschland		
Frankfurter Dokumente	Parlamentarischer Rat	Grundgesetz
Die Westalliierten fordern: • Eine deutsche Verfassung • Eine Neugliederung der Länder • Ein Besatzungsstatut	Streitpunkte: • Kompetenzen des Staatsoberhauptes • Rechte der Zweiten Kammer • Steuerverteilung zwischen Bund und Ländern • Zentralismus und Föderalismus Ergebnis: • Annahme des GG mit 53 von 65 Stimmen • Genehmigung durch die Militärgouverneure • Abstimmung in den Landtagen • Verkündigung des „Grundgesetzes"	• „Vorstaatlichkeit" der Grundrechte • Sozialstaat • Föderativer Aufbau der BRD • Präsident fast nur auf Repräsentation beschränkt • Beseitigung plebiszitärer Elemente • Konstruktives Misstrauensvotum zur Stabilität der politischen Ordnung • Seit 1953 5%-Klausel • Seit 1968 Prinzip der „wehrhaften Demokratie"

Inhaltliche Ergebnissicherung

4.2 Die Entstehung eines ostdeutschen Staates: Die Deutsche Demokratische Republik

Anfänge in der SBZ

Es sollte beim Aufbau des Sozialismus in der sowjetischen Besatzungszone ein „besonderer deutscher Weg" beschritten werden, der nicht von einer kommunistischen Revolution ausging, sondern schrittweise den sozialistischen Staat nach sowjetischem Vorbild errichten wollte. Zu diesem Zweck wurden im Frühjahr 1945 drei sog. „Initiativgruppen" aus Moskau eingeflogen. Es waren deutsche Kommunisten, die im Moskauer Exil lebten. Sie wurden nach Berlin, Schwerin und Dresden beordert. Der Leiter der Berliner Gruppe war Walter Ulbricht. Er gab folgende Direktiven aus:

> „Die Bezirksverwaltungen müssen politisch richtig zusammengestellt werden. Kommunisten als Bürgermeister können wir nicht brauchen, höchstens im Wedding oder in Friedrichshain. Die Bürgermeister sollen in den Arbeiterbezirken in der Regel Sozialdemokraten sein. In den bürgerlichen Vierteln [...] müssen wir an die Spitze einen bürgerlichen Mann stellen, einen, der früher dem Zentrum, der Demokratischen oder Deutschen Volkspartei angehört hat. Am besten, wenn er ein Doktor ist; er muss aber gleichzeitig auch Antifaschist sein und ein Mann, mit dem wir gut zusammenarbeiten können. [...] Und nun zu unseren Genossen. Der Erste Stellvertretende Bürgermeister, der Dezernent für Personalfragen und der Dezernent für Volksbildung – das müssen unsere Leute sein. Dann müsst ihr noch einen ganz zuverlässigen Genossen in jedem Bezirk ausfindig machen, den wir für den Aufbau der Polizei brauchen."[109]

„Es muss demokratisch aussehen"

Die Neubesetzung solcher Stellen wurde auch unter dem Deckmantel der Entnazifizierung durchgeführt; es wurden systematisch Amtsträger aus dem Dritten Reich entfernt und durch sog. „Antifaschisten" ersetzt. Das waren die besagten Zentrumsmitglieder und Sozialdemokraten; vor allem aber Kommunisten, die in entsprechende politische Schlüsselpositionen gebracht werden sollten. Ulbricht formulierte in der abschließenden Direktive den entscheidenden Vorsatz:

> „Es ist doch ganz klar: es muss demokratisch aussehen, aber wir müssen alles in der Hand haben!"[110]

Und an anderer Stelle:

> „Wir sind der Meinung, dass Demokratie nicht bedeutet, dass alle Kräfte die Möglichkeit haben, sich zu organisieren. Man fragt, «Werdet ihr in der sowjetisch besetzten Zone auch Wahlen durchführen?» Wir sagen: Jawohl, wir werden sie so durchführen, dass unter Garantie in allen Städten und Orten eine Arbeitermehrheit zustande kommt."[111]

Bildung der SED

Wie war das möglich? Am 10. Juni 1945 wurden von der sowjetische Militäradministration (SMAD) antifaschistische Parteien und Gewerkschaften zugelassen. Zunächst verfolgte man die Strategie der Aufspaltung des bürgerlichen Lagers, erkannte aber bald, dass dies keine Lösung des Problems sei, denn die SPD werde immer bei Wahlen die Nase vor der KPD haben. Man entwickelte daher die Idee einer Zwangsvereinigung von SPD und KPD. So entstand am 21./22. April 1946 die SED. Auf Seiten der SPD gab es zwar einen Vereinigungsbeschluss des Parteitags, der aber nicht ganz frei zustande kam. Denn die SMAD hielt folgende Anweisung für nötig:

> „Urabstimmungen sozialdemokratischer Grundorganisationen über die Frage der Vereinigung der Arbeiterparteien sind verboten. Man kann die Entscheidung über die Frage der Vereinigung der Arbeiterparteien nicht größtenteils neuen Mitgliedern überlassen, sondern allein den erfahrenen Funktionären der deutschen Arbeiterbewegung."[112]

Aber auch die SED erhielt bei den Landtagswahlen im Oktober 1946 keine Mehrheit, sondern nur 47,5% der Stimmen. So waren weitere Schritte zur Sicherung der Mehrheit nötig. Im Juni 1948 beschloss der SED-Parteivorstand, die SED zu einer „Partei neuen Typs" umzubauen. Dieser „neue Typ" war allerdings schon aus der Sowjetunion bekannt. Die SED folgte in ihrem Aufbau und ihrer Führungsstruktur nun dem Vorbild der KPdSU. Sie wandelte sich zu einer Kaderpartei, die nicht davor zurückschreckte, ca. 150 000 Mitglieder, darunter insbesondere ehemalige Sozialdemokraten, auszuschließen. Und am 24. Januar 1949 beschloss die SED-Führung, das Zentralsekretariat in ein Politbüro umzuwandeln. 1950 wurde dann erstmals ein Zentralkomitee nach diesem Vorbild gewählt.

„Partei neuen Typs"

Der entscheidende Schritt zum dauerhaften Wahlerfolg war aber ein anderer. Nachdem man bereits 1947 und 1948 weitere Parteien und Massenorganisationen zur Wahl zugelassen hatte, fasste man sie im Mai 1949 zu einer sog. Einheitsliste zusammen. Es entstand der sog. „antifaschistische Block" bzw. die „Antifaschistische Einheitsfront". Das Besondere dieser Liste war, dass die Sitzverteilung bereits im Voraus nach gewissen Proportionalitäten festgelegt war. Zusammen mit den Massenorganisationen erreichte die SED so immer eine Mehrheit. Dass man ihr nicht gleich als Partei die Mehrheit der Sitze zubilligte, dürfte mit dem „demokratischen Schein" zusammenhängen, den man wahren wollte. Nach diesem Modus wurde nach der Gründung der DDR die erste Volkskammerwahl im Oktober 1950 durchgeführt. Sie war verfassungswidrig; denn die Verfassung sah zu diesem Zeitpunkt noch selbstständige Parteien und eine Wahl nach dem Verhältniswahlrecht vor. Das störte aber die politische Führung nicht. Die SED hatte auf ihrem II. Parteitag einen Führungsanspruch angemeldet, der aber dort noch abgelehnt wurde. Erst 1952 wurde er akzeptiert und 1968 sogar in die Verfassung aufgenommen.

Einheitsliste

Parallel zur politischen Umgestaltung der SBZ wurden 1945 erste sozialistische Maßnahmen ergriffen. Banken und Sparkassen wurden verstaatlicht und eine „Bodenreform" durchgeführt. Grundbesitz über 100 ha wurde enteignet und umverteilt. Das betraf etwa ein Drittel der gesamten Wirtschaftsfläche – rund 3,2 Millionen Hektar, davon ca. 2,5 Millionen Hektar aus dem ehemaligen Großgrundbesitz. Eine Million Hektar überführte man in 532 staatseigene Güter (VEG). Der größere Rest wurde an 500 000 Landarbeiter und Flüchtlinge verteilt. So war die Zahl der privaten landwirtschaftlichen Betriebe 1950 auf mehr als 855 600 angestiegen; das war mehr als im Jahre 1939. Diese Umverteilung wurde von der Bevölkerung und zunächst auch von der Parteiführung begrüßt. Letztere distanzierte sich aber spätestens seit 1952 wieder davon und machte sie bis 1961 fast restlos rückgängig. Dieser Unterschied der Enteignun-

Sozialistische Maßnahmen

gen sollte nach der Wende noch eine grundlegende Bedeutung erhalten: Was vor der Staatsgründung der DDR, also noch durch die sowjetische Verwaltung, enteignet wurde, blieb von der Wende unberührt; für Enteignungen danach konnten Rückerstattungsansprüche geltend gemacht werden.

VEB
DWK
Jahrespläne

Am 30. Oktober 1945 wurde durch Befehl des SMAD eine Industriereform verordnet: Durch Überführung von „Nazi- und Kriegsverbrecherbetriebe in das Eigentum des Volkes" wurden Unternehmen verstaatlicht und es entstanden die sog. „Volkseigene Betriebe" (VEB). Im Februar 1947 wurde die „Deutschen Wirtschaftskommission" (DWK) als zentrale Planungs- und Leitungsinstanz gegründet. Sie erhielt weitreichende Vollmachten und war in fast allen Führungspositionen mit SED-Leuten besetzt. Ab Mitte 1948 begann die Arbeit nach Plänen; ein erster Zweijahresplan wurde für 1949/50 erstellt.

Verfassung der DDR

Parallel zur Erarbeitung des Grundgesetzes in den Westzonen wurde auch in der sowjetischen Besatzungszone an einer Verfassung gearbeitet. Sie wurde am 7. Oktober 1949 durch eine „Provisorische Volkskammer" in Kraft gesetzt. Damit war auch der zweite deutsche Staat, die „Deutsche Demokratische Republik", gegründet.

In der Verfassung vom 7. Oktober 1949 war zu lesen:

> „Art. 1: (1) Deutschland ist eine unteilbare demokratische Republik; sie baut sich auf den deutschen Ländern auf. (2) Die Republik entscheidet alle Angelegenheiten, die für den Bestand und die Entwicklung des deutschen Volkes in seiner Gesamtheit wesentlich sind; alle übrigen Angelegenheiten werden von den Ländern selbständig entschieden. (3) Die Entscheidungen der Republik werden grundsätzlich von den Ländern ausgeführt. (4) Es gibt nur eine deutsche Staatsangehörigkeit".[113]

Staat statt Bürger

Bemerkenswert ist, dass auch die DDR einen Alleinvertretungsanspruch für ganz Deutschland erhob und nur eine Staatsangehörigkeit kannte. Ein entscheidender Unterschied zum Grundgesetz der BRD wurde schon im ersten Artikel sichtbar: Am Anfang standen nicht die Bürger und ihre Rechte, sondern der Staat. Es war ein zentralistischer Staat, der zwar Länder kannte, ihnen aber keine Handlungskompetenz zugestand.

> „Art. 6: (1) Alle Bürger sind vor dem Gesetz gleichberechtigt. (2) Boykotthetze gegen demokratische Einrichtungen und Organisationen, Mordhetze gegen demokratische Politiker, Bekundung von Glaubens-, Rassen-, Völkerhass, militaristische Propaganda sowie Kriegshetze und alle sonstigen Handlungen, die sich gegen die Gleichberechtigung richten, sind Verbrechen im Sinne des Strafgesetzbuches. Ausübung demokratischer Rechte im Sinne der Verfassung ist keine Boykotthetze."[114]

Gleichheit und Boykotthetze

Wir finden hier eine merkwürdige Kombination von Gleichheit und Einschränkung von Meinungsfreiheit. Mögliche Kritik am Staat und seinen Politikern wurde als Boykott- und Mordhetze gebrandmarkt; Begriffe, die in einer Verfassung mehr als ungewöhnlich sind. Und am Ende stand eine begriffliche Unklarheit: „Ausübung demokratischer Rechte im Sinne der Verfassung ist keine Boykotthetze."

Artikel 8 garantierte die persönliche Freiheit, die Unverletzlichkeit der Wohnung, das Postgeheimnis und das Recht, sich an einem beliebigen Ort niederzulassen.

> „Art. 9: (1) Alle Bürger haben das Recht, innerhalb der Schranken der für alle geltenden Gesetze ihre Meinung frei und öffentlich zu äußern und sich zu diesem

Zweck friedlich und unbewaffnet zu versammeln. Diese Freiheit wird durch kein Dienst- oder Arbeitsverhältnis beschränkt; niemand darf benachteiligt werden, wenn er von diesem Recht Gebrauch macht.

(2) Eine Pressezensur findet nicht statt."[115]

Die Verfassung der DDR kannte bürgerliche Grundrechte. Diese Grundrechte waren allerdings nicht vorstaatlich und wurden in der Wirklichkeit missachtet. Viele Prinzipien existierten nur auf dem Papier. Die tatsächliche Entwicklung der DDR verlief außerhalb und gegen die Verfassung. Die Annahme der Verfassung erfolgte 1949 durch eine manipulierte Wahl. Es gab viele ungültige Wahlzettel – sie waren einfach durchgestrichen –, die dann kurzerhand in Ja-Stimmen umgewandelt wurden.

Verfassung und Wirklichkeit

Entstehung der Deutschen Demokratischen Republik		
Von der SBZ zur DDR	Erste sozialistische Maßnahmen	Verfassung
• Initiativgruppe Ulbricht: „Es muss demokratisch aussehen, aber wir müssen alles in der Hand haben" • Zwangsvereinigung von KPD und SPD zur SED • Einheitsliste als „Antifaschistischer Block" • Aufbau von Zentralverwaltungen • „Deutscher Volkskongress" zur Schaffung einer gesamtdeutschen Verfassung (Dezember 1947) • 7. Oktober 1949: Proklamation der DDR	• Enteignung von Banken und Sparkassen • Bodenreform • Verstaatlichung von Firmen („Volkseigene Betriebe")	• Vertretungsanspruch für alle Deutschen • Einheit Deutschlands • Prinzip der Volkssouveränität • Grundrechtekatalog (aber nicht vorstaatlich) • Parlament, aber ohne selbstständige Parteien und Opposition • Unabhängigkeit der Richter, aber keine Verfassungsgerichtsbarkeit • Viele Prinzipien existieren nur auf dem Papier • Die tatsächliche Entwicklung der DDR verläuft außerhalb und gegen die Verfassung • SED beherrscht Staat und Gesellschaft

4.3 Die Ära Adenauer und die Westintegration der BRD

Die politischen Vorstellungen von CDU und SPD lagen sehr weit auseinander. Grundlegende außenpolitische und wirtschaftspolitische Vorstellungen trennten beide Parteien. Die außenpolitischen Vorstellungen der SPD waren vom

Grundsatzwahl 1949

Blick auf die deutsche Einheit geprägt; die CDU sah dafür keine Realisierungschance und gab einer Westorientierung des neuen Staates den Vorrang. Wirtschaftspolitisch stand die SPD sozialistischen Vorstellungen nahe; die CDU vertrat mit einer Marktwirtschaft den Kurs der Westalliierten. Außen- und innenpolitisch lehnte sich die CDU also an die Vorstellungswelt der westlichen Alliierten an; die SPD versuchte, eine Eigenständigkeit zu wahren. Die erste Bundestagswahl bedeutete also eine grundlegende Weichenstellung für die Zukunft der neuen Republik.

Erste Bundestagswahl am 14.8.1949	
CDU	SPD
• Rasche Eingliederung der BRD ins westliche Lager	• Keine Westintegration wegen deutscher Einheit
• Soziale Marktwirtschaft	• Staatliche Planung im Kreditwesen und bei Zuteilung von Rohstoffen
• Privatwirtschaftliche Grundordnung	• Grundstoff- und Schlüsselindustrien sollen verstaatlicht werden
• Freies Spiel der Kräfte	
• Staat soll nur korrigierend eingreifen, um soziale Benachteiligungen zu verhindern	

Wahlausgang

Sitzverteilung Bundestag 1949			
CDU	139	SPD	131
FDP	52	KPD	15
Zentrum	10	DRP	17
		DP	17
		BP	17
		Sonstige	16
Gesamt	201		201

(DRP = Deutsche Reichspartei; DP = Deutsche Partei; BP = Bayernpartei)

Der Ausgang der Wahl zeigte, dass der politische Kurs der neuen Republik in den Köpfen der Bundesbürger noch unentschieden war. Die Meinungen waren gespalten; ein politisches Patt entstand. Die Kanzlerwahl musste Adenauer mit seiner eigenen Stimme entscheiden. „Mehrheit ist Mehrheit" soll er danach gesagt haben. Es schien ihn nicht zu bekümmern, dass die Hälfte der Bundesdeutschen einen anderen politischen Kurs wollte.

Adenauer

Als Adenauer zum Kanzler gewählt wurde, war er mit 73 Jahren schon ein alter Mann. Jeder sah daher in ihm nur einen Übergangskanzler, der bald einem Jüngeren Platz machen sollte. Im Kaiserreich war Adenauer Mitglied der Zentrumspartei; 1917 wurde er Oberbürgermeister von Köln. Während des Ruhrkampfes 1923 trat Adenauer für einen Rheinischen Freistaat innerhalb des Reiches ein. Im Mai 1926 hätte er in der Weimarer Republik schon das Kanzleramt übernehmen können, lehnte es aber ab. Die Nationalsozialisten setzten ihn am 12. März 1933 als Oberbürgermeister ab; er war während der NS-Zeit zweimal in Haft. Im Mai 1945 setzten ihn die Amerikaner wieder in das Amt des Oberbürgermeisters ein. Nach dem Tausch der Besatzungszone zwischen Amerikanern und Briten musste er im Oktober aber wieder gehen. Die Engländer lasteten ihm „politische Unfähigkeit" an. Im März 1946 wurde er zum Vorsitzenden der CDU in der BBZ, 1948 zum Präsidenten des Parlamentarischen Rates gewählt; von 1949–1963 bekleidete er das Bundeskanzleramt. Er war der älteste Kanzler, der in der Bundesrepublik im Amt war; seine Regierungszeit war mit 14 Jahren die zweitlängste, die ein bundesrepublikanischer Kanzler erreicht hatte. Nur Helmut Kohl war zwei Jahre länger im Amt. Als Adenauer, mehr gedrängt als freiwillig, aus dem Amt schied, war er 87 Jahre alt.

Adenauers oberstes Ziel war die möglichst schnelle Erlangung der Souveränität der Bundesrepublik. Auf drei Wegen sollte dies geschehen:

Souveränität als Ziel

Adenauers Politik zur Erlangung der Souveränität der BRD	
Ziele	**Wege**
• Volle staatliche Souveränität der BRD • Westintegration der BRD	• **Wirtschaftspolitik:** Das deutsche Wirtschaftspotential soll zur Stabilisierung Westeuropas beitragen • **Verteidigungspolitik:** Einhandlung von Souveränitätsrechten gegen einen Beitrag zur Verteidigung Westeuropas • **Deutsche und europäische Einigung:** Eine Integration der BRD und eines wiedervereinigten Deutschlands in ein politisch geeintes Europa soll das Sicherheitsbedürfnis der Nachbarn befriedigen

Das Ziel der deutschen und europäischen Einigung war am schwierigsten und gewiss nicht in naher Zukunft zu erreichen. Wenn Adenauer es überhaupt anstrebte, dann indirekt, indem er zunächst den Weg der Teilung einschlug, um dann über eine feste Integration der BRD in den Westen langfristig eine Wiedervereinigung ins Auge zu fassen. Ein Plakat aus dem Jahre 1952 zeichnete einen solchen Stufenplan vor: Kapitulation – Militärregierung – Besatzungsstatut – Deutschlandvertrag – Einheit Deutschlands – Vereinigtes Europa. Man könnte darin ein langfristiges politisches Konzept erkennen. Bedenkt man aber die tatsächliche Zeitdauer zwischen Deutschlandvertrag und Einheit Deutschlands, mag man der Geradlinigkeit des Stufenplanes nicht mehr trauen; es waren noch ganz andere Schritte nötig, um zu einer neuen Einheit Deutschlands zu gelangen, als sie das Stufenplanplakat von 1952 voraussah.

Stufenplan zur deutschen Einheit?

In der Verteidigungspolitik musste Adenauer, bedingt durch alliierte Vorgaben, einen Zickzackkurs fahren. Ein scheinbar unumstößliches Kriegsziel der Alliierten war die vollständige Entwaffnung Deutschlands. Dazu erklärte sich die bundesdeutsche Regierung im Petersberger Abkommen vom 22. November 1949 auch bereit:

Verteidigungspolitik und Wiederbewaffnung

„Die Bundesregierung erklärt [...] ihre feste Entschlossenheit, die Entmilitarisierung des Bundesgebiets aufrecht zu erhalten und mit allen ihr zur Verfügung stehenden Mitteln die Neubildung irgendwelcher Streitkräfte zu verhindern."[116]

Sieben Monate später war aber im Bericht des US-Außenministers an den Nationalen Sicherheitsrat vom 3. Juli 1950 folgendes zu lesen:

> „Streng geheim! Washington 3. Juli 1950
>
> Das Verteidigungsministerium hat in NSC 71 die Frage der Wiederbewaffnung Westdeutschlands aufgeworfen. Im Hinblick auf Deutschland und auf die Einstellung der Europäer gegenüber Deutschland entwickeln sich die Dinge überaus rasch. Die Regierung der Vereinigten Staaten ist entschlossen, und die britische und französische Regierung haben jüngst ihre völlige Übereinstimmung zum Ausdruck gebracht, dass wir Deutschland so schnell wie möglich eng und fest an den Westen binden müssen und dass wir Verhältnisse schaffen müssen, unter denen die Stärke Westdeutschlands endgültig der Stärke des Westens hinzugefügt werden kann. Das bedeutet nicht nur, dass Deutschland Mitglied westlicher Organisationen werden sollte, sondern dass dies in einer Weise geschieht, die Deutschland so endgültig zu einem Teil des Westens werden lässt, dass über seine zukünftige Entscheidung zwischen Ost und West keinerlei Zweifel besteht."[117]

Westintegration Das waren auffallende und starke Worte, die belegen, dass die Deutschlandpolitik in entscheidenden Punkten von den Alliierten gemacht wurde: Deutschland sollte eng und fest an den Westen angebunden werden. Das war die Politik der Westintegration, die nicht Adenauer entwickelt hatte, sondern die ihm von den Alliierten vorgegeben wurde. Diese Anbindung sollte darüber hinaus in einer Form geschehen, dass sie auch für eine zukünftige bundesdeutsche Politik nicht mehr zur Disposition stehen konnte. Deutschland sollte also auch in Zukunft keine eigene außenpolitische Entscheidungsfreiheit haben. Darüber waren sich alle Westalliierten einig.

Wiederbewaffnung Für die Amerikaner schloss diese Westbindung aber auch eine Wiederbewaffnung der Bundesrepublik ein: Die „Stärke Westdeutschlands sollte endgültig der Stärke des Westens" hinzu- und eingefügt werden, wie es NSC 71 hieß. Wie kam es zu diesem Sinneswandel? Die Sowjetunion war dabei, seine Herrschaft über die Länder Osteuropas zu stabilisieren und sein Imperium auch weltweit auszudehnen. Die DDR hatte über Polizei- und Werksbrigaden eine innere Aufrüstung begonnen, der die Bundesrepublik nichts Vergleichbares entgegenstellen konnte. Damit konnte eine weitere Ausdehnung des sowjetischen Machtbereichs nach Westen nicht ausgeschlossen werden; gegen sie musste man sich schützen. England und Frankreich allein waren dazu aber nicht stark genug; Frankreich befand sich noch im Indochinakrieg; das Britische Empire war im Zerfall begriffen. Daher waren die Amerikaner unverzichtbar. Sie waren durch die Kriegs- und Nachkriegsgeschehnisse in eine Weltmachtposition gekommen, die den Westen von den USA abhängig machte. Daher konnten sie ihre Auffassungen zur Not auch gegen den Willen der europäischen Staaten durchsetzen.

Reaktionen Die Bundesdeutschen reagierten auf den Vorschlag einer Wiederbewaffnung mit heftigen Protesten. Es kam zu großen Protestdemonstrationen gegen die Regierung Adenauer, die sich davon aber nicht beeindrucken ließ; auch deswegen nicht, weil sie gar nicht die Handlungsfreiheit hatte, ihre Politik zu ändern, wenn sie nicht unwägbare Risiken in Kauf nehmen wollte. Dazu war Adenauer aber nicht bereit. Lieber lebte er mit dem bösen Vorwurf der Opposition, der „Kanzler der Alliierten" zu sein.

Auch in Frankreich löste der Vorschlag einer deutschen Wiederbewaffnung heftige, ja leidenschaftliche Emotionen aus. Ein Abgeordneter zeichnete ein Stimmungsbild der Vorgänge im französischen Parlament im Februar 1952:

Frankreichs Reaktion

> „Die Diskussionen, denen ich beiwohne, sind konfus, leidenschaftlich. Man spricht von allem: Von der Schuld Deutschlands, unserer Armee, der Résistance, der Kollaboration. Man spricht niemals von der Verteidigung und von der Sicherheit unseres Landes. Ein Abgeordneter mit großen patriotischen Verdiensten, schwer gezeichnet durch die Brutalität und Entbehrungen in einem deutschen Konzentrationslager muss zur Rednertribüne geführt werden. Er beschwört die Nationalversammlung, niemals wieder eine deutsche Wiederbewaffnung zu tolerieren. Das Schauspiel dieser zwei Personen, Herriot im Präsidentensessel, der Abgeordnete, der seinem Hass gegen Deutschland freien Lauf lässt, die lauten Rufe der Parlamentarier, die gutheißen oder missbilligen, die die Stufen hinauf- und hinabeilen, die von den Regierungsbänken kommen und gehen, dieser Lärm, diese Unruhe, das Sichgehenlassen, der Tumult, der mit einer echten Debatte nichts zu tun hat, das alles ist entmutigend und beängstigend."[118]

Wie konnte man diesem Dilemma entgehen? Frankreich schlug eine Europäisierung der bisher nationalen Streitkräfte vor. Das war die Geburtsstunde der Europäischen Verteidigungsgemeinschaft EVG als Resultante der politischen Kräfte des Westens. Die Verteidigung sollte durch Frankreich, Italien, die BRD und die Beneluxstaaten supranational organisiert werden; größere Truppeneinheiten und Kommandobehörden sollten international besetzt werden. So wäre ein deutscher Oberbefehl über deutsche Truppen ausgeschlossen; unter dieser Voraussetzung könnte Frankreich einer Wiederbewaffnung der BRD zustimmen.

EVG

Der EVG-Plan scheiterte aber gerade im französischen Parlament. Es lehnte im August 1954 den eigenen Plan ab, da es den Oberbefehl über seine Truppen nicht an eine internationale Organisation abgeben wollte. Die Wiederbewaffnung der Bundesrepublik Deutschland sollte nun in der Form einer NATO-Mitgliedschaft erfolgen.

Bewaffnung der BRD im Rahmen einer NATO-Mitgliedschaft	
USA verlangen wegen der Konfrontation mit der Sowjetunion eine Bewaffnung der BRD	
Einspruch Frankreichs	Vorschlag zu einer Internationalisierung der Verteidigung (EVG)
Erneuter Einspruch Frankreichs	Mitgliedschaft der BRD in der NATO

Inhaltliche Ergebnissicherung

Der Beitritt der BRD zur NATO wurde in einem Vertragswerk geregelt, das den generellen zukünftigen Status der Bundesrepublik zum Gegenstand hatte: Den Pariser Verträgen von 1955. Sie wurden vom 19.–23. Oktober 1954 in Paris in vier miteinander verbundene Konferenzen verhandelt:

Pariser Verträge

- Eine deutsch-französische Konferenz erörterte die deutsch-französischen Beziehungen, insbesondere die Lage an der Saar
- Eine Konferenz zwischen den westlichen Besatzungsmächten und der BRD beriet über die Beendigung des Besatzungsregimes
- Eine Neun-Mächte-Konferenz befasste sich mit der Umgestaltung des Brüsseler Vertrags zur Westeuropäischen Union (WEU)

- Eine Fünfzehn-Mächte-Konferenz verhandelte über die Aufnahme der BRD in die NATO.

Die Verträge traten am 5. Mai 1955 in Kraft. Sie beinhalteten das Folgende:

Inhaltliche Ergebnissicherung

Pariser Verträge 5.5.1955		
BRD	Alliierten	Zukunftsperspektive
• Aufhebung des Besatzungsstatuts • Auflösung der Alliierten Hohen Kommission • Auflösung der Dienststellen der Landeskommissare • BRD (nicht Deutschland!) erlangt die volle Souveränität • Westintegration • Mitgliedschaft in der NATO	Die bisherigen Rechte bleiben bestehen für: • Berlin • Deutschland als Ganzes • Wiedervereinigung • Friedensvertrag	• Friedensvertrag für ganz Deutschland • Bis dahin Aufschub einer endgültigen Grenzregelung • „Ein wiedervereinigtes Deutschland, das eine freiheitlich-demokratische Verfassung [...] besitzt und das in die europäische Gemeinschaft integriert ist."[119]
Die Pariser Verträge befriedigten das europäische Verteidigungsinteresse und das französische Sicherheitsbedürfnis. Sie ermöglichen der BRD, ihre Souveränität zu erlangen.		

Durch die Pariser Verträge wurde die BRD auch Mitglied der Westeuropäischen Union (WEU), einer Verteidigungsgemeinschaft, der neben der BRD auch Frankreich, Italien, Großbritannien und die Beneluxstaaten angehören. Im Kriegsfall waren ihre Mitglieder zu gegenseitiger Hilfe verpflichtet. Die BRD verzichtete auf die Herstellung von ABC-Waffen. Eine Produktion von Raketen, großen Kriegsschiffen und strategischen Bombern durfte nur mit Genehmigung der WEU erfolgen.

Adenauer und Ollenhauer zu den Verträgen

Adenauer sah mit den Verträgen das grundlegende Ziel seiner Politik erreicht: Die Gewinnung der Souveränität für die BRD. Die Verträge brächten der BRD Wohlfahrt, Freiheit und Sicherheit. Die Option auf eine Wiedervereinigung sei dadurch gewahrt, dass sie in der Verantwortung der Siegermächte bleibe. Adenauer sah also in den Pariser Verträgen eine Voraussetzung zur Erlangung der Wiedervereinigung.

Der Oppositionsführer und Vorsitzende der SPD Erich Ollenhauer kritisierte dagegen die Verträge. Sie enthielten keine konkrete Vereinbarung über die Wiedervereinigung; der Aufrüstung der BRD sei der Vorrang vor der Wiedervereinigung gegeben worden. Die Frage der deutschen Einheit könnte so zu einem Objekt des Interessenausgleichs zwischen West und Ost werden. Daher glaube er, dass die Verträge eine Wiedervereinigung eher gefährden. Überhaupt habe Adenauer der Westintegration immer den Vorrang vor der Wiedervereinigung gegeben. Dadurch habe sich die Sicherheit der BRD allerdings nicht erhöht. Auch seien die Vorbehaltsrechte der Siegermächte so gravierend, dass man nicht von Souveränität reden könne.

Adenauer und Westintegration

Zur Frage, ob in den 50er Jahren die Chance auf eine Wiedervereinigung verpasst wurde, ist ein Brief des britischen Staatsministers Lloyd vom 22. Juni 1953 aufschlussreich, den er an den erkrankten Premierminister Churchill schrieb. Er machte deutlich, was in den westlichen Außenministerien gängige Meinung zur Frage der deutschen Wiedervereinigung war:

Frage der „verpassten deutschen Einheit"

> „Deutschland ist der Schlüssel zum Frieden in Europa. Ein geteiltes Europa bedeutet ein geteiltes Deutschland. Deutschland wieder zu vereinigen, solange Europa geteilt ist, ist – selbst wenn dies machbar wäre – gefahrvoll für uns alle. Deshalb fühlen alle – Dr. Adenauer, die Russen, die Amerikaner, die Franzosen und wir selbst – im Grunde ihres Herzens, dass ein geteiltes Deutschland zur Zeit die sichere Lösung ist. Aber keiner von uns wagt dies wegen seiner Auswirkungen auf die öffentliche Meinung in Deutschland auch offen zuzugeben. Deshalb unterstützen wir alle öffentlich ein vereintes Deutschland, jeder allerdings aufgrund seiner eigenen Bedingungen."[120]

Eine Wiedervereinigung war also zu diesem Zeitpunkt chancenlos – trotz Stalinnote und öffentlicher Bekenntnisse zur deutschen Einheit. Wie groß der Widerstand dagegen war, wurde noch 1990 deutlich, wo die meisten Europäer weiterhin eine Wiedervereinigung der beiden deutschen Staaten ablehnten.

Für seine Wirtschaftspolitik, die vor allem von Ludwig Erhard entwickelt und getragen wurde, erntete Adenauer durchweg Lob und Zustimmung. Sie dürfte der entscheidende Grund für seine mehrfache Wiederwahl gewesen sein.

Wirtschaftspolitik und Wirtschaftswunder

Jahr	Bruttosozialprodukt (in Mrd. DM)	Preisindex für Lebenshaltungskosten	Reallohnindex	Erwerbstätige (in 1000)	Arbeitslosigkeit (in %)
1950	97,9	100	100	19 997	8,2
1951	119,5	108	107	20 520	7,7
1952	136,6	110	113	20 910	6,4
1953	147,1	108	120	21 425	5,5
1954	157,9	108	123	21 995	4,7
1955	180,4	110	129	22 830	2,7
1956	198,8	113	139	23 435	2,2
1957	216,3	115	148	23 940	1,9
1958	231,5	118	154	24 124	1,7
1959	250,9	119	161	24 381	1,1
1960	296,8	121	174	24 792	0,6

Statistik zum wirtschaftlichen Aufschwung 1950–1960 („Wirtschaftswunder")[121]

Die Bundesrepublik erlebte einen wirtschaftlichen Aufschwung ohnegleichen, das sog. „Wirtschaftswunder". Die Arbeitslosigkeit verschwand; man benötigte sogar Gastarbeiter, um die wirtschaftliche Entwicklung bewältigen zu können. Die Reallöhne stiegen gegenüber den Lebenshaltungskosten deutlich an, sodass die Bundesdeutschen wieder zu Wohlstand und Ansehen kamen. Man konnte sich wieder etwas leisten und auch Urlaub machen. Die Frage, ob die Markt- oder die Planwirtschaft das bessere Wirtschaftssystem sei, wurde durch die Realität beantwortet. Die BRD erließ vorbildliche Sozialgesetze und wurde ihrem sozialen Verfassungsauftrag gerecht.

Inhaltliche Ergebnissicherung

„Wirtschaftswunder" und Soziale Marktwirtschaft
• Wirtschaftlicher Aufschwung ohnegleichen – das „Wirtschaftswunder"
• Die Arbeitslosigkeit verschwindet
• Gastarbeiter werden benötigt, um die wirtschaftliche Entwicklung zu bewältigen
• Vorbildliche Sozialgesetze
• Die Frage nach dem besseren Wirtschaftssystem wurde durch die Realität beantwortet

Sozialgesetze der BRD

Wichtige Sozialgesetze der Bundesrepublik	
Ära Adenauer	Nach Adenauer
• 1952 Lastenausgleichsgesetz: Für kriegsbedingte Vermögensverluste erfolgt eine Teilentschädigung, die durch eine Vermögensabgabe der Nicht-Geschädigten finanziert wird • 1957 Rentenreform: Altersrenten werden an die allgemeine Lohnentwicklung angekoppelt („dynamische Rente") • 1961 Sozialhilfegesetz: Rechtlicher Anspruch auf Unterstützung in Notlagen	• 1970 Lohnfortzahlungsgesetz: Lohnfortzahlung im Krankheitsfall bis zu 6 Wochen (SPD) • 1971 Bundesausbildungsförderungsgesetz (Bafög) (SPD): Rechtsanspruch auf finanzielle Unterstützung von Schul- und Hochschulbesuch • 1986 Erziehungsgeld (CDU): Eltern erhalten für neugeborene Kinder Geldzahlungen • 1995 Pflegeversicherung (SPD): Obligatorisch für alle erwachsenen Bürgerinnen und Bürger, finanziert durch Arbeitnehmer und Arbeitgeber

4.4 Die Ära Ulbricht und die Ostintegration der DDR

Ostintegration

Wie die BRD in den Westen, so wurde die DDR in den Osten integriert. 1950 trat sie dem Rat für gegenseitige Wirtschaftshilfe RGW bei. Am 14. Mai 1955 wurde als Reaktion auf die NATO-Mitgliedschaft der BRD der Warschauer Pakt gegründet, dem die DDR als wichtiges Mitglied angehörte.

Planwirtschaft

Die wirtschaftliche Situation der DDR war mit der der BRD nicht zu vergleichen. Durch das Verbot, die Marshallplanhilfen in Anspruch zu nehmen, war sie von vornherein auf sich allein gestellt; vergleichbare Hilfen von Seiten der Sowjetunion gab nicht. Die staatliche Planwirtschaft hemmte die wirtschaftliche Entwicklung mehr als sie zu befördern. Ulbricht und die SED gaben bei ihren Programmen zum Aufbau des Sozialismus der Schwerindustrie den Vorzug und vernachlässigten die Konsumgüterindustrie. Dies führte zu gravierenden Versorgungsengpässen. Die Landwirtschaft litt an den Folgen der Enteignungen und der Bodenreform. Der Mangel an landwirtschaftlichen Geräten machte ein vernünftiges Arbeiten kaum möglich. Abgabenerhöhungen und der Entzug von Lebensmittelkarten für Bauern verschärften die Situation. Die Grundnahrungsmittel wurden rationiert und waren bis 1958 nur mit Lebensmittelkarten erhältlich. Die Preise der staatlichen Handelsorganisation (HO) lagen weit über dem Niveau der Bundesrepublik. Eine Tafel Schokolade kostete 8 Mark; in der Bundesrepublik war sie für 50 Pfennig zu haben. Fett, Fleisch, Gemüse und Obst standen ebenfalls nicht in ausreichender Menge zur Verfügung. Im Frühjahr 1953 drohte eine ernste Ernährungskrise.

Eine Erhöhung der Arbeitsnormen führte zur Unzufriedenheit der Arbeiter. Sie marschierten am 16. Juni in einem Demonstrationszug vor das Regierungsgebäude. Zwar wurde am gleichen Tag die Rücknahme der Normenerhöhung beschlossen, aber die Unzufriedenheit hatte nicht nur wirtschaftliche, sondern auch politische Gründe. Die Arbeiter forderten den Rücktritt der Regierung und freie Wahlen. Sie riefen einen Generalstreik aus und kündigten für den nächsten Tag eine neue Protestversammlung an. An diesem 17. Juni traten die Belegschaften der Betriebe in den Streik, zogen in Demonstrationszügen in die jeweiligen Stadtzentren und organisierten Kundgebungen. In über 500 Orten war dies der Fall. Es kam zu Übergriffen gegen Vertreter des Staates und gegen staatliche Einrichtungen. Die genaue Zahl der Aufständischen kann nur geschätzt werden; sie lag zwischen einer halben und eineinhalb Millionen. Die Polizei war einer solchen Situation nicht gewachsen; viele Volkspolizisten liefen zu den Demonstranten über. Die Regierung floh nach Berlin-Karlshorst, dem Sitz der sowjetischen Militäradministration, die den Ausnahmezustand ausrief. Damit übernahm die Sowjetunion die Regierungsgewalt über die DDR. Das sowjetische Militär griff ein und schlug den Aufstand nieder.

17. Juni 1953

Ernst Reuter, der Regierende Bürgermeister in West-Berlin hielt sich zu dieser Zeit sich in Wien auf; er bat die Amerikaner, ihm ein Militärflugzeug für den Rückflug zur Verfügung zu stellen. Es wurde ihm verwehrt. Adenauer reiste am 19. Juni nach Berlin, um der Toten zu gedenken. Franz Josef Strauß beschrieb das Verhalten der Bundesregierung in seinen Erinnerungen:

Reaktion des Westens

> „In Bonn gab es keine Möglichkeit zu ernsthaftem Handeln. Es gab Erklärungen, Sympathiekundgebungen, Appelle an die Siegermächte – was sollte die Bundesregierung anderes tun? Damals ist einem die ganze deutsche Ohnmacht wieder bewusst geworden. Am amerikanischen Verhalten war schnell abzulesen, dass man in Washington keinen Gedanken an eine militärische Intervention verschwendete."[122]

Die Westalliierten blieben untätig. Sie machten damit zum ersten Mal deutlich, dass sie gewillt waren, die in Jalta ausgehandelten Einflusssphären der Weltmächte UdSSR und USA zu wahren.

Fünf Tage später, am 22. Juni 1953, benannte der Berliner Senat die Berliner Straße und die Charlottenburger Chaussee zwischen dem Brandenburger Tor und der Siegessäule in „Straße des 17. Juni" um. Durch Gesetz vom 3. Juli 1953 erklärte der Bundestag den 17. Juni zum „Tag der Deutschen Einheit" und zum gesetzlichen Feiertag. Seine Wirksamkeit musste sich auf Symbolik beschränken. Der in Ostberlin lebende und dem Kommunismus nahestehende Schriftsteller Bertolt Brecht reagierte auf seine Weise:

Deutschland im Zeichen der Teilung

"Die Lösung"

"Die Lösung:
Nach dem Aufstand des 17. Juni Ließ der Sekretär des Schriftstellerverbands In der Stalinallee Flugblätter verteilen, Auf denen zu lesen war, dass das Volk Das Vertrauen der Regierung verscherzt habe Und es nur durch doppelte Arbeit Zurückerobern könne. Wäre es da Nicht einfacher, die Regierung Löste das Volk auf und Wählte ein anderes?"[123]

Die Bevölkerung verschaffte ihrer Unzufriedenheit durch eine Abstimmung mit den Füßen Luft. Viele verließen die DDR.

Flüchtlinge aus der DDR und Ost-Berlin[124]							
Jahr	gesamt	Berlin	%	Jahr	gesamt	Berlin	%
1949–52	492 681	193 227	39,2	1961	207 026		
1952	182 393	118 300	64,8	bis 13.8.		125 053	72,6
1953	331 390	305 737	92,2	ab 13.8.		25 428	
1954	184 198	104 399	56,6	1962	21 356	3 619	16,9
1955	252 870	153 693	60,7	1963	62 632	1 527	3,5
1956	279 189	156 377	56,0	1964	41 876	1 306	3,1
1957	261 622	129 579	49,5	1965	29 552	809	2,7
1958	204 092	119 552	58,5	1966	24 131	302	1,2
1959	143 917	90 862	63,1	1967	19 573	121	0,6
1960	199 188	152 291	76,5				

Mauerbau

Die Auswanderungen aus der DDR in die BRD über das Schlupfloch Berlin waren hoch und gefährdeten auf lange Sicht die Existenz der DDR. Daher war sie zum Handeln gezwungen. Trotz Ulbrichts Erklärung, dass niemand die Absicht habe, eine Mauer zu errichten, entschloss sie sich, den Grenzübergang nach Westberlin auf diese Weise zu schließen. In der Nacht zum 13. August 1961 begannen Bautrupps mit den Arbeiten. Bewaffnete Soldaten bewachten sie dabei. Am Tag war die Aufregung auf beiden Seiten groß.

Reaktionen im Westen

Bundeskanzler Adenauer rief noch am selben Tag über Radio die Bevölkerung zur Ruhe und Besonnenheit auf und verwies auf nicht näher benannte Reaktionen, die gemeinsam mit den Alliierten folgen würden. Ansonsten blieb er zurückhaltend; erst zwei Wochen nach dem Mauerbau besuchte er West-Berlin. Allein der regierende Bürgermeister Willy Brandt protestierte energisch, aber letztlich vergeblich gegen die Einmauerung West-Berlins und die endgültige Teilung der Stadt. Er organisierte am 16. August 1961 eine Protestdemonstration vor dem Rathaus Schöneberg, an der 300 000 West-Berliner teilnahmen. Am gleichen Tag schrieb er an US-Präsident John F. Kennedy:

"Die Entwicklung hat den Widerstandswillen der West-Berliner Bevölkerung nicht verändert, aber sie war geeignet Zweifel an der Reaktionsfähigkeit und Entschlossenheit der drei Mächte zu wecken. Dabei ist ausschlaggebend, dass der Westen sich stets gerade auf den existierenden Vier-Mächte-Status berufen hat. Ich weiß wohl, dass die gegebenen Garantien für die Freiheit der Bevölkerung, die Anwesenheit der Truppen und den freien Zugang allein für West-Berlin gelten. Dennoch handelt es sich um einen tiefen Einschnitt im Leben des deutschen Volkes und um ein Herausdrängen aus Gebieten der gemeinsamen Verantwortung, durch die das gesamte westliche Prestige berührt wird."[125]

Die Amerikaner ließen Panzer am Grenzübergang Checkpoint C auffahren, die aber an der Grenze zu Ostberlin haltmachten. „Keine sehr schöne Lösung, aber tausendmal besser als Krieg", kommentierte Kennedy. Und der britische Premierminister Harold Macmillan meinte:

> „Die Ostdeutschen halten den Flüchtlingsstrom auf und verschanzen sich hinter einem noch dichteren Eisernen Vorhang. Daran ist an sich nichts Gesetzwidriges."[126]

Auch hier sah der Westen tatenlos zu und bestätigte die Teilung der Welt im System von Jalta. Dies war vor allem für die Bürger der DDR, die nicht systemkonform dachten, eine herbe Erfahrung. Sie mussten erkennen, dass der Zusammenbruch der DDR und des Ostblocks weltpolitisch nicht erwünscht und im nationalen Rahmen mit Gewalt nicht zu erreichen war. Es blieb ihnen daher keine andere Wahl, als sich mit der Situation zu arrangieren. Auch hier wurde deutlich, dass die alliierte Politik von Machtkategorien, nicht von Recht bestimmt wurde. „Die Mauer" wurde in den Folgejahren zu einer der bestgesichertsten Grenzen der Welt ausgebaut. Ein System von Mauern, Stacheldraht, Todesstreifen, Wachtürmen, Selbstschussanlagen usw. machte sie auch zu einer der unmenschlichsten. Sie wurde mit dem Brandenburger Tor zum Symbol der deutschen Teilung. In zahlreichen und waghalsigen Versuchen haben danach immer wieder Menschen versucht, die Absperrungen zu überwinden. Sei es durch Abseilen von einem Ostberliner Gebäude zu einem auf der anderen Seite der Mauer, sei es durch das Anlegen von Tunnels, durch selbstgebaute Flugobjekte, durch Durchschwimmen der Spree und vieles andere mehr. Manchen ist die Flucht auf diese Weise gelungen, viele bezahlten sie mit dem Leben.

Stabilisierung der Herrschaft in der DDR	
Ostintegration	Stabilisierung der Teilung

• 1950 Beitritt zum Rat für gegenseitige Wirtschaftshilfe (RGW)
• 14. Mai 1955: Gründung des Warschauer Paktes als Reaktion auf die NATO-Mitgliedschaft der Bundesrepublik Deutschland
	• 17. Juni 1953
	  • Aufstand in der DDR
	  • Das sowjetische Militär schlägt den Aufstand nieder
	• Bau der Berliner Mauer am 13.8.1961
	  • Schließung des Schlupflochs Berlin, das die Existenz der DDR gefährdete
	• Zusammenbruch der DDR und des Ostblocks weltpolitisch nicht erwünscht und im nationalen Rahmen mit Gewalt nicht zu erreichen
	• Resignation der Bevölkerung

Inhaltliche Ergebnissicherung

4.5 Die DDR unter Erich Honecker

DDR wird „staatsfähig"

Unter Erich Honecker, der Ulbricht 1971 auf Druck der UdSSR ablöste, schien die DDR ein „normaler" Staat zu werden. Die in der Bundesrepublik bislang verfolgte Hallstein-Doktrin, nach der eine diplomatische Anerkennung der DDR durch andere Staaten als unfreundlicher Akt gegen die BRD zu betrachten sei, war obsolet geworden und mit der Politik Willy Brandts, der 1969 zum Bundeskanzler gewählt wurde, ohnehin nicht mehr zu vereinbaren. Bei den Olympischen Spielen in München 1972 trat die DDR zum ersten Mal mit einer eigenen Mannschaft auf, womit für alle Welt sichtbar wurde, dass sie auch ein eigener Staat war. Bei internationalen Konferenzen saß der westdeutsche Bundeskanzler neben dem ostdeutschen Generalsekretär und schüttelte ihm staatsmännisch die Hand.

Sozialpolitik Honeckers

Auch im Innern der DDR führte Honecker eine entscheidende Wende herbei. Er verabschiedete sich von Ulbrichts Bevorzugung der Schwerindustrie zu Lasten des Wohlstands der Bevölkerung, erhöhte Löhne und Renten, verkürzte die Arbeitszeit und verstärkte den staatlichen Wohnungsbau. Es entstanden die sog. „Plattenbauten", über die man architektonisch die Nase rümpfen konnte, die aber begehrt waren, da sie an Wohnqualität den bisherigen Wohnungsbestand durchaus übertrafen. Bezüglich seines Lebensstandards wurde die DDR zum führenden Staat des Ostblocks; hinsichtlich ihrer Wirtschaftskraft nahm sie hinter der Sowjetunion die zweite Stelle ein. Dass damit allerdings nur relative Werte angegeben waren, die nicht allzu viel über den tatsächlichen Zustand aussagten, hatte man erst bei der Wende 1989 erkannt.

Politik und Gesellschaft der DDR	
Ära Ulbricht 1945–1971	Ära Honecker 1971–1989
• Wirtschaftliche Entwicklung der DDR im Vordergrund • Verdoppelung der Produktion von 1950–1955 • Vernachlässigung der Konsumgüterindustrie und des Lebensstandards • Betonung der Eigenstaatlichkeit • Abgrenzung auch gegenüber der Entspannungspolitik der Sowjetunion	• Einheit von Wirtschafts- und Sozialpolitik • Anhebung der Löhne • Erhöhung der Renten • Verkürzung der Arbeitszeit • Zunahme des Wohnungsbaus • Innere und äußere Anerkennung der DDR • Sozialpolitik führt zu einer hohen Verschuldung • Staatliche Überwachung und Härte soll die Unzufriedenheit niederhalten

Verschuldung der DDR

Honeckers Sozialpolitik, die zunächst eine Verbesserung der Lebensverhältnisse herbeizuführen schien, bedeutete den Anfang vom Ende der DDR, auch wenn dies nicht gleich jedermann sichtbar und deutlich wurde. Denn seine sozialpolitischen Maßnahmen führten zu einer hohen Verschuldung des Landes.

Um den Lebensstandard zu finanzieren, waren staatliche Subventionen in allen Bereichen notwendig. Das notwendige Geld dafür konnte aber durch Steuereinnahmen nicht aufgebracht werden, da die Wirtschaft nicht stark genug war. In der Folge musste der Import hochwertiger Westwaren gedrosselt werden; die Preise für gute Haushaltswaren stiegen; die Schlangen vor den Läden und die Wartezeiten wurden wieder länger. Man gewöhnte sich daran, seine Einkäufe während der Arbeitszeit zu erledigen. Sie wurde auch aufgrund der industriellen Versorgungslage immer wieder und immer mehr unterbrochen. Denn seit den 80er Jahren fehlten zunehmend Rohstoffe und Energie.

Schwierige Versorgungslage

„Am 3.12. verzeichneten wir vom Motor von Kneter II einen totalen Kurzschluss. Er war gerade erst geschüttet worden. Bis 5.00 Uhr bemühten sich Elektriker, Schlosser und wir. Am 9.12. gab es keinen Ammoniak, am 11.12. fehlte die Druckluft. Alle Anlagen standen von 12.45 Uhr bis 15.15 Uhr still."[127]

		DDR	Bundesrepublik[128]
Monatliches Nettoeinkommen		Arbeitnehmer 969 M	2160 DM
		Rentner 398 M	1505 DM
		Zum Kauf erforderliche Arbeitszeit (Std./Min.)	
Herrenschuhe		27:53	5:55
Damenkleid		40:23	5:02
Kühlschrank		293:16	40:00
Pkw		3807:42	607:21
Eisenbahnwochenkarte		0:29	1:17
Herrenhaarschnitt		0:21	0:47
Roggenbrot		0:06	0:13
		Wohnung	
Durchschnittliche Größe		58 m²	98 m²
Zentralheizung		36%	70%
Bad/Dusche		68%	92%

Für einen „Trabi" musste man mit einer Wartezeit von 12–15 Jahren rechnen; Fernseher und Kühlschränke galten als Luxusgüter und waren unerschwinglich teuer. Billig, aber qualitativ bescheiden, waren die Grundnahrungsmittel. Dennoch stand die DDR im Vergleich mit anderen Ostblockländern gut da.

Die schlechte Versorgungslage führte zu einer Datschen- und Schrebergartenkultur. Man verbrachte seine Freizeit auf 2,6 Millionen Wochenendgrundstücken und in 855 000 Kleingärten. Damit hatte die DDR die höchste Dichte an Gartengrundstücken in der Welt.[129] Seit den siebziger Jahren war auch die DDR zu einem Land des Massentourismus geworden. Reisen waren aber nur im Bereich der „sozialistischen Bruderstaaten" möglich. Um sie zu ermöglichen, waren Beziehungen nötig; denn solche Reisen konnte man nicht einfach buchen, sie wurden zugeteilt. Staatliche Institutionen, Betriebe und der Freie Deutsche Gewerkschaftsbund (FDGB) wurden besonders berücksichtigt.

Freizeit und Urlaub

Trotz staatlicher Wohnungsbauprogramme fehlte es weiter an Wohnraum. Die bestehenden Wohnungen konnten nicht renoviert oder modernisiert wer-

Mangel an Wohnraum

den, da dazu vor allem das Material fehlte. So verfiel die Bausubstanz weiter. In einer Eingabe an Honecker war 1986 zu lesen:

> „Wir haben eine kleine Zwei-Raum-Wohnung und eine sehr kleine Küche mit Schrägdach. Wenn wir im Winter heizen, müssen wir unsere Frisierkommode auf den Flur stellen und dort regnet es auch durch. Wir haben uns schon bald die Hacken wund gelaufen und uns wurden bloß immer leere Versprechungen gemacht. Mein Mann arbeitet im Forstbetrieb N. und ich als Annahmesekretärin. Meine Schwiegermutter ist Heizerin in der Kinderkrippe W. Nach Feierabend müssen wir uns dann in einer Schüssel waschen. Denn eine Badewanne und eine Spültoilette kennen wir gar nicht. Wir möchten auch gerne in einer Badewanne liegen können, wie andere es auch haben. Und nachts nicht mehr zum Hof auf die Toilette gehen. Es wurde sogar schon zu uns gesagt, was wir bloß mit unserem Bad haben, wir sollten doch zufrieden sein mit dem, was wir haben."[130]

Paradies „Intershop"

Ein Einkaufsparadies waren die sog. „Intershops", in denen gegen Westgeld oder sehr hohe DDR-Mark Preise alles zu haben war, was sonst fehlte. Der Intershop machte aber auch den Unterschied zum Möglichen deutlich und zeigte, dass die DDR eine Zweiklassengesellschaft geworden war: Die Klasse der DDR-Mark-Besitzer, denen es schlecht ging, und die Klasse der Westgeld-Inhaber, die sich etwas mehr oder gar alles leisten konnten. Zu den letzten gehörte auch die Politikerkaste, die in eigenen Läden einkaufen konnte. Der Bezug von Westwaren war gewerblich organisiert; über eine „Geschenkdienst- und Kleinexport GmbH Genex" war er sofort möglich, sofern man Westverwandtschaft hatte.

Vorschläge zur Verbesserung

Wie konnte man aus dieser Lage herauskommen? Politbüromitglieder schlugen vor, Subventionen abzubauen, Sozialausgaben zu kürzen, Personal in der Verwaltung zu reduzieren und den Lebensstandard zu senken. Zu all dem bemerkte Honecker nur lakonisch: „Wenn man das macht, dann kann gleich das Politbüro zurücktreten und die Regierung auch." Honecker ignorierte aus politischen Gründen die wirtschaftliche Lage und legte damit unbeabsichtigt den Grundstein für den wirtschaftlichen Niedergang der DDR. Hilfe konnte nur über ausländische Kredite beschafft werden; vor allem Kredite aus der Bundesrepublik, die auch gewährt wurden.

Milliardenkredit

Besonders bemerkenswert war der Milliardenkredit, den Franz-Josef-Strauß 1984 eingefädelt hatte. Ohne diesen Kredit wäre die DDR möglicherweise schon 1984 zusammengebrochen. Damit wären unkalkulierbare Risiken für die Stabilität in Europa entstanden, denn Gorbatschow, der für einen friedlichen Wandel eintreten sollte, war zu diesem Zeitpunkt noch nicht an der Macht. Strauß dürfte dies erkannt haben; vor allem aber wollte er mit diesem Kredit Einfluss auf die Politik der DDR gewinnen.

„Stasi"

Die Staatsführung der DDR reagierte auf die Unzufriedenheit der Bevölkerung mit zunehmender staatlicher Überwachung und Härte. Sie wurden zu einem Element des Alltags. Das internationale Ansehen der DDR ließ es aber geboten erscheinen, offen repressive Maßnahmen zu vermeiden. Stattdessen wurden die Raffinesse und die Methoden der Bespitzelung verfeinert, was eine erhebliche Aufstockung des Personals der Staatssicherheit notwendig machte. Im Unterschied zu den mehr mit brutaler Gewalt arbeitenden Sicherheitsdiensten der anderen Ostblockländer entwickelte sich die Stasi zu einer psychologisch operierenden Institution. So ließ man psychisch weniger stabile Mitbürger, die zu einem Verhör geladen waren, stundenlang in einem Raum warten, um sich dann später zu entschuldigen, dass man sie „leider vergessen" habe und sie daher nochmals zu einem anderen Termin bestellen müsse. Oder es wurden regelrechte Drehbücher verfasst, um konspirativ eine Entfremdung zwischen Oppositionellen zu erreichen. Im Einzelfall schreckte man aber nicht vor Gewaltanwendung, Freiheitsberaubung, Unterdrückung, Einschüchterung und anderen Repressionen zurück. Ab Mitte der siebziger Jahre kam im Bevölkerungsdurchschnitt ein Inoffizieller Mitarbeiter (IM) auf 100 Bürger; insgesamt standen 1989 91 000 hauptamtliche und 173 000 Inoffizielle Mitarbeiter im Dienst des Ministeriums für Staatssicherheit.

Mit einer Öffnung nach außen, die in der Zeit nach Stalins Tod auch in den Satellitenstaaten möglich war, kamen westliche Einflüsse in die DDR. Man adaptierte Musik und Mode der bundesdeutschen 60er Jahre. Allerdings war diese Öffnungsperiode 1965 mit dem Sturz Chruschtschows und den Jugendkrawallen in Leipzig schnell vorbei. Nun hieß es, das „Rowdytum" einzudämmen und gegen „Gammler", „Langhaarige", „Verwahrloste" und „Herumlungerer" vorzugehen. Die FDJ-Führung unterstützte Aktionen, bei denen Schülern von ihren Klassenkameraden die Haare abgeschnitten wurden. Honecker wetterte gegen die Beat-Musik und gegen die „zynischen Verse" des Liedermachers Wolf Biermann, gegen den ein Auftrittsverbot verhängt wurde. Parallel dazu verlief auf Druck des Staates und der Partei die uniformierte Entwicklung der FDJ, da beide keinerlei Verständnis für die kulturrevolutionären Macken der Jugend hatten.[131]

Jugendkultur

Die DDR hatte mit der Polytechnischen Oberschule eine Schulform für alle entwickelt; sie umfasste zehn Klassen und war allgemeinbildend. Ihr voraus gingen die Kindergärten für Kinder vom 4. bis zum 6. Lebensjahr und Kindergrippen, die ab dem ersten Lebensjahr besucht werden konnten. Nach Absolvierung der Oberschule gab es drei weitere Möglichkeiten zur Aus- und Fortbildung: Eine zweijährige Berufsausbildung, eine dreijährige Berufsausbildung mit Abitur oder der Übergang auf die Erweiterte Oberschule (EOS), an der man nach zwei Jahren das Abitur ablegen konnte. Mit Abitur konnte man dann eine Universität oder Hochschule besuchen; diese Möglichkeit hatte man auch, wenn man nach der Oberschule noch eine Fachschule besucht hatte.

Erziehung und Schule

Die Schulausbildung sollte „allseitig gebildete sozialistische Persönlichkeiten, die ihrem sozialistischen Vaterland treu ergeben sind" hervorbringen. Um dies zu erreichen, begann die Erziehung bereits in der Kindergrippe und in den Kindergärten. Sie wurde durch Massenorganisationen wie die Jungen Pioniere und die FDJ fortgeführt und begleitet, die paramilitärische Formen und Rituale praktizierten. Die ausgeprägte politisch-ideologische Erziehung wurde von einer frühen Vorbereitung der Kinder und Jugendlichen auf die „sozialistischen Arbeitsgewohnheiten" flankiert. „Richtiges" politisch-ideologisches Verhalten konnte trotz schlechterer schulischer Leistungen durchaus das persönliche Fortkommen sichern, während dies im umgekehrten Sinne nur ausnahmsweise und von Fall zu Fall galt. Individuelle Berufswünsche hatten sich "ökonomischen Erfordernissen" unterzuordnen. Jegliches Verhalten, das davon abwich, war zumeist mit persönlichen Belastungen, die bisweilen Diffamierungen gleichkamen, und beträchtlichen Nachteilen, auch für die spätere berufliche Zukunft, verbunden. Diese permanent im Hintergrund existierende Überwachung wirkte einschüchternd und verunsichernd: Was durfte man sagen? Wem durfte man vertrauen?[132]

> „Alltag in der DDR war immer ein Alltag mit der Politik, in letzter Instanz mit der Politik der SED, aber auch mit den von dieser Politik abgeleiteten «Politiken» der von ihr beherrschten Staatsapparate, Betriebe und Massenorganisationen [...]. Das lässt sich sinnfällig an Entscheidungen, die die individuelle Lebensführung und damit den Alltag verändern und neu ausrichten, veranschaulichen: Heiraten und Kinderkriegen standen in enger Wechselwirkung mit Wohnungsvergabepolitiken, Vereinbarkeit von Beruf und Mutterschaft hing von den staatlicherseits zur Verfügung gestellten Kinderbetreuungseinrichtungen ab, Bildungsmöglichkeiten waren mit politisch kodierten Klassenzugehörigkeiten und Loyalitätsbeweisen verknüpft, die Teilhabe an anderen materiellen Errungenschaften wie Ferienplätzen, Eintragungen in eine Warteliste für Autos etc. an die Mitgliedschaften in Massenorganisationen und so weiter. Der alltägliche Umgang mit den vom politischen Willen der SED und nicht nur den materiellen Möglichkeiten diktierten Konditionen für die Beschaffung und den Erwerb der Grundlagen für die eigene Lebensführung war eine Selbstverständlichkeit, eine Routine."[133]

Rolle der Frau

Die Rolle der Frau in der DDR wurde immer als Zeichen der Fortschrittlichkeit des sozialistischen Staates gewertet. Im Unterschied zur BRD schien hier die Frau emanzipiert und vollwertiges Mitglied der Gesellschaft und der Arbeitswelt. Nachfolgende Statistik bestätigt der Vorsprung der DDR-Frauen im Vergleich zur BRD:

Vorsprung von DDR-Frauen im Vergleich zur BRD (in %)[134]	BRD	DDR
Studierende an Hochschulen (1989)	41	59
Promotionen (1988)	26	36
Habilitationen (1988)	9	15
Richter (1989)	18	50
Schuldirektoren (1988 bzw. 1982)	20	32
Gewerkschaftsmitglieder (1989 bzw. 1988)	25	53
Betriebsrat/BGL-Vorsitz (1986 bzw. 1987)	21	50

Die DDR hatte 1988 mit 91,3% die weltweit höchste Beschäftigungsquote von Frauen. Ihnen wurde durch das Angebot der staatlichen Kinderbetreuung die Möglichkeit gegeben, Beruf und Muttersein zu vereinbaren. Allerdings führte dies zu einer starken Mehrfachbelastung der Frauen; sie waren gleichzeitig Arbeiterinnen bzw. Angestellte, Mütter und Hausfrauen. Auf der Gegenseite aber wurde die Rolle des Hausmannes weniger angenommen. Der Mann blieb Arbeiter und überließ den Haushalt seiner Frau. Durch die eigene Berufstätigkeit wurde die Frau ökonomisch relativ unabhängig. Dennoch blieb eine Kluft zwischen propagierter und vorhandener Gleichberechtigung in der individuellen Lebenswirklichkeit bestehen. Der Wandel im Rollenverständnis der Frau lag weniger in einer neuen Wahrnehmung der Frau begründet, sondern war aus der wirtschaftlichen Not geboren. Die sozialistische Wirtschaft benötigte die Frau als notwendige und gleichberechtigte Arbeitskraft, ohne die sie – wie im gesamten Ostblock und insbesondere in Russland – nicht auskam.

Gesellschaft der DDR			
Versorgung	Freizeit	Erziehung	Überwachung
• Mangelwirtschaft in Alltag und Industrie • Teure Luxusgüter • Billige Grundnahrungsmittel • Fehlender Wohnraum • Verfall der Bausubstanz	• Datschen- und Schrebergartenkultur • Begrenzte Urlaubs- und Reisemöglichkeiten • Urlaubsplätze nach politischer Opportunität • FDJ und Junge Pioniere	• Sozialistische Persönlichkeit • Erziehungseinrichtungen ab dem ersten Lebensjahr • Schulischer Werdegang vom politischen Verhalten abhängig	• Spitzelsystem der Stasi allgegenwärtig • Im Laufe der Zeit immer weiter ausgebaut • Atmosphäre der Unsicherheit und des Misstrauens

Inhaltliche Ergebnissicherung

4.6 Gesellschaftliche Veränderungen in der BRD der 60er Jahre

Das Wirtschaftswunder hatte eine satte Zufriedenheit gebracht, in die hinein wie aus heiterem Himmel eine Unzufriedenheit der Jugend platzte, die mehr als nur materiellen Wohlstand anstrebte: Sie wollte sich politisch engagieren, entwickelte ein neues Selbstverständnis im Umgang mit sich selbst und mit dem anderen Geschlecht und ging mit Menschen aus anderen Kulturen unbefangen um. Das stieß auf Unverständnis der Älteren, die sich fragten und fragen mussten, was sie denn falsch gemacht hatten.

Ihre Fehler warf ihnen Peter Schneider im Audimax der Freien Universität Berlin im April 1967 vor:

Schockierende Befreiung

> „Wir haben uns da offenbar nicht klar ausgedrückt, wir wollen uns jetzt klar ausdrücken. Es geht tatsächlich um die Abschaffung von Ruhe und Ordnung, es geht um undemokratisches Verhalten, es geht darum, endlich nicht mehr sachlich zu sein. Wir haben in aller Sachlichkeit über den Krieg in Vietnam informiert, obwohl wir erlebt haben, dass wir die unvorstellbarsten Einzelheiten über die amerikanische Politik in Vietnam zitieren können, ohne dass die Phantasie unserer Nachbarn in Gang gekommen wäre, aber dass wir nur einen Rasen betreten zu brauchen, dessen Betreten verboten ist, um ehrliches, allgemeines und nachhaltiges Grauen zu erregen. [...] Wir haben ruhig und ordentlich eine Universitätsreform gefordert, obwohl wir herausgefunden haben, dass wir gegen die Universitätsverfassung reden können, soviel und solange wir wollen, ohne dass sich ein Aktendeckel hebt, aber dass wir nur gegen die baupolizeilichen Bestimmungen zu verstoßen brauchen, um den ganzen Universitätsaufbau ins Wanken zu bringen [...]. Da haben wir es endlich gefressen, dass wir gegen [...] den ganzen alten Plunder am sachlichsten

argumentieren, wenn wir aufhören zu argumentieren und uns hier in den Hausflur auf den Fußboden setzen. Das wollen wir jetzt tun."[135]

Ablehnung von Obrigkeitsdenken

Die Jugend war mit der „großen" Politik, mit der Ausbildung an den Universitäten, vor allem aber mit der Denkweise der Altvorderen unzufrieden: Grauenhafte Verbrechen ließen sie kalt, aber eine Verletzung banaler Alltagsvorschriften erregte ihre Empörung. Denn die grauenhaften Verbrechen wurden von einer anerkannten Staatsmacht begangen, die Ordnungsvorschriften von staatlichen Ämtern erlassen. Karl Jaspers hatte das Übel erkannt und benannt:

> „Aus dem Jahrhunderte währenden Obrigkeitsstaat sind Gesinnungen geblieben, die heute noch mächtig sind: Respekt vor der Regierung als solcher, wie und woher sie auch sei, Bereitschaft zum blinden Gehorsam, Vertrauen, die Regierung werde es schon recht machen. Staatsgesinnung ist bei uns vielfach noch Untertanengesinnung, nicht demokratische Gesinnung des freien Bürgers. Man ruft nach Persönlichkeiten und tut alles, dass sie nicht entstehen. Daher die Lahmheit und Schwunglosigkeit des Lebens [...]. Das Fortwirken der alten Nationalsozialisten ist ein Grundgebrechen der inneren Verfassung der Bundesrepublik. Alle verdammen sie Hitler, alle behaupten, nicht eigentlich Nationalsozialisten gewesen zu sein. Aber der neue Staat kann nicht gedeihen, wenn die Beteiligung an höheren Stellen im NS-Staat heute nicht absolut disqualifiziert zur politischen, sittlichen, geistigen Mitwirkung am neuen Staat."[136]

Mit dem „Obrigkeitsdenken" verwies Jaspers auf ein Gebrechen der deutschen Geschichte, das schon mehrere Jahrhunderte alt war und im 19. Jahrhundert neu belebt und verstärkt wurde, wie wir in Band 4 gesehen haben.[137] Auch ein zweites Grundproblem der Neuzeit brachte Jaspers auf den Punkt: Man suche nach Individuen, nach Persönlichkeiten, tue aber alles, um ihre Entstehung zu verhindern. Damit wurde das Problem virulent, wie im neuzeitlichen Staatsleben der einzelnen Persönlichkeit ein Platz gegeben werden könne, an dem sie sich in das politische Leben einbringen könne, ohne sofort durch „Abstimmungen" wieder ausgelöscht zu werden. Die Demokratien haben mit der Einrichtung von Parteien dieses Problem nicht lösen können, sondern es nur deutlicher hervortreten lassen. Hier liegt ein unbemerkter oder verdrängter Grundwiderspruch der neuzeitlichen Staatsgestaltung zur Wertschätzung des Individuums vor.

Verspätete Entnazifizierung

Klarer fassbar war das Fortwirken alter Nationalsozialisten im öffentlichen Leben. Hier setzte die politische Kritik der studentischen Jugend an. Auf einem Handzettel aus der Zeit um 1967 wurde gefordert:

> „Organisieren wir den UNGEHORSAM gegen die Nazi-Generation.
>
> Ehemalige Nazi-Richter wollen über uns «Recht» sprechen. Ausgerechnet der Moabiter Amtsrichter Gente – einst Mitglied der Nazipartei – will unsere Kommilitonen «verurteilen», die gegen den faschistischen Rassenhetzerfilm „africa addio" protestiert haben. Aber wir haben noch schlimmeres als diesen Gente: Wir haben sogar einen ehemaligen Nazipropagandisten als Bundeskanzler! Unsere Geduld muss jetzt ein Ende haben: Machen wir Schluss damit, dass nazistische Rassenhetzer, dass die Juden-Mörder, die Slawen-Killer, die Sozialisten-Schlächter, dass die ganze Nazi-Scheiße von gestern weiterhin ihren Gestank über unsere Generation bringt. [...] Verweigern wir uns total den Nazis. Befolgen wir keine ihrer Anweisungen. Sagen wir ihnen, dass wir sie bestenfalls ignorieren können. Damit legen wir den gesamten Apparat dieser miesen Gesellschaft lahm, denn er besteht – bezeichnenderweise! - zu einem lebenswichtigen Teil aus den alten Nazis."[138]

Der Ton war herb und laut. Führende Politiker wie Bundeskanzler Kurt Georg Kiesinger und der baden-württembergische Ministerpräsident Hans Filbinger mussten aufgrund ihrer Nazivergangenheit ihre Ämter niederlegen. Es rächte sich die vor Jahren nicht wirklich durchgeführte Entnazifizierung.

Das politische Engagement der Studenten entwickelte sich zu einer außerparlamentarischen Opposition (APO), da aufgrund der Großen Koalition eine innerparlamentarische Opposition, die allein von der FDP gebildet wurde, wirkungslos blieb. Eine Große Koalition wurde von 1966–1969 mit dem Ziel gebildet, Notstandsgesetze für den Fall eines Krieges, einer Katastrophe usw. zu verabschieden. Die Verabschiedung von Notstandsgesetzen ging auf das Verlangen der Alliierten zurück, die für ihre in Deutschland stationierten Truppen Vorsorge treffen und einen möglichen Notstand gesetzlich geregelt wissen wollten. Die Notstandsgesetze trafen auf den heftigen Widerstand der Studenten und der außerparlamentarischen Opposition, da sie eine Außerkraftsetzung von Grundrechten erlauben sollten. Hier wurden nicht nur Erinnerungen an Weimar und den Nationalsozialismus wach, sondern ein solches Vorhaben verstieß auch gegen den Geist und den Wortlaut des Grundgesetzes. Daher war die Reaktion in der Bevölkerung und in der Studentenschaft entsprechend scharf. Sprechchöre wie „SPD und CDU: Lasst das Grundgesetz in Ruh!" brannten sich in die Köpfe der Bevölkerung ein. Beim „Sternmarsch auf Bonn" am 11. Mai 1968 bezogen auch prominente Gegner wie Heinrich Böll gegen die Notstandsverfassung Position. Um Befürchtungen hinsichtlich des Bestands der Demokratie entgegenzukommen, wurde Absatz (4) zum Artikel 20 des Grundgesetzes hinzugefügt, der jedem Deutschen das Recht zum Widerstand gibt, wenn die Grundlagen der Demokratie gefährdet sind, wie wir oben schon gesehen haben. Tatsächlich erlauben die Notstandsgesetze eine Einschränkung des Brief- und Fernmeldegeheimnisses und des Rechts der Freizügigkeit, nicht aber eine generelle Aufhebung der Grundrechte. Daher sind sie mit den Notverordnungen der Weimarer Republik oder gar der Entrechtung der Bürger durch die Reichstagsbrandverordnung der Nationalsozialisten nicht zu vergleichen.

<small>Notstandsgesetze</small>

Die zweite große politische Angriffsfront der Studenten und der APO war der Krieg der Amerikaner in Vietnam. Man übte Kritik an dem großen Verbündeten USA, dessen Praktiken in Vietnam brutal und grausam, menschen- und völkerrechtswidrig waren. Die mangelnde öffentliche Resonanz auf diese Kritik führte zur ersten Radikalisierung der Studentenbewegung. Mitglieder der späteren RAF setzten in Frankfurt Kaufhäuser in Brand, um, wie sie sagten, ein „Vietnamgefühl" zu erzeugen. Es sollte ein Wachrütteln sein. Denn dass ein Kaufhausbrand mit den Grausamkeiten von Vietnam nicht einmal annähernd vergleichbar war, dürfte den RAF-Mitgliedern klar gewesen sein. Erstaunlich war auch, dass der Studentenbewegung die Zweifelhaftigkeit ihrer Idole, mit denen sie für Freiheit warben – Lenin, Ho-Tschi-Min –, nicht bewusst wurde.

<small>Vietnam</small>

Dennoch war das Streben nach Freiheit ein Grundmotiv der Studentenbewegung, das nicht nur die Politik, sondern auch das Alltagsleben und die ei-

<small>Moral der Selbstbefreiung</small>

gene Persönlichkeit betraf: Man wollte, predigte und lebte eine neue Moral der Selbstbefreiung. Sie begann bei der Sexualität, ging über Musik und Drogen und endete bei der antiautoritären Erziehung.

Neue Sexualität

Die Kommune I, eine erste Wohngemeinschaft ohne Trauschein, deren Mitglieder sich nackt auf dem Titel einer Zeitschrift zeigten, wurde zum Schreckgespenst der bürgerlichen Moralvorstellungen. Oswald Kolles Aufklärungsfilme füllten die Kinokassen, und die „Pille unter der Schulbank" – ebenfalls ein Covertitel – schreckte besorgte Eltern. Ein neuer Umgang mit dem anderen Geschlecht zog ein; man ging ungehemmter und freier miteinander um. Aber auch kesse Sprüche machten die Runde: „Wer zweimal mit derselben pennt, gehört schon zum Establishment". Manchem legte sich da die Stirn in Falten.

Neue Musik

Die neue Musik wurde zu einem Identifikations- und Abgrenzungsmerkmal. Udo Lindenberg erinnert sich:

> „Damals, 1957, schoss aus dem Radio Elvis Presley mit «Tutti Frutti». Worum es ging, verstand ich nicht, aber dieser Schluckaufgesang rockte mich durch. Elvis Presley hatte mich angezündet und ich dachte: Jetzt ist Erdbeben. Nachdem ich dann auch noch diesen Film gesehen habe, in dem Elvis als schmales Kerlchen in einem Klub auf die Bühne springt und den bulligen Klubbesitzer ansingt: «If you're looking for trouble, look straight into my face», verband ich mit dem deutschen Schlagergut nur noch Alpträume. Er hat uns gegen unsere Eltern, denen ja sonst alles gehörte, etwas Eigenes gegeben. Bis jetzt hatten wir immer nur zu hören bekommen: «Dafür bist du noch zu jung!» Mit Elvis in den Ohren konnten wir zurückbrüllen: «Dafür seid ihr schon zu alt!» Bald hatte ich eine Sammlung von Platten mit «Negermusik» und «Amigeheul», und meine Oma fiel in Ohnmacht."[139]

Bewusstseinserweiterung

Unter dem Schlagwort der Bewusstseinserweiterung suchte man eine neue Welt. Man fand sie im unvoreingenommenen Umgang mit anderen Völkern und Kulturen, suchte sie aber auch im eigenen Innern. Mit dem Gebrauch von Drogen suchte man allerdings eine richtige Sache auf dem falschen Wege. Auch dieser Unterschied wurde nicht von allen 68ern erkannt.

Antiautoritäre Erziehung

In der Erziehung strebte man nach einer neuen Freiheit, die man sich durch eine antiautoritäre Erziehung erhoffte. Man wurde gegenüber Eltern und Schule kritisch, „hinterfragte" alles und jedes, um „Herrschaftsstrukturen" aufzudecken. Es gab einen „Antistruwwelpeter", der mit politischer Kritik an Bonn nicht hinter dem Berg hielt, und Kinderbücher „für künftige Revolutionäre". Was angesichts berechtigter Gesellschaftskritik allerdings etwas zu kurz kam, war eine notwendige Selbstkritik. So wie man mit problematischen politischen Idolen hausieren ging, so vergaß man auch hier zu bedenken, was es bedeutet, wenn man Kindern Halt und Sicherheit nimmt. Die Erziehung zur Freiheit verkannte, dass Freiheit das Ergebnis eines Entwicklungsprozesses ist, nicht ein Zustand, der von selbst eintritt, wenn man auf alle Erziehung verzichtet.

Protest und Terror

Eine in jeder Hinsicht bedenkliche Entwicklung nahm die Studentenbewegung, als der Protest begann, in Gewalt und Terror umzuschlagen. Es waren allerdings nicht die Studenten, die dazu den Ausschlag gaben. Beim Besuch des persischen Schahs im Sommer 1967 gab es von Seiten der Studenten in Berlin am 2. Juni Demonstrationen gegen das persische Staatsoberhaupt und dessen diktatorische Herrschaft. Angehörige des persischen Sicherheitsdienstes begannen dabei, mit Latten auf überraschte Demonstranten einzuschlagen. Statt einzugreifen sah die Berliner Polizei zu. An anderer Stelle fiel ein Schuss, der den Studenten Benno Ohnesorg tötete. Ohnesorg war ein zufälliger Teilnehmer der Demonstration, der weder bewaffnet noch sonst gewaltbereit war. Er wurde von Oberwachtmeister Karl-Heinz Kurras unter bis heute ungeklärten Umständen erschossen. 2009 wurde bekannt, dass Kurras nicht nur Westberliner Polizist, sondern auch Inoffizieller Mitarbeiter der Staatssicherheit der DDR war. Zweimal ging an diesem Tag also brutale und tödliche Gewalt von sog. Sicherheitsdiensten aus.

Der 2. Juni gilt als Geburtsstunde der Roten Armee Fraktion, einer Terrorgruppe, die sich aus dem gewaltbereiten Teil der Studentenbewegung und der APO entwickelt hatte. Sie wurde zunächst als Baader-Meinhof-Bande bekannt, die für den Kaufhausbrand in Frankfurt und für Terroranschläge gegen Personen des öffentlichen Lebens verantwortlich war. Auch bei ihnen wirkten auf bis heute nicht geklärte Weise Verfassungsschutz und V-Leute mit.

RAF und Verfassungsschutz

„Die «RAF» war noch gar nicht entstanden, da mischten bereits V-Leute und Spitzel in den Protestbewegungen Ende der sechziger Jahre mit. Ein Mann namens Peter Urbach war besonders hilfsbereit. [...] Der unentbehrliche Revoluzzer Peter Urbach war nicht irgendjemand, sondern Agent des Berliner Verfassungsschutzes. Beim Coming out der revolutionären Bewegung spielte er den Geburtshelfer. Als am 11. April 1968 die Schlacht um die Springer-Verlagshäuser tobte und einige Demonstranten den Strahl von Wasserwerfern umlenkten, hatte Urbach den Stoff dabei, aus dem die Revolution ist – Molotowcocktails: «Er fand unter den Demonstranten bereitwillige Abnehmer für seine heiße Ware. Wenig später brannten die Auslieferungsfahrzeuge des Springer-Verlages, angesteckt mit Peter Urbachs Molotowcocktails. Die Fotos der lodernden Lastwagen gingen als Beleg für die Gewalttätigkeit der Berliner Studenten durch die Zeitungen.» [...] Der Kriminologe Fritz Sack meinte zu diesen Vorgängen, dass der frühe Einsatz von V-Leuten einige der späteren, als terroristisch verfolgten Handlungen erst «ermöglichen und vorbereiten half»; der Weg in den Terrorismus sei durch diese und andere Geheimeinsätze beschleunigt worden. Die gewalttätige Eskalation der Studentenbewegung könne nur unter Berücksichtigung der Verstrickung staatlichen Handelns erklärt werden."[140]

Das sind alarmierende Aussagen über einen Rechtsstaat, die Wisnewski, dem Verfasser der zitierten Zeilen, eine Hausdurchsuchung und eine Anklage wegen Verrats von Staatsgeheimnissen einbrachten. Dies belegt, dass die Aussagen zutreffen. Ohne Mitwirkung des Verfassungsschutzes hätte sich der Terrorismus so nicht entfalten können, wie er sich entfaltet hat. Der Staat schuf sich den Feind erst, den er dann mit allen Mitteln bekämpfen wollte. Bis zum heutigen Tage spielen V-Leute und der Verfassungsschutz immer wieder eine undurchsichtige Rolle. So beim Versuch, die rechtsextreme NPD zu verbieten, der scheiterte, weil es gerade V-Leute waren, die die übelsten Reden geführt haben. So bei den jüngsten Morden des NSU, des nationalsozialistischen Untergrunds, der Jahrelang vom Verfassungsschutz beobachtet, aber dennoch seine Verbrechen begehen konnte.

Der deutsche Staat, damals unter der Leitung von Bundeskanzler Helmut Schmidt, reagierte auf den Terrorismus mit Entschlossenheit und Härte. Die Justizvollzugsanstalt Stuttgart-Stammheim wurde zu einer regelrechten Fes-

Reaktion des Staates

tung ausgebaut. In einem sog. Hochsicherheitstrakt sollten die Mitglieder der RAF untergebracht werden. Spezielle Terrorgesetze wurden erlassen, die keineswegs unproblematisch waren, wie wir gleich sehen werden. Und die Weigerung Schmidts, den Forderungen der Entführer von Hans-Martin Schleyer nachzugeben, kostete dem Arbeitgeberpräsidenten das Leben.

Kompetenzorientierte Urteilsbildung

Daher stellt sich hier die Frage, wie weit ein Staat gehen darf, um sich und seine Bürger zu schützen. Ziehen wir wieder unsere Kompetenzkategorien zurate. Nach ihnen ist der oberste Wert der Bürger, der einzelne Mensch, nicht der Staat. Daraus ergibt sich eindeutig, dass der Staat das Leben eines Bürgers nicht opfern darf, um seine Unerpressbarkeit zu demonstrieren oder zu wahren. Das geopferte Leben eines Bürgers ist nicht wieder herzustellen, wohl aber sind Folgen zu beheben, die sich aus einer erpressten Handlung ergeben. Entscheidend ist aber nicht eine tödliche Mittel-Zweck-Logik, sondern die Einsicht in die Wertewelt der europäischen Neuzeit.

Damit verbunden ist auch die andere Frage, wie weit die Freiheit der Bürger zugunsten ihrer Sicherheit eingeschränkt werden darf. Hier berühren wir einen sehr kritischen Punkt, der die Grundrechte und damit den Rechtsstaat in seiner Substanz gefährden kann. Unter George W. Bush haben die USA der Weltöffentlichkeit mit Guantanamo und dem Patriot-Act vorgeführt, wozu es führt, wenn man die Sicherheit der Freiheit überordnet. Auch hier helfen uns unsere Kompetenzkategorien weiter: Die Grundrechte und damit die Freiheit eines Menschen sind absolute Werte; sie können und dürfen keinen anderen untergeordnet werden – auch nicht einer vermeintlichen Sicherheit. Guantanamo und ein Patriot-Act haben in einem Rechtsstaat nichts verloren. Das müssen demokratische Politiker klar und deutlich aussprechen, wenn sie auf der Höhe der Werte der europäischen Neuzeit stehen wollen. Freiheit und Sicherheit sind keine Alternativen, die man gegeneinander abwägen kann. Ein Rechtsstaat muss für beide sorgen – für die Freiheit absolut, für die Sicherheit, soweit er dies im Rahmen der Freiheit kann.

Problematik der Terrorgesetzgebung

Werfen wir noch einen Blick auf die Problematik der Terrorgesetzgebung. In Paragraph 129a StGB über die Bildung einer terroristischen Vereinigung heißt es:

> „(1) Wer eine Vereinigung gründet, deren Zwecke oder deren Tätigkeit darauf gerichtet sind, 1. Mord, Totschlag [usw.] zu begehen, oder wer sich an einer solchen Vereinigung als Mitglied beteiligt, wird mit Freiheitsstrafe von einem Jahr bis zu zehn Jahren bestraft."

Wir haben es hier mit einem unpräzisen Straftatbestand zu tun: Wie gründet man eine solche Vereinigung? Woran erkennt man ihre Zwecke und Ziele? Gewiss gibt es dafür keine Satzungen, in denen diese Vorgänge und Zwecke beschrieben werden. Wichtiger aber ist ein anderes: Dass nämlich durch dieses Gesetz nicht Straftaten, sondern Absichten bestraft werden. Dies widerspricht unserem Rechtsverständnis des Tatstrafrechts; danach werden tatsächlich begangene Taten, nicht Absichten bestraft. Bei der Terrorgesetzgebung handelt es sich also um ein Gesinnungsstrafrecht. Das hat in einer neuzeitlichen Demokratie, die Gedankenfreiheit als oberstes Gut anerkennt, so wenig zu suchen wie Verfassungsschützer, die Verbrechen begehen, um das Recht zu schützen. Dies ist schlicht Widersinn, Ausfluss von Gedankenlosigkeit, dessen Antrieb Kräfte ganz anderer Natur sind, als sie zu sein vorgeben. Es ist eine dringende Aufgabe des Rechtsstaates, die Verquickung von Terrorismus und Verfassungsschutz aufzuklären und zu unterbinden. Ansätze dazu sind bislang nie weit gekommen, was auch davon herrührt, dass Justiz und Politik noch nicht so unabhängig voneinander sind, wie es zur wirksamen Kontrolle der Gewalten notwendig wäre.

Schockierende Befreiung: 68er-Bewegung			
Verspätete Entnazifizierung	Aufbruch zu neuen Ufern	Außerparlamentarische Opposition	Terrorismus
• Politiker mit nationalsozialistischer Vergangenheit werden durch öffentlichen Druck aus ihren Ämtern verjagt	• Neuer und freier Umgang mit dem anderen Geschlecht • Neue Musik wird zum Identifikationsmerkmal der Jugend • Bewusstseinserweiterung • Universitätsreform • Schulreform • Antiautoritäre Erziehung	• Notstandsgesetze • Verletzt der Staat den Geist der Verfassung? • Politisierung und Protest der Jugend	• Radikalisierung der Protestbewegung • Entstehung der Baader-Meinhof-Bande • Anschläge auf Gebäude und Personen • Problem der Terrorgesetzgebung • Verquickung von Terrorismus und Verfassungsschutz

Inhaltliche Ergebnissicherung

4.7 Die Politik Willy Brandts

Willy Brandt wurde der Vorsitzende einer neuen SPD. Die alte Klassenpartei, die die Westintegration und die Marktwirtschaft abgelehnt hatte, begann die Realitäten zu akzeptieren und öffnete sich zu einer Volkspartei. Diesen Wandel schrieb sie im Godesberger Programm von 1959 fest. Mit Willy Brandt bekam sie einen Vorsitzenden, der selbst von nationalsozialistischer Verfolgung bedroht war und daher über jedem politischen Verdacht stand. Er verstand es, auf die Stimmung der Jugendlichen einzugehen, und schien daher als Hoffnungsträger für eine politisch bessere Zukunft prädestiniert. Er brachte seine Politik auf ein markantes Schlagwort, das nicht nur seine Intentionen beschrieb, sondern zugleich eine starke Kritik an der Politik Adenauers und der CDU formulierte: „Mehr Demokratie wagen".

Brandt und die SPD

> „Wir wollen mehr Demokratie wagen. Wir werden unsere Arbeitsweise öffnen und dem kritischen Bedürfnis nach Information Genüge tun. Wir werden darauf hinwirken, dass nicht nur durch Anhörung im Bundestag, sondern auch durch ständige Fühlungnahme mit den repräsentativen Gruppen unseres Volkes und durch ei-

ne umfassende Unterrichtung über die Regierungspolitik jeder Bürger die Möglichkeit erhält, an der Reform von Staat und Gesellschaft mitzuwirken. [...] Wir sind keine Erwählten; wir sind Gewählte. Deshalb suchen wir das Gespräch mit allen, die sich um diese Demokratie mühen. [...] Wir stehen nicht am Ende unserer Demokratie, wir fangen erst richtig an. Wir wollen ein Volk guter Nachbarn sein und werden, im Inneren und nach außen."[141]

Innenpolitische Neuerungen

Damit hatte Brandt wesentliche Punkte seiner Innen- und Außenpolitik benannt. Innenpolitisch wollte er mehr Mitbestimmung. Zunächst für die Jugend in der Politik: Er setzte das Wahlalter von 21 auf 18 Jahre herab und ließ auch die Volljährigkeit mit Vollendung des 18. Lebensjahres beginnen. Das bedeutete nicht nur mehr Mitbestimmung, sondern war zugleich ein politischer Coup; denn die Jungwähler waren mehrheitlich seine Wähler, die er dadurch vermehrt hatte. Mehr Mitbestimmung sollte es auch in den Betrieben, an den Universitäten und in den Schulen geben. In den Schulen wurde eine Schülermitverwaltung eingeführt, an den Universitäten und Betrieben wurden die Mitspracherechte ausgebaut. So bekam an den Universitäten der sog. Mittelbau – die Akademischen Räte und Oberräte – ein Recht zur Mitbestimmung und Mitgestaltung des universitären Lebens. In den Gymnasien wurde die Oberstufe reformiert; der Klassenverband wurde zugunsten von wählbaren Kursen aufgelöst. Der Zugang zur Universität wurde für ärmere soziale Schichten ermöglicht, indem bedürftigen Studierenden ein finanzieller Zuschuss gewährt wurde: Das sog. Bafög; benannt nach der Abkürzung des entsprechenden Gesetzes. Im Ehe- und Familienrecht wurde das Zerrüttungsprinzip anstelle des Schuldprinzips eingeführt, womit manche Peinlichkeit aus dem Gerichtssaal blieb, die eine oder andere Ungerechtigkeit dafür aber Eingang fand. Ein neues Strafrecht legte Gewicht auf die Resozialisierung der Straftäter. Die Strafbarkeit von Gotteslästerung, Ehebruch und Homosexualität wurde aufgehoben.

Neue Außenpolitik

Die größte Anerkennung – vor allem im Ausland – erreichte Brandts neue Außenpolitik gegenüber den sozialistischen Staaten einschließlich der DDR, für die er mit dem Friedensnobelpreis ausgezeichnet wurde – eine Ehrung und Reputation, die ihn bis heute gegenüber allen anderen Regierungschefs der Bundesrepublik auszeichnet. Die konservative Außenpolitik der Regierung Adenauer und der Großen Koalition war mit der Hallstein-Doktrin, die jede Anerkennung der DDR durch einen anderen Staat zu einem unfreundlichen Akt gegenüber der BRD erklärte, in eine Sackgasse geraten, aus der sie herausmanövriert werden musste. Diese Politik war praktisch undurchführbar, und man war dabei, von ihr abzugehen. Lediglich die Niederschlagung des Prager Frühlings von 1968 hatte ihr neuen, aber wenig nachhaltigen Auftrieb gegeben. Wie aber konnte eine neue Außenpolitik in einem Land aussehen, das eigentlich gar keine Außenpolitik treiben konnte, weil es viel zu sehr an das Handeln der Groß- und Weltmächte angebunden war, die immer noch das letzte Wort über die Geschicke Deutschlands hatten?

Wandel durch Annäherung

Egon Bahr, der außenpolitische Berater Brandts, knüpfte seine Überlegungen an die der USA an und formulierte geradezu ein Paradoxon:

„Die amerikanische Strategie des Friedens lässt sich auch durch die Formel definieren, dass die kommunistische Herrschaft nicht beseitigt, sondern verändert werden soll. Die Änderung des Ost-West-Verhältnisses, die die USA versuchen wollen, dient der Überwindung des Status quo, indem der Status quo zunächst nicht verändert werden soll. Das klingt paradox, aber es eröffnet Aussichten, nachdem die bisherige Politik des Drucks und Gegendrucks nur zu einer Erstarrung des Status quo geführt hat. Das Vertrauen darauf, dass unsere Welt die bessere ist, die im friedlichen Sinn stärkere, die sich durchsetzen wird, macht den Versuch denkbar, sich selbst und die andere Seite zu öffnen und die bisherigen Befreiungsvorstellungen zurückzustellen. Die Frage ist, ob es innerhalb dieser Konzeption eine spezielle deutsche Aufgabe gibt. Ich glaube, diese Frage ist zu bejahen, wenn wir uns nicht ausschließen wollen von der Weiterentwicklung des Ost-West-Verhältnisses. [...] Wenn es richtig ist, und ich glaube, es ist richtig, dass die Zone dem sowjetischen Einflussbereich nicht entrissen werden kann, dann ergibt sich daraus, dass jede Politik zum direkten Sturz des Regimes drüben aussichtslos ist."[142]

Egon Bahr wollte also eine Veränderung dadurch erreichen, dass man zunächst nichts veränderte, sondern darauf vertraute, dass sich das bessere System langfristig durchsetzen werde. Dazu waren weder Gewalt noch Druck, sondern Vertrauen nötig, das nur durch eine Öffnung für den anderen erreicht werden konnte. Gewalt, so die Erkenntnis Bahrs und Brandts, war nicht möglich; Druck und Gegendruck haben nur Erstarrung erzeugt. Die Formel für die anzustrebende Veränderung durch Öffnung und Vertrauen hieß „Wandel durch Annäherung."

Ostpolitik Willy Brandts			
Moskauer Vertrag 12. August 1970 zwischen BRD und Sowjetunion	Warschauer Vertrag 7. Dezember 1970 zwischen BRD und Polen	„Grundlagenvertrag" 21. Dezember 1972 zwischen BRD und DDR	Prager Vertrag 11. Dezember 1973 zwischen BRD und Tschechoslowakei
• Gegenseitiger Gewaltverzicht • Unverletzlichkeit der Grenzen aller europäischen Länder (einschl. Oder-Neiße-Linie und Grenze zwischen BRD und DDR) • Ergänzung von deutscher Seite: „Brief zur deutschen Einheit", der besagt, dass dieser Vertrag der Wiedervereinigung nicht entgegensteht	• Gegenseitiger Gewaltverzicht • Unverletzlichkeit der Oder-Neiße-Linie als polnischer Westgrenze	• Gleichberechtigung und Unabhängigkeit der DDR • Weiterhin „Ständige Vertreter" statt Botschafter • Keiner der beiden Staaten kann den anderen international vertreten oder in seinem Namen handeln. • Es gibt weiterhin eine „nationale Frage"	• Nichtigkeit des Münchner Abkommens • Charta der Vereinten Nationen als Grundlage • Keine Gebietsansprüche • Unverletzlichkeit der Grenzen • Kulturelle und wirtschaftliche Zusammenarbeit • Frage der Entschädigung der vertriebenen Deutschen ausgeklammert

Inhalte der Verträge

Strategie der Verhandlungen

Zunächst nahm man außenpolitische Gespräche mit der Sowjetunion auf, da nur mit dieser zentralen Schaltstelle eine Änderung auch gegenüber den anderen Ostblockstaaten zu erreichen war. In Moskau mussten die Grundlagen für eine Entspannungspolitik gelegt werden. Dann folgte Polen als das Land, das am meisten von einer Annäherung des Westens an den Osten zu befürchten hatte, denn die Frage seiner Grenzen war international noch nicht geklärt. Verhandlungen mit der DDR könnten an dieser Frage scheitern. Daher musste sie zuvor geklärt werden. Die DDR dagegen war der besondere Vertragspartner schlechthin. Hier ging es um ureigene deutsche Angelegenheiten. Die Verhandlungen mit der Tschechoslowakei waren Verhandlungen des guten Willens; grundlegende Probleme waren nicht zu klären, wenn man von der Vertreibung der Deutschen absieht. Alle Verträge dienten nur dem einen Ziel, die gegenseitigen Beziehungen zu verbessern, ohne substanziell etwas verändern zu wollen oder zu können. Die Bundesrepublik war dadurch von vornherein in der Rolle des Gebers, der Bestehendes nur anerkennen konnte, ohne eine handfeste Gegenleistung erwarten zu können. Das entsprach dem Verständnis der Politik des Wandels durch Annäherung. Verstand man dies nicht, war Brandt von vornherein der Verlierer, die Ostblockstaaten die Gewinner der Verträge.

Bewertung der Ostverträge

International erntete Brandt mit seinen Ostverträgen Beifall und Anerkennung; die USA begrüßten sie, da sie sich in ihr Konzept der Entspannung einfügten. Brandts Kniefall in Warschau ging durch die Weltpresse; in Polen wurde diesem Ereignis ein Denkmal gesetzt. In anderen europäischen Ländern wurden Statuen von Brandt in öffentlichen Anlagen aufgestellt, nach ihm Parkanlagen benannt. Das waren, wie der Friedensnobelpreis 1971, einmalige Ehrungen für einen deutschen Bundeskanzler.

Ganz anders war die Reaktion im Deutschen Bundestag. Drei emotionale Debattentage nahmen die Ostverträge in Anspruch. Die Verträge seien eilig und schlecht ausgehandelt; sie gäben in der vagen Hoffnung auf Entspannung die Idee der deutschen Einheit auf. Noch nicht einmal ein Zeichen des Entgegenkommens habe man erhalten; der Schießbefehl an der Mauer bestehe weiter. Brandt wurde so in die Ecke gedrängt, dass eine Mehrheit für die Verträge fraglich wurde. Selbst Abgeordnete aus den eigenen Reihen ließen sich von den Argumenten der Opposition überzeugen, traten aus der SPD aus und der CDU bei. Der Oppositionsführer Rainer Barzel sah die Chance zu einem Sturz der Regierung und stellte einen Misstrauensantrag. Er scheiterte an zwei fehlenden Stimmen; sie waren – wie sich später herausstellte – gekauft worden.

Auch Karikaturisten verspotteten Brandt. Eine mit Blümchen tapezierte Mauer wurde als „Menschliche Erleichterungen" untertitelt. Die „Unterschrift des Jahres" zog die Grenzlinie zwischen der DDR und Polen endgültig fest. Erich Honecker goss ein Jahr später nochmals Öl ins Feuer, indem er erklärte, dass friedliche Koexistenz nicht bedeute, dass der ideologische Kampf mit der bürgerlichen Ideologie abflauen würde. Was also war gewonnen? Der jugoslawische Systemkritiker Milovan Djilas gab die Antwort: „Auf lange Sicht wird die Entspannungspolitik Osteuropa freimachen." Es bedürfe allerdings der Geduld. Die Dissidenten in den Ostblockstaaten verstanden Brandt offensichtlich besser als seine deutschen Zeitgenossen.

Parallel zu den Verhandlungen über die Ostverträge schlossen die Alliierten am 3. September 1971 ein Vier-Mächte-Abkommen über Berlin ab. Es bestätigte die Verantwortlichkeiten und Rechte der vier Mächte in Berlin und erklärte, dass eine Änderung des Status von Berlin nur durch Zustimmung aller vier Mächte möglich sei. Die UdSSR erklärte ihre Verantwortlichkeit für die Transitwege nach Berlin. Die besonderen Bindungen von West-Berlin an die Bundesrepublik wurden eingeräumt; nicht aber wurde anerkannt, dass Berlin ein vollwertiger Bestandteil der Bundesrepublik Deutschland sei. Eine Verbesserung der Zugangswege nach Berlin wurde noch in einem eigenen Transitabkommen vom 17. Dezember 1971 geregelt.

Vier-Mächte-Abkommen

4.8 KSZE und Rüstungswettlauf

Am 1. August 1975 wurde die Schlussakte der Konferenz für Sicherheit und Zusammenarbeit in Europa unterzeichnet. Sie war das Ergebnis von zweijährigen Verhandlungen, an denen außer Albanien alle europäischen Staaten, die Sowjetunion, die USA und Kanada teilnahmen. Ihre Arbeit erstreckte sich auf drei Themenbereiche:

Konferenz für Sicherheit und Zusammenarbeit in Europa (KSZE)		
Sicherheit	Wirtschaft und Wissenschaft	Humanitärer Bereich
• Achtung der Souveränität • Verzicht auf Gewalt • Unverletzlichkeit der Grenzen • Nichteinmischung in innere Angelegenheiten • Achtung der Menschenrechte • Gleichberechtigung der Völker	• Zusammenarbeit in Wirtschaft, Wissenschaft, Technik und Umweltschutz	• Familienangelegenheiten • Eheschließungen • Reisen • Zusammenarbeit in Kultur und Bildung • Jugendbegegnungen • Sport • Informationsaustausch
Die Ostblockstaaten sehen ihre Existenz gewährleistet und erklären sich zur Achtung der Menschenrechte bereit. Dieses Zugeständnis wird zum Ansatzpunkt der Dissidentenbewegung, die nun eine vertragliche Handhabe für ihr Vorgehen hat. Damit legen die sozialistischen Diktaturen ungewollt die Axt an die eigene Wurzel.		

Inhaltliche Ergebnissicherung

Die Konferenz ging auf die Initiative der Ostblockstaaten zurück, die einmal eine Garantie ihrer Grenzen erreichen und zum anderen die USA aus Europa hinausdrängen wollten. Der Westen hingegen war vor allem an einer Akzeptanz und Garantie der Menschenrechte interessiert. Das Ziel, dass sich die USA aus Europa zurückziehen, haben die Ostblockstaaten nicht erreicht. Auf

Bewertung der KSZE

Drängen der Europäer nahmen die USA und Kanada an der Konferenz teil. Die sozialistischen Staaten aber konnten ihr Hauptvorhaben verwirklichen: Die Grenzen ihrer Länder wurden garantiert; ebenso eine Einmischung in innere Angelegenheiten untersagt. Damit fühlten sie sich sicher und waren im Gegenzug bereit, sich auf die Einhaltung der Menschenrechte zu verpflichten. Die Brisanz und Tragweite des letzten Punktes dürften sie unterschätzt haben. Denn er wurde zum Ansatzpunkt der Dissidentenbewegung, die nun eine vertragliche Handhabe hatte, mit der sie ihr Vorgehen begründen und rechtfertigen konnte.

Andrej Sacharow

Einer der prominentesten Dissidenten war der Bürgerrechtler und Nobelpreisträger Andrej Sacharow. Er übersandte am 19. März 1970 an Breschnew, den damaligen Staatschef und Generalsekretär der KPdSU, eine weitsichtige und tiefgründige Analyse des Zustands der Sowjetunion, die Gorbatschows Ausführungen knappe 20 Jahre später vorwegnahmen. Sacharow hielt eine Demokratisierung der Sowjetunion für unerlässlich, wenn sie nicht in die Zweitklassigkeit eines Entwicklungslandes zurückfallen wolle. Ohne Reformen verschärfe sich der Gegensatz zwischen Politik und Intelligenz und es werde die Gefahr eines Links- oder Rechtsruckes heraufbeschworen. Nur die Demokratie ermögliche eine wirtschaftliche und kulturelle Weiterentwicklung des Landes. Darüber hinaus mahnte er zu einer realistischen Außenpolitik, um katastrophale Folgen zu vermeiden.

Kompetenzorientierte Urteilsbildung

1980 sperrte man den weiterhin kritischen und für Menschenrechte eintretenden Sacharow in eine psychiatrische Anstalt, aus der ihn erst Gorbatschow befreien sollte. Das Verbot der Nichteinmischung in innere Angelegenheiten war die Voraussetzung zur Annahme der UdSSR, dass man sich ungestraft über die Menschenrechte hinwegsetzen könne. Damit sind wir wieder bei der Frage der Hierarchisierung von Werten angekommen: Einmischung in innere Angelegenheiten oder Schutz der Menschenrechte? Die Antwort gemäß unseren Kompetenzkategorien ist klar: Nur die Menschenrechte stellen in der europäischen Neuzeit einen obersten Wert dar, nicht das staatliche Handeln. Die Angelegenheiten des Staates dürfen also den Menschenrechten nicht übergeordnet werden. Das bedeutet generell, dass Menschenrechte keine innere Angelegenheit eines Staates sind, sondern ein absolutes Recht und einen absoluten Wert darstellen, die es unbedingt zu schützen gilt. Hier kann man sich nicht hinter der Souveränität des Staates verschanzen.

Bedrohungen

Trotz der Entspannungspolitik, trotz der KSZE gingen die militärischen Bedrohungen und das Wettrüsten weiter. Am 21. August 1968 marschierten Truppen des Warschauer Paktes in die Tschechoslowakei ein, um dem Prager Frühling ein gewaltsames Ende zu bereiten. Alexander Dubcek, der Vorsitzende der Kommunistischen Partei der Tschechoslowakei, wollte den Staat demokratisieren, dem Sozialismus ein „menschliches Antlitz" geben, wie es damals hieß. Dem Einmarsch ging ein Telefongespräch des sowjetischen Generalsekretärs mit dem amerikanischen Präsidenten Johnson voraus, in dem Breschnew Johnson fragte, ob die Vereinbarungen von Jalta noch gälten, was der US-Präsident bejahte. Der Einmarsch wurde auch mit Breschnews These der „begrenzten Souveränität" der Ostblockstaaten begründet. Sobald das sozialistische Regierungssystem bedroht sei, so die Breschnew-Doktrin, habe die Sowjetunion das Recht, in die Belange des entsprechenden Bruderlandes einzugreifen. 1979 marschierte die Sowjetunion in Afghanistan ein, um einen mehr als hundertjährigen strategischen Zankapfel an sich zu reißen. Gleichzeitig bedrohte es Polen, in dem durch die Gewerkschaftsbewegung der Solidarnosc eine ähnliche Demokratisierung eingeleitet wurde wie vor 10 Jahren in der Tschechoslowakei. Dem Einmarsch kam General Jaruzelski durch die Verhängung des Kriegsrechts in Polen zuvor; so konnte die Gewerkschaftsbewegung zurückgedrängt und eine militärische Aktion der Sowjetunion abgewendet werden.

Auch der Rüstungswettlauf zwischen den USA und der Sowjetunion ging trotz einer Reihe von Rüstungsbeschränkungsabkommen weiter. Während die Rüstungsausgaben der Sowjetunion von 1965-1985 leicht und kontinuierlich anstiegen – sie bewegten sich von 81 Milliarden US-Dollar im Jahre 1965 bis zu 146 Milliarden im Jahre 1985, wenn man das Preisniveau von 1980 zugrunde legt –, zeigte die Kurve der amerikanischen Rüstungsausgaben deutliche Schwankungen. Die Ausgaben lagen durchgehend über dem Niveau der Sowjetunion. Im Jahre 1965 betrugen sie 135 Milliarden US-Dollar, um während des Vietnamkriegs auf etwa 185 Milliarden anzusteigen; bei Carters Amtstritt waren sie auf 137 Mrd. zurückgegangen; in der Amtszeit Reagan stiegen sie von 154 Mrd. auf 205 Mrd. an. Solche Ausgaben gingen an die Substanz der Volkswirtschaft; in der UdSSR mehr als in den Vereinigten Staaten, sodass der Verdacht aufkam, die USA wollten die UdSSR totrüsten. Genährt wurde er auch von dem doch etwas phantastisch anmutenden SDI-Programm, dem sog. Krieg der Sterne, bei dem Raketen im Weltraum hätten stationiert werden sollen.

Rüstungswettlauf

Die Sowjetunion begann 1976 mit der Aufstellung landgestützter Mittelstreckenraketen, den sog. SS-20. Sie stellten eine neue Form der Bedrohung dar, da es mit ihnen möglich war, relativ schnell die europäischen Kommandozentralen auszuschalten und damit Europa verteidigungsunfähig zu machen. Auf diese Weise wäre auch ein Atomkrieg führbar und gewinnbar gewesen. Daher antwortete die NATO ein Jahr später mit dem sog. NATO-Doppelbeschluss. Er sah Abrüstungsgespräche vor, um die Raketengefahr erst gar nicht aufkommen zu lassen. Bei einem Scheitern der Gespräche sollten allerdings die entsprechenden Gegenstücke, die Pershing II-Raketen, stationiert werden. Dieser Fall trat ein. Gegen den Widerstand einer starken Friedensbewegung, die mit Straßensperren und Sitzblockaden gegen die Aufstellung vorging, wurden die Raketen an ihre Standorte gebracht. Wenige Jahre danach, bedingt durch die Wende unter Gorbatschow, baute man sie wieder ab. Helmut Kohl, in dessen Amtszeit die Stationierung der Raketen fiel, hielt den NATO-Doppelbeschluss, den sein Vorgänger Schmidt mit herbeigeführt hatte, für einen der wichtigsten Beschlüsse der Nachkriegszeit. Hierin dürften sich der CDU- und der SPD-Kanzler einig gewesen sein.

NATO-Doppelbeschluss

152 _____ Deutschland im Zeichen der Teilung

Inhaltliche
Ergebnissicherung

Aufrüstung trotz Entspannungspolitik und KSZE	
UdSSR	USA
• 1968 Einmarsch in die Tschechoslowakei • Breschnew-Doktrin von der begrenzten Souveränität der Ostblockstaaten • 1979 Einmarsch in Afghanistan • Mögliche Bedrohung Polens? Dort Verhängung des Kriegsrechts • Stationierung von SS-20 Raketen	• NATO-Doppelbeschluss • Stationierung von Pershing II-Raketen • SDI – Krieg der Sterne? • Totrüsten des Ostblocks?

Der Rüstungswettlauf und die gegenseitigen Bedrohungsszenarien konnten erst unter Gorbatschow beendet werden. Mit ihm trat ein Wandel im Denken und Handeln ein, der zu grundlegenden europa- und weltpolitischen Veränderungen führte.

4.9 Kompetenzorientierte Beurteilung von BRD und DDR

Versuchen wir, auf dem Hintergrund unserer Kompetenzkategorien zu einem Gesamturteil zur BRD und zur DDR zu kommen. Die Urteilsbildung soll dadurch möglich werden, dass die Schülerinnen und Schüler die Kategorien, die sie sich im Laufe des Geschichtsunterrichts erarbeitet haben, anwenden. Für die Urteilsbildung, die der Niveaustufe C angehört, wird vorausgesetzt, dass die Schülerinnen und Schüler die Kategorien auf den Niveaustufen A und B beherrschen: Sie sollen also die Begriffe kennen, inhaltlich erläutern, in einen genetischen und kausalen Zusammenhang bringen können, wie wir dies in Band 1 dargelegt haben. Diese Kategorien sollen nun zur Urteilsbildung angewandt werden; dazu sind Reflexivität, Kreativität und Selbstreflexivität notwendig. Es soll also kein schematisches Abhaken erfolgen, sondern die Schülerinnen und Schüler sollen sich unter Hinzunahme möglichst vieler Kategorien die Sachverhalte vor Augen stellen, sich in sie hineindenken, Probleme erkennen und zu Lösungsmöglichkeiten gelangen.

Die Kategorien, die die historische Entwicklung der europäischen Neuzeit hervorgebracht hat, dienen dabei als Ausgangspunkt und Maßstab der Beurteilung. Dies ist insofern angemessen und berechtigt, als die BRD und die DDR dieser historischen Entwicklung angehören und daher mit den Kategorien zu beurteilen sind, die diese Entwicklung hervorgebracht hat. Für andere Länder an anderen geographischen und historischen Orten ist dies selbstverständlich nicht ohne weiteres möglich.

Beurteilung BRD

Wir sehen (vgl. die Grafik auf der nächsten Seite), dass die Bundesrepublik in allen Domänen die Kategorien aufweist, die der europäischen Neuzeit angehören. Damit entspricht ihr grundsätzlicher Zustand den historisch-anthropologischen Werten der europäischen Neuzeit. Ein Bürger, dem diese Werte eigen sind, der in ihnen seine innere Wertewelt zum Ausdruck gebracht sieht, wird die politische und soziale Gestaltung der BRD als seinen Überzeugungen und Anschauungen entsprechend empfinden und sich daher in der BRD politisch und sozial zu Hause fühlen.

\multicolumn{9}{c}{Domänenbeschreibung zur Orientierung}
Herrschaft	Gesellschaft	Recht	Krieg	Selbstverständnis	Religion	Wissenschaft	Wirklichkeit	Wirtschaft
\multicolumn{9}{c}{Europäische Neuzeit}
Demokratie	Bürgerliche Gesellschaft	Rechtsgleichheit	Ächtung des Krieges	Individualismus	Religionsfreiheit	(Natur)Wissenschaft	Sinnenswirklichkeit	Marktwirtschaft
\multicolumn{9}{c}{BRD}
Demokratie	Bürgerliche Gesellschaft	Rechtsgleichheit	Ächtung des Krieges	Individualismus	Religionsfreiheit	(Natur)Wissenschaft	Sinnenswirklichkeit	Marktwirtschaft

Zu fragen wäre hier, ob die entsprechenden Kategorien auch so verwirklicht sind, dass eine optimale Umsetzung der neuzeitlichen Werte erreicht worden ist. So könnte man fragen, ob unser Demokratieverständnis dem Einzelnen gerecht wird oder ob der Einzelne in unserer Parteiendemokratie nicht eher untergeht als dass er sich seiner Individualität entsprechend einbringen kann. Ist die Rechtsgleichheit hinreichend durchgeführt? Wie weit ist die Würde des Einzelnen gewahrt, wenn er zur Arbeitslosigkeit verdammt ist? Sind nicht ein Recht auf Arbeit und eine entsprechende Grundsicherung des Einzelnen notwendige Desiderate, damit die Werte nicht nur im schönen Schein der Verfassung und der politischen Theorie erglänzen? Sind Freiheit, Gleichheit und Brüderlichkeit so umgesetzt, wie wir dies in Band 4 beschrieben und als notwendig erachtet haben?[143] Wie verhält sich die wirtschaftliche Macht von Betrieben und Konzernen zur Rechtsgleichheit der Bürger? Ist der Umfang der Sozialen Marktwirtschaft mit ihrer Unterstützung bedürftiger Mitbürger erschöpft oder sollte sie auch eine institutionelle Grundsicherung des Einzelnen einschließen?

Fragen

Solche Fragen ergeben sich, wenn man die Kategorien nicht als isolierte Begriffe auffasst, sondern sie zueinander in Beziehung setzt und versucht, ihnen in ihrer Gesamtheit und in ihrer Konkretion und Wirklichkeit gerecht zu werden. Hier dienen unsere Kategorien nicht nur dem Verständnis, sondern auch der Korrektur der Wirklichkeit. So geht die Orientierungskompetenz in Handlungskompetenz über.

Methodik der Kompetenzorientierung

Beurteilung DDR

Betrachten wir die entsprechenden Kategorien im Hinblick auf die DDR.

Domänenbeschreibung zur Orientierung								
Herrschaft	Gesellschaft	Recht	Krieg	Selbstverständnis	Religion	Wissenschaft	Wirklichkeit	Wirtschaft
Europäische Neuzeit								
Demokratie	Bürgerliche Gesellschaft	Rechtsgleichheit	Ächtung des Krieges	Individualismus	Religionsfreiheit	(Natur) Wissenschaft	Sinneswirklichkeit	Marktwirtschaft
DDR								
Diktatur Personenkult	Kollektive Gesellschaft	Rechtsgleichheit mit Unterschieden	Klassenkampf	Sozialistisches Menschenbild	Atheismus	Marxistische Wissenschaft	Ideologie	Planwirtschaft

Hier stoßen wir auf grundlegende Abweichungen zur Wertewelt der europäischen Neuzeit. Statt einer politischen Selbstbestimmung begegnet uns wieder eine diktatorische Fremdbestimmung, die mit einem entsprechenden Personenkult alte theokratische Elemente aufweist. Nicht der Einzelne steht im Mittelpunkt, sondern die Gesamtheit, das Kollektiv; anstelle des individuellen Einzelnen tritt „der sozialistische Mensch" auf, eine Menschenschablone, nach der der Mensch geformt werden sollte. Die Rechtsgleichheit wird zwar in der Verfassung garantiert, in der Wirklichkeit aber missachtet. Das Prinzip des Krieges begegnet uns in der Form des Klassenkampfes wieder, der als Motor der Geschichtsentwicklung angesehen wird. Religionsfreiheit wird durch einen staatlich verordneten Atheismus ersetzt. Auch die Wissenschaft orientiert sich nicht an Wahrheit und Erkenntnis, sondern an den ideologischen Vorgaben der sog. marxistischen Wissenschaft. Generell verdrängt die Ideologie die Wirklichkeit. Hinsichtlich der Wirtschaft wird der Staat zum Allwalter und unterdrückt den Einzelnen und seine Initiative; usw.

Frage- und Urteilskompetenz

So wird deutlich, wie die Anwendung der Kompetenzkategorien zu problemorientierten Fragestellungen führt und eine differenzierte und begründete Urteilsbildung ermöglicht. Dadurch werden als Aspekt der Niveaustufe B eine Fragekompetenz und als Bestandteil der Niveaustufe C eine Urteilskompetenz systematisch entwickelt.

5 Wende und Wiedervereinigung

5.1 Gorbatschows Bemühungen zur Reform des Sozialismus

Am 11. März 1985 wurde Michail Gorbatschow zum neuen Generalsekretär der KPdSU gewählt. Er leitete mit den Begriffen „Glasnost" und „Perestroika" eine Politik ein, die eine demokratische Erneuerung des Sozialismus zum Ziel hatte, in seiner Folge aber eine welthistorische Wende auslöste:

„Glasnost verlangt bei allen Fragen der Innen- und Außenpolitik Meinungsvielfalt, offene Diskussionen und die freie Gegenüberstellung unterschiedlicher Ansichten. Nur unter einer solchen Voraussetzung kann sie ihre gesellschaftliche Pflicht erfüllen und dem Volk sowie dem Sozialismus von Nutzen sein."   Glasnost

„Perestroika bedeutet die stagnierenden Prozesse zu überwinden, alles zu beseitigen, was bremst, einen zuverlässigen und wirksamen Mechanismus zur Beschleunigung der sozialökonomischen Entwicklung zu schaffen und diesem eine größere Dynamik zu verleihen. Perestroika bedeutet Initiative der Massen; Entwicklung der Demokratie auf breiter Basis, sozialistische Selbstverwaltung, Förderung von Initiative und schöpferischer Arbeit, Stärkung von Ordnung und Disziplin, mehr Offenheit, Kritik und Selbstkritik in allen Bereichen unserer Gesellschaft; ein Höchstmaß an Achtung des Individuums und Wahrung seiner persönlichen Würde."[144]   Perestroika

Reformvorstellungen Michail Gorbatschows	
Glasnost	Perestroika
• Meinungsvielfalt	• Stagnierenden Prozesse überwinden
• Transparenz	• Beschleunigung der Entwicklung
• Offene Diskussionen	• Initiative der Massen
	• Entwicklung der Demokratie
	• Förderung von Initiative
	• Achtung des Individuums
	• Wahrung der persönlichen Würde

Das waren bemerkenswerte Worte und Forderungen, deren Bedeutung weder im Westen noch im Osten sofort verstanden wurde. Im Westen war man vom dem weltmännischen Auftreten Gorbatschows überrascht, das man so von noch keinem bisherigen Generalsekretär der KPdSU erlebt hatte. In Russland hielt man seine Worte für die üblichen sozialistischen Lippenbekenntnisse, die keine rechte Bedeutung hatten und nur das Zeichen waren, dass man mit neuem Schwung alles beim Alten ließ. Lediglich die Führungen der sozialistischen

Bruderländer waren irritiert und wandten sich fast einhellig gegen Gorbatschows neue Politik der Offenheit und Umgestaltung. Sie hatten das Gefahrenpotenzial dieser Politik geahnt, vielleicht auch erkannt. Denn die kritische Bevölkerung in ihren Ländern nahm diese Vorstellungen dankbar auf. In der DDR kam es wiederholt zu Ovationen für Gorbatschow, während der eigene Staatschef unbeachtet blieb.

Wie vor 18 Jahren Andrej Sacharow analysierte Gorbatschow die Situation der Sowjetunion in schonungsloser Offenheit und nannte Missstände beim Namen. In einer Rede vor dem Zentralkomitee in Moskau 1989 machte er auf die paradoxen Missstände in der Sowjetunion aufmerksam:

Missstände in der Gesellschaft der UdSSR

Kritik Gorbatschows an den Zuständen in der Sowjetunion[145]	
Widersprüche	
• Vollbeschäftigung	• Stagnierende Wirtschaft
• Soziale Sicherheit	auf niedrigem Niveau
• UdSSR weltgrößter Produzent von Stahl, Rohstoffen, Öl und Energie	• Mangel an Stahl, Rohstoffen, Öl und Energie
• UdSSR größter Getreideproduzent	• Import von Futtergetreide
• Größte Zahl von Ärzten und Krankenhausbetten	• Unzulängliche medizinische Versorgung
• Führende Weltraumtechnologie	• Im Alltag technische Geräte von erbärmlicher Qualität
Ursachen der Missstände	
• Aushöhlung der ideologischen und moralischen Werte	
• Schablonenhaftes Theoretisieren statt kreatives Denken	
• Mittelmäßigkeit, Formalismus, Lobhudelei haben überall Einzug gehalten	
• Parteiführung hat Zügel und Initiative verloren	
• Gesellschaft als ganze außer Kontrolle	
Fazit: „Unser Land driftete in eine Krise ab"	

„Sinatra-Doktrin"

Gorbatschows Reformideen weckten sowohl in der Sowjetunion als auch im gesamten Ostblock große Hoffnungen auf Veränderungen. Den Mitgliedsländern des Warschauer Paktes gestand Gorbatschow das zu, was die tschechischen Reformer vor 20 Jahren wollten: Ihren eigenen Weg zur Verwirklichung des Sozialismus. Damit wandte er sich von der Breschnew-Doktrin ab, die den sozialistischen Bruderländern nur eine begrenzte Souveränität zugestanden hatte, und gab ihnen politische Entscheidungsfreiheit, den für ihr Land richtigen Weg einzuschlagen. Der politische Humor nannte diese neue Freiheit die „Sinatra-Doktrin": „I did it my way".

Misserfolge

Im eigenen Land erntete Gorbatschow nur Misserfolge. Die wirtschaftliche Lage verschlimmerte sich bis zur Katastrophe; der bürokratische Apparat setzte die neuen Vorstellungen nicht um und die an Korruption gewöhnten Apparatschiks nutzten die neue Situation, um ihre eigenen Interessen, nicht die des Landes und der Bevölkerung voranzubringen.

Im Westen und in den Ländern des Ostblocks aber wurde Gorbatschow zum Hoffnungsträger und zum Befreier. Er ermahnte die Führung der DDR, nicht hinter den Erfordernissen der Zeit zurückzubleiben, denn „Gefahren lauern auf diejenigen, die auf die Probleme des Lebens nicht reagieren". So lautete sein Satz, der dann zu dem berühmten Ausspruch „Wer zu spät kommt, den bestraft das Leben" umgeformt wurde. So hatte ihn Gorbatschow nicht getan, wohl aber in seinen „Erinnerungen" geschrieben:

> „Das Programm meines Aufenthaltes sah auch ein Gespräch mit der Führung der DDR vor. Wir trafen uns kurz vor meiner Abreise, und bei dieser Gelegenheit äußerte ich gegenüber den deutschen Freunden, um ihnen die in der Perestroika wirkenden Motive zu verdeutlichen: «Wer in der Politik zu spät kommt, den bestraft das Leben.» Dabei berief ich mich auf unseren Beschluss, den XXVIII. Parteitag der KPdSU vorzuverlegen, auf dem wir die Jahre der Perestroika auswerten und Richtlinien für die Zukunft festlegen wollten. [...] Schließlich wandte ich mich direkt an meine Gesprächspartner und sagte: «Das Leben verlangt von Ihnen mutige Entscheidungen!»"[146]

„Wer zu spät kommt"

5.2 Wirtschaftliche und politische Krise der DDR

Die Beschäftigungsstruktur der DDR lag 1987 bei den Werten, die die BRD 1967 erreicht hatte:

DDR und BRD im wirtschaftlichen Vergleich

Beschäftigungsstruktur von BRD und DDR[147]			
	DDR 1987	BRD 1967	BRD 1987
Landwirtschaft	11%	10%	5%
Produzierendes Gewerbe	47%	47%	40%
Dienstleistungen	25%	24%	35%
Handel und Verkehr	18%	18%	19%

Diesen Werten entsprach ein Rückstand der DDR-Wirtschaft gegenüber der Bundesrepublik in der Produktivität, den Löhnen und Renten sowie im Wohnungsbau:

Wirtschaftlicher Rückstand der DDR gegenüber der BRD[148]		
	DDR 1988	BRD 1988
Produktivität/je Erwerbstätiger	40 100 Mark	80 900 DM
Löhne	959 Mark	2198 DM
Renten	378 Mark	1094 DM
Neubauten nach dem Krieg	35%	70%

Die wirtschaftliche Leistung des einzelnen Erwerbstätigen lag in der BRD also doppelt so hoch wie in der DDR, wenn wir von einer Parität von Mark und DM ausgehen; dem entsprach der Unterschied im Einkommen und im Wohnungsbau ziemlich genau. Die Renten der DDR-Bürger waren dagegen überproportional niedrig.

Im Ländervergleich mit den Bundesländern der BRD lag die Leistungskraft der DDR mit 363 Mrd. DM BIP zwischen Bayern und Baden-Württemberg, die 379 und 339 Mrd. DM erwirtschafteten. Die DDR rangierte deutlich hinter dem größten Bundesland NRW, das ein BIP von 550 Mrd. DM erreichte, und ebenso deutlich vor den kleineren Bundesländern, deren Werte zwischen 215 Mrd. DM (Hessen) und 29 Mrd. DM (Bremen) angesiedelt waren.

Staatsbankrott

Angesichts dieser wirtschaftlichen Leistungsfähigkeit der DDR waren hohe Subventionen nötig, um die Lebensbedingungen auf einem zufriedenstellenden Niveau zu halten. Sie führten zu einer zunehmenden Verschuldung des Staates, der einen Bankrott nur über Kredite abwenden konnte. Ein solcher Zustand war auf Dauer nicht haltbar und daher ein Staatsbankrott absehbar und unvermeidlich.

Politische Unzufriedenheit

Hinzu kam eine politische Unzufriedenheit, die sich in Aufrufen und der Gründung von Bürgerbewegungen artikulierte:

- „Wir leiden, weil die Produktionsmittel nicht Eigentum des Volkes sind."
- „Wir leiden, weil unser Staat ein Obrigkeitsstaat ist."
- „Wir leiden, weil wir nicht als mündige Bürgerinnen und Bürger behandelt werden."
- „Wir brauchen neue Hoffnung:
  - Den demokratischen Staat
  - Die Einhaltung aller Menschenrechte"[149]

So hieß es in einem Aufruf der Bürgerbewegung „Demokratie Jetzt" vom 30. September 1989.

Die Mängel in Wirtschaft und Politik sowie die Nöte des alltäglichen Lebens erzeugten ein Unbehagen, das sich nun Luft und Ausdruck verschaffen wollte.

Ursachen für den Zusammenbruch

Ursachen für den Zusammenbruch der DDR			
Wirtschaft	Politik	Gesellschaft	Mentalität
• Rohstoff- und Energiemangel • Fehlende Modernisierung • Wettbewerbsunfähigkeit • Versorgungsengpässe • Mangelhafte Infrastruktur • Subventionen • Verdeckte Arbeitslosigkeit • Geldmangel	• Reformunfähigkeit des Politbüros der SED • Wahlfälschungen • Fehlen eines Dialogs über die Probleme • Gravierende Verstöße gegen Recht und Verfassung • Verschuldungspolitik	• Nachlassende Bereitschaft der Bevölkerung zur Anpassung • Verschärfung der Kritik • Ansehensverlust des SED-Staats • Entstehen von Subkulturen außerhalb der SED-Organisationen	• Überwachung des Privatlebens • Innerer Widerstand gegen die Ideologie • Frust über die täglichen Belastungen • Nachlassendes Vertrauen auf Verbesserung der Situation

5.3 Die friedliche Revolution

Die Revolution begann, wenn man sie nach Eskalationsstufen ordnet, mit einem provokanten Anderssein auf der Straße: Junge Leute trugen ähnlich wie die Volkspolizisten Schirmmützen, dazu gestreifte Hosen oder Jeans, verbeulte Jacken; von der Hüfte hing eine Kette und ähnliches. Diese Provokation zeigte einen gewissen Humor und war so unangreifbar.

Provokation

Die nächste Etappe war ernsthafter und seriöser; sie spielte sich in den Räumen oder auf dem Gelände der Kirchen ab. Man traf sich zu Gebeten, Diskussionsforen und sonstigen Veranstaltungen und nutzte den Schutzraum der Kirchen für einen ersten Protest. Eine aus dem Alten Testament stammende und auch vormals von der Sowjetpropaganda benutzte Parole wurde zu einem Leitmotiv der christlichen Protestbewegung: „Schwerter zu Pflugscharen". Die Kirche spielte eine wichtige Rolle bei der friedlichen Revolution. Viele Pfarrer waren daran beteiligt, die im Laufe der Wende auch wichtige Ämter bekleideten. So stieg Pfarrer Eppelmann zum Verteidigungsminister auf; sein Kollege Meckel wurde der letzte Außenminister der DDR.

Protest im Rahmen der Kirche

Die Unzufriedenheit wagte sich in einem dritten Schritt auf die Straße. Berühmt wurden die sog. Montagsdemonstrationen in Leipzig, bei denen jeden Montag Tausende von Menschen auf die Straße gingen, um ihren Unmut öffentlich kundzutun. In dieser Phase setzte der Staat Gewalt gegen die friedlichen Demonstranten ein: Viele wurden niedergeknüppelt und verhaftet. Angesichts der Menge der Demonstranten und der Anzahl der Demonstrationen war Gewalt aber kein wirksames Mittel mehr, um die Unzufriedenheit zu unterdrücken. Denn anders als 1953 blieben die sowjetischen Truppen in ihren Kasernen.

Protest auf der Straße

Die Demonstranten verlangten sichtbare und konkrete Veränderungen: „Privilegien weg"; „Wer einmal lügt, dem glaubt man nicht" usw. Die wirksamste Parole war „Wir sind das Volk"; die Betonung lag auf „Wir". Hier wurde ein legitimer Vertretungsanspruch artikuliert und der SED die Herrschaftslegitimation abgesprochen. Die SED suchte Handlungsfähigkeit zu beweisen, indem sie zweimal ihre Führungsspitze auswechselte. Zunächst musste Honecker für Egon Krenz Platz machen; dann musste auch Krenz weichen, da ihm keinerlei Vertrauen, sondern nur Spott entgegengebracht wurde. Er hatte eine unrühmliche Rolle bei der Fälschung der Wahlergebnisse bei den vorhergegangenen Kommunalwahlen gespielt. Daher wurde er bald durch Hans Modrow abgelöst. Modrow war Erster Sekretär der SED im Bereich Dresden und galt als Reformer und SED-„Rebell". Er war zu Gesprächen mit Vertretern der revolutionären Gruppierungen bereit. Am 13. November, vier Tage nach dem Mauerfall, wurde er zum Vorsitzenden des Ministerrats und damit zum Regierungschef der DDR gewählt. In diesem Amt blieb er bis zu den ersten demokratischen Wahlen im März 1990.

Entzug der Legitimation

Einen entscheidenden Schritt machte die Revolution durch ausländische Hilfe. Bereits Ende Juni hatte Ungarn seine Grenze zu Österreich geöffnet.

Ausreisen

Nachdem in der DDR im Juli die Sommerferien begonnen hatten, machten sich viele auf den Weg nach Ungarn, um dort ihren Urlaub zu verbringen. Es waren ungefähr 200 000 Personen, von denen 800–900 die Gelegenheit nutzten, in den Westen zu fliehen. Daraufhin genehmigte die DDR keine Reisen nach Ungarn mehr. Nun suchten ausreisewillige Bürger andere Länder auf – Polen und die Tschechoslowakei – und begaben sich dort in den Schutz der bundesdeutschen Botschaften. Die DDR-Flüchtlinge wurden nicht, wie es offizielle Politik der sozialistischen Bruderländer war, zurückgewiesen und an die DDR zurücküberstellt. Damit war nun auch die Bundesrepublik zum Akteur in der Revolution geworden. Dramatisch wurde die Situation Ende September in der Prager Botschaft, in der knapp 4000 Flüchtlinge Zuflucht und Schutz gesucht hatten. Hans-Dietrich Genscher, dem bundesdeutschen Außenminister, gelang es, für diese Personen die Ausreise in die BRD zu erwirken. „Wir sind zu Ihnen gekommen, um Ihnen mitzuteilen, dass heute Ihre Ausreise möglich geworden ist". Diese Mitteilung ging als Halbsatz in die Geschichte ein, da der Schluss unter dem Jubel der Menschen nicht mehr zu hören war.

Ausreisegesetz und Grenzöffnung

Damit war für die DDR eine neue und brisante Lage entstanden. Sie konnte ihre Bürger nicht mehr wirksam in der DDR zurückhalten und entschloss sich, ein neues Reisegesetz zu erarbeiten. Auf einer Pressekonferenz am 9. November gab Günther Schabowski das neue Gesetz bekannt und geriet durch die Nachfrage eines Journalisten, ab wann das Gesetz gültig sei, in Verlegenheit. Er kramte in seinen Papieren und erklärte: „Das tritt – nach meiner Kenntnis, ist das sofort, unverzüglich – doch, doch – sofort".[150] Damit war die Mauer, wenngleich unbeabsichtigt, gefallen und eine riesige Menschenmenge bahnte sich den Weg zu den Grenzübergangsstellen. Die Grenzpolizisten waren ahnungslos und überfordert; sie ließen die Bürger passieren, die in Westberlin mit Jubel und Rührung begrüßt wurden. Bis heute ist unklar geblieben, ob es auf Seiten der DDR einen Befehl gab, die Grenzübertritte mit Gewalt zu verhindern.

Die friedliche Revolution in der DDR 1989	
Weltpolitische Voraussetzungen	Anfänge der Revolution
• Reformpolitik Michail Gorbatschows: Glasnost und Perestroika • Ablösung der Breschnew-Doktrin durch die „Sinatra-Doktrin": Eigener Weg zum Sozialismus • Interesse der USA an der Überwindung des Kalten Kriegs	• Provokation durch Anderssein • Kirche als Schutzraum für Protest • Protest geht auf die Straße und artikuliert den Anspruch: „Wir sind das Volk" • Gründung politischer Gruppierungen und Vereinigungen • Ungarn öffnet seine Grenzen zu Österreich • DDR-Bürger suchen Zuflucht in den bundesdeutschen Botschaften der sozialistischen Länder • DDR kommt in Zugzwang und muss ihre Grenzen öffnen

5.4 „Dritter Weg" oder Preisgabe des Sozialismus in der DDR

Mit dem Fall der Mauer erneuerte sich schlagartig das Problem, das 1961 zu ihrem Bau geführt hatte: Die Menschen verließen wieder in großer Zahl die DDR. Lag die Zahl der Übersiedlungen nach dem Mauerbau unter 25 000 pro Jahr, stieg sie 1990 auf knapp 350 000 an; ein Wert, der noch nicht einmal beim Aufstand vom 17. Juni 1953 erreicht wurde. Damit drohte die DDR bevölkerungsmäßig und wirtschaftlich auszubluten. Die Frage stellte sich also, wie man ohne Gewalt die Menschen in der DDR halten konnte. Die bis dahin errungene Reisefreiheit reichte dazu nicht aus. Auch nicht der Humor, mit dem die Denkmalklassiker Goethe und Schiller in Weimar erklärten, dass sie „hier blieben". Nur eine wirkliche Zukunftsperspektive konnte dies erreichen. Die Verhältnisse mussten so werden wie in der BRD oder besser. Optimisten träumten davon, dass man neben der politischen Freiheit, der wirtschaftlichen Leistungsfähigkeit und des Wohlstands der BRD die sozialen Errungenschaften der DDR erhalten könne: Das Recht auf Arbeit, eine frühe Kinderbetreuung, eine billige oder ganz auf Staatslasten gehende Krankenversorgung. Eine so reformierte DDR hätte eine noch bessere BRD werden sollen. Man erinnerte sich an die sozialen Vorteile, die die DDR gegenüber der BRD geboten hatte, und fürchtete nun eine „Übernahme" der DDR durch die BRD.

Neue Abwanderung

So riefen nun die bislang treibenden Kräfte der Revolution dazu auf, die Chance einer sozialistischen Alternative zur BRD wahrzunehmen:

Aufruf zum Erhalt der DDR

> „Entweder: können wir auf der Eigenständigkeit der DDR bestehen und versuchen, [...] eine solidarische Gesellschaft zu entwickeln, in der Frieden und soziale Gerechtigkeit, Freiheit des einzelnen, Freizügigkeit aller und die Bewahrung der Umwelt gewährleistet sind. Oder: wir müssen dulden, dass [...] ein Ausverkauf unserer materiellen und moralischen Werte beginnt und über kurz oder lang die Deutsche Demokratische Republik durch die Bundesrepublik vereinnahmt wird. Lasst uns den ersten Weg gehen. Noch haben wir die Chance, in gleichberechtigter Nachbarschaft zu allen Staaten Europas eine sozialistische Alternative zur Bundesrepublik zu entwickeln.
> Berlin, den 26. November 1989"[151]

Zu den Erstunterzeichnern gehören Friedrich Schorlemmer, Konrad Weiß und Christa Wolf.

Der westdeutsche Publizist Karl Heinz Bohrer verspottete diese Haltung in der FAZ vom 13. Januar 1990:

DDR als Naturschutzpark

> „Nun klammert man sich an eine neue Illusion [...]: die Illusion des „Dritten Weges". Diese Illusion entstammt einer Lehrer-, Pädagogen- und Pastorengesinnung, deren Kompetenz in einem noch immer penetrant bevormundenden Humanismus liegt, fern von nationalökonomischen Kenntnissen. [...] In dieser Frage, die den utopischen Charakter einer romantisch-rousseauistischen Zivilisationskritik sofort entblößt, steckt unbewusst die Absicht, die DDR als eine Art antikapitalistischer Utopie zu erhalten, die Zeit stillstehen zu lassen [...], beziehungsweise – aus westdeutscher Perspektive – die DDR als eine Art Naturschutzpark eines sozial und ökonomisch verträumten Gestern zu bewahren, an der die Bundesrepublik ihr notwendig schlechtes Gewissen täglich erneuern kann. Diese Absicht ist aber nicht

bloß politisch und ökonomisch unrealisierbar, sie ist auch moralisch nicht zu vertreten."[152]

Kompetenzorientierte Urteilsbildung

Ziehen wir unsere Kompetenzkategorien zurate, können wir erkennen, dass die Bohrersche Polemik keineswegs überzeugend ist. Denn gewisse Forderungen der Revolutionäre wie ein Recht auf Arbeit, soziale Gerechtigkeit usw. können nicht einfach als Illusionen abgetan werden. Hier sprach mehr ein routinierter Pragmatismus, der die eigene Phantasie- und Gedankenlosigkeit für „die Realität" hält, als ein sachgemäßes politisches und soziales Denken, das den Erfordernissen der Neuzeit gerecht wird.

Inhaltliche Ergebnissicherung

„Dritter Weg" oder Preisgabe der DDR	
DDR-Revolutionäre	Bohrers Kritik
• Eigenständigkeit der DDR • Solidarische Gesellschaft • Frieden und soziale Gerechtigkeit • Freiheit des einzelnen • Freizügigkeit aller • Bewahrung der Umwelt	• Illusion eines „Dritten Weges" • Fern von nationalökonomischen Kenntnissen • DDR als antikapitalistische Utopie • Erneuerung des schlechten Gewissens der kapitalistischen BRD

Runder Tisch

Es wurde ein Runder Tisch aus SED, den ehemaligen Blockparteien, den neuen politischen Gruppierungen, Frauenvertretungen und Vertretern der Kirche gebildet, die der Frage einer zukünftigen Gestaltung der DDR nachgehen sollten. Ihre Beratungen wurden aber zunehmend irrelevant, denn die Entscheidung über den künftigen Weg der DDR wurde auf der Straße – und außerhalb der DDR getroffen. Die Mehrheit der DDR-Bürger hatte kein Interesse an politischen Debatten, sondern wollte möglichst rasch eine spürbare Verbesserung des materiellen Wohlstands. Dass dazu politisch durchdachte Konzepte notwendig waren, bedachte sie nicht. Zum anderen machte die Zahl der Übersiedler den Zusammenbruch der DDR auch zu einem unmittelbaren Problem der BRD, das den westdeutschen Bundeskanzler auf den Plan rief.

5.5 Kohls „Zehn-Punkte-Plan"

Helmut Kohl, der Bundeskanzler der BRD, trat am 28. November vor den Bundestag und entwickelte ein Konzept, das als „Zehn-Punkte-Plan" in die Geschichte einging und ungeheures Aufsehen erregte. Der Plan war, nach Kohls eigener Darstellung, mit niemandem abgesprochen; selbst Vizekanzler und Außenminister Genscher wurde, wiederum nach eigener Aussage, davon überrascht, stand aber loyal zu Kohl und verteidigte den Plan.

Zehn-Punkte-Plan

Die Inhalte des Plans waren in der Tat atemberaubend: Er sah eine wirtschaftliche und humanitäre Soforthilfe für die DDR vor, verlangte Reformen, die unumkehrbar sein sollten, und entwickelte Perspektiven für eine gegenseitige Bindung der beiden deutschen Staaten, die eine Wiedervereinigung in den

"Dritter Weg" oder Preisgabe des Sozialismus 163

Bereich des Möglichen rückten. Diese Bestrebungen sollten durch eine Stärkung der Europäischen Gemeinschaft, durch Abrüstung und Fortschritte im KSZE-Prozess begleitet werden. Diese Vorgaben erinnern an die Zukunftsperspektiven für ein wiedervereinigtes Deutschland, die in den Pariser Verträgen vorgezeichnet worden waren.

Kohls Zehn-Punkte-Plan vom 28.11.1989		
• Wirtschaftliche und humanitäre Soforthilfe • Bestehende Zusammenarbeit vertiefen • Umfassende Hilfe und Zusammenarbeit mit der Bedingung unumkehrbarer Reformen	• Vertragsgemeinschaft • „Konföderative Strukturen" • Bundesstaatliche Ordnung für ganz Deutschland	• Abrüstung und Rüstungskontrolle • Stärkung der EG • Fortschritte im KSZE-Prozess

Dieser Plan erregte ungläubiges Staunen in der BRD, aber auch Entsetzen in der DDR und im europäischen Ausland. Das „Neue Deutschland", das Organ der SED, druckte am Folgetag Auszüge aus einer Erklärung der Regierung der DDR zum Zehn-Punkte-Programm des Bundeskanzlers ab:

Reaktionen

> „Solche Erklärungen gehen nicht nur an den Realitäten vorbei, sondern können sehr leicht zu Irritationen führen, da sie sowohl die im Grundlagenvertrag als auch in der Schlussakte von Helsinki festgeschriebene Souveränität und Unabhängigkeit der beiden deutschen Staaten außer acht lassen. In den Beziehungen zwischen der DDR und der BRD ist von der gegenseitigen Achtung und Respektierung der Souveränität, territorialen Integrität und Gleichberechtigung auszugehen. Eine «Wiedervereinigung» steht nicht auf der Tagesordnung, und niemand in Ost und West will ernsthaft eine Veränderung des europäischen Gleichgewichts. [...] Was die Bezugnahme des Bundeskanzlers auf die Selbstbestimmung betrifft, so bringt die überwiegende Mehrheit unseres Volkes [...] zum Ausdruck, dass es um die Erneuerung einer souveränen DDR geht. Dies ist ein Ausdruck des Selbstbestimmungsrechts, den man zur Kenntnis nehmen sollte."[153]

Die Empörung der DDR-Regierung war nachvollziehbar. Denn der deutsche Bundeskanzler stellte nicht nur die Nachkriegsordnung in Frage, sondern setzte sich über politische Gepflogenheiten, ja sogar über geltendes Recht hinweg. Der französische Staatspräsident François Mitterand sprach hinter vorgehaltener Hand von der Möglichkeit eines dritten Weltkriegs, die englische Premierministerin Margret Thatcher lehnte die Vorstellung eines wiedervereinten Deutschlands offen ab und der sowjetische Außenminister Eduard Schewardnadse, der im weiteren Verlauf der Geschehnisse eine sehr deutschfreundliche Haltung einnahm, war über das rücksichtslose, allen Beteiligten vor den Kopf stoßende Vorgehen Kohls bestürzt. Kohl hatte sich Rechte angemaßt, die bislang allein den Alliierten zustanden. Lediglich die USA hielten sich mit Kritik an Kohl zurück, was den Verdacht nährt, dass Kohls Vorgehen vielleicht doch nicht so selbstständig war, wie er es darstellte, sondern mit den USA abgestimmt war; ganz sicher stand es im Einklang mit deren Vorstellungen. Wir kommen bei der Betrachtung der internationalen Dimension der Wiedervereinigung darauf zu sprechen.

Reaktion der Bevölkerung der DDR

Die Kritik der eigenen Regierung an Kohls Plan wie auch die internationale Ablehnung beeindruckten die Bevölkerung der DDR nicht. Sie ging mit einer neuen Parole auf die Straße, die nun die Richtung vorgeben sollte: „Wir sind ein Volk". Die Betonung lag nun auf „ein". Damit gab die Mehrheit der Bevölkerung eine gegenteilige Antwort zu der der SED-Regierung und den Vorstellungen der Revolutionäre. Sie nahm Kohls Vorstellungen auf. Damit war die deutsche Frage wieder offen und ein Weiterbestehen der DDR in Frage gestellt.

5.6   Die Wahlen vom 18. März 1990

Verlangen nach legitimierten Volksvertretern

Helmut Kohl weigerte sich, weiter mit der SED-Regierung zu verhandeln, lehnte alle ihre Forderungen – insbesondere die nach Geld – ab. Er verlangte demokratisch legitimierte Vertreter der DDR. Damit gewann er Zeit und ersparte sich weitere Verhandlungen mit der SED, die sich mittlerweile in PDS, Partei des demokratischen Sozialismus, umbenannt hatte. Sie hatte mit Gregor Gysi einen neuen Vorsitzenden erhalten, der sich durch sprachliche Gewandtheit und Humor auszeichnete. Demokratische Wahlen wurden für Mai 1990 ins Auge gefasst, dann aber aufgrund der sich immer weiter verschärfenden Situation auf den 18. März vorgezogen.

Wahlkampf

Es begann ein politischer Wahlkampf, der seinesgleichen in der politischen Geschichte suchte, denn er wurde hauptsächlich von den Parteien der BRD geführt, da die alten Blockparteien und die neuen politischen Gruppierungen dazu logistisch und organisatorisch noch nicht in der Lage waren. Nur die SED/PDS verfügte über einen entsprechenden Apparat. Unter normalen Verhältnissen wäre dies eine Einmischung in die inneren Angelegenheiten eines anderen Staates gewesen, der nur einhellige Empörung hätte auslösen können. Aber die Verhältnisse waren nicht normal, sondern revolutionär. In der Karikatur erschien der Wahlkampf als „Volkskammer-Theater", bei dem die Vorsitzenden der beiden großen westdeutschen Parteien, Kohl und Vogel, als Puppenspieler auftraten und die DDR-Politiker die Puppen, die Marionetten, darstellten.

Wahlprognose

Anfang Februar wurde eine Wahlprognose erstellt, die Helmut Kohl erschaudern ließ. Nach ihr sollte die CDU nur 11% der Wählerstimmen erhalten, noch hinter der PDS, die auf 12% taxiert wurde. Eindeutiger Sieger wäre danach die SPD mit 59% geworden. Das Neue Forum, die Partei, deren Mitglieder die Revolution ausgelöst hatten, sollte magere 4% erhalten, gefolgt von der LDPD, der Liberaldemokratischen Partei Deutschlands, mit 3%.

Das Angebot

Das war für Kohl nicht nur ein Schlag ins Gesicht, sondern auch ein Alarmzeichen, auf das er reagieren musste. Er tat dies mit dem Angebot einer Wirtschafts- und Währungsunion; die Bürger der DDR sollten die DM erhalten.

Das war gewiss nicht nur Wahlkampftaktik, denn Überlegungen zu einer solchen Union reichten in den Dezember 1989 zurück; aber als Wahlkampfmittel war dieses Versprechen natürlich unschlagbar. Damit wäre die Einheit auf wirtschaftlichem und fiskalischem Gebiet hergestellt. Um einen Erfolg weiter abzusichern, schloss die CDU noch ein Wahlbündnis mit weiteren konservativen Parteien; es entstand die „Allianz für Deutschland".

Das Wahlergebnis war nicht nur überraschend, sondern geradezu sensationell: Das konservative Lager erreichte eine absolute Mehrheit und konnte damit seine Vorstellungen uneingeschränkt durchsetzen. Die SPD war geschockt, das Bündnis 90 enttäuscht, aber nicht überrascht. Die Revolution hatte ihre Mütter und Väter verleugnet und überrollt. Bärbel Bohley meinte, dass der Prozess der Demokratisierung damit abgebrochen sei. Das war ein hartes, aber nachdenkenswertes Wort, hatte das Volk doch gerade gewählt. Damit war ein Kurs zur Reform des Sozialismus unmöglich geworden. Auf der anderen Seite weckte Helmut Kohl ungeheure Erwartungen, indem er den Bürgern der DDR „blühende Landschaften in 5 Jahren" versprach. Es schien so, als ob das alles ohne eigene Anstrengungen zu erreichen wäre.

Wahlergebnis

Die Wahlen vom 18. März 1990			
Wahlprognose Anfang Februar		Kohls Taktik	Wahlergebnis vom 18.3.1990	
SPD	59%	• 5. Februar: Wahlbündnis „Allianz für Deutschland"	SPD	21,9%
PDS	12%		PDS	16,4%
CDU	11%		CDU	40,8%
Neues Forum	4%	• 7. Februar: Angebot einer Wirtschafts- und Währungsunion	(mit Allianz | 48,0%)
LDPD	3%		Bündnis 90	2,9%
			Liberale	5,3%

5.7 Die Währungs-, Wirtschafts- und Sozialunion

Es stellte sich die Frage, wie man ein sozialistisches und ein kapitalistisches Wirtschaftssystem vereinigen könne. Ein Sachverständigenrat warnte schon am 9. Februar 1990 vor den verheerenden wirtschaftlichen Folgen einer Währungsunion. Eine Währungsunion sei

Warnung des Sachverständigenrats

1. ein illusionäres Angebot:

Es wecke die falsche Erwartung, dass mit der Währungsunion auch der Anschluss an den Lebensstandard der Bundesrepublik hergestellt sei. Aber das Einkommen ist an die Produktivität gebunden, die bisher weit hinter der der Bundesrepublik zurückbleibe. So könne der Strom der Übersiedler nicht gestoppt werden.

2. ein für die BRD finanziell problematisches und riskantes Angebot:

Die einheitliche Währung würde den Abstand der Einkommen schlagartig verdeutlichen, Forderungen nach einer Korrektur wären nicht abzuweisen; so entstünde ein Druck auf die Bundesrepublik, die Löhne und Renten durch einen „Finanzausgleich" aufzubessern. Riesige Belastungen kämen so auf die öffentlichen Haushalte zu; erhebliche Steuererhöhungen wären unvermeidlich. Öffentliche Mittel würden für konsumtive Verwendungen gebunden, die bei der Finanzierung von Maßnahmen zur Verbesserung der Infrastruktur fehlen müssten.

3. ein für die DDR-Wirtschaft und ihren Arbeitsmarkt ruinöses Angebot:

Das Produktangebot in der DDR entspräche nicht den Wünschen der Menschen. Die Konsumenten würden verstärkt Konsumgüter in der Bundesrepublik oder im westlichen Ausland nachfragen. So flösse Kaufkraft aus der Wirtschaft der DDR ab. Ihre Unternehmen würden schlagartig einer internationalen Konkurrenz ausgeliefert, der sie gegenwärtig nicht gewachsen seien. Die Erträge der DDR-Unternehmen würden daher schrumpfen. Da sie ihre Produkte noch schwerer veräußern könnten, würden Produktivität und Produktion der Unternehmen sinken. Dies bliebe nicht ohne Rückwirkung auf die Einkommen und die Beschäftigung, die ebenfalls schrumpfen würden. Diese Effekte könnten nur vermieden werden, wenn die Unternehmen der DDR bereits an Konkurrenzfähigkeit gewonnen hätten. Die Maßnahmen der Währungspolitik müssten im Kontext mit der grundlegenden Reform des Wirtschaftssystems der DDR stehen. Ein Vorpreschen in der Währungspolitik halte der Sachverständigenrat für einen ungeeigneten Weg.[154]

Folgen der Marktwirtschaft für DDR

Vergegenwärtigen wir uns in einer Übersicht, was die Einführung einer Marktwirtschaft für die DDR bedeutete:

Elemente der Marktwirtschaft	Negativfolgen bei Einführung der markwirtschaftlichen Komponenten in der DDR
Stabile Währung durch Einführung der DM	• Fehlende Deckung durch Produktivität • Steigende Preise • Gefahr einer Inflation • Entspricht einer Aufwertung der DDR-Mark um 300% • Zusammenbruch der Absatzmärkte • Zusammenbruch der Wirtschaft • Arbeitslosigkeit
Wettbewerb auf dem freien Markt	• Konkurrenzkampf, der nicht zu gewinnen ist • Betriebe gehen unter bzw. werden von anderen aus dem Westen übernommen • Unmöglichkeit der Bildung von Eigentum • Angestellten- statt Eigentümergesellschaft • Scharfe Rationalisierung • Arbeitslosigkeit
Privatisierung der Staatsbetriebe; Rückerstattung enteigneten Eigentums	• Wer kauft was zu welchem Preis? • Wie wird die Privatisierung organisiert? • Kosten für Sanierung der Altlasten • Rechtsunsicherheit • Langwierige Rechtsstreite, die Neuaufbau verhindern

Währungs-, Wirtschafts- und Sozialunion 167

Auf der anderen Seite wuchs der Druck auf der Straße: Die Bürger der DDR wollten unverzüglich die Einführung der D-Mark – und zwar zum Kurs von 1:1, was ökonomisch unverantwortlich war. Ein DDR-Bürger machte seinem Unmut Luft:

Druck der Straße

„Sehr geehrter Herr de Maizière!
Die von Herrn Waigel, Haussmann und Co. vertretene Auffassung, unser Arbeitsergebnis sei nur die Hälfte wert und es sei eine Wohltat sowie recht und billig, die jetzigen (bereits sehr geringen) Löhne, Gehälter, Sparguthaben und Renten um 50 Prozent zu kürzen, stößt nicht nur bei den CDU-Wählern auf größten Widerstand. Sollte eine Abwertung des Ergebnisses unseres Lebensfleißes erfolgen, das z. B. in meinem Fall (ich bin 64 Jahre alt) zur Aufbesserung meiner ohnehin mageren Rente von 650,- M dienen sollte, betrachten wir dies schlechthin als Wahlbetrug. Als Beweis gelten die bei mir als ehemaliger Wahlhelfer der CDU vorliegenden diversen Wahlplakate, Zeitungen und Zeitungsartikel. [...] Wir können nur hoffen, dass diese Leute, die sich das Recht nehmen, in unsere Taschen zu fassen, von diesem Versuch freiwillig zurücktreten. Jedenfalls wird von den Politikern offensichtlich die Stimmung, die Lage in der DDR verkannt. Sollte der Beschluss der BRD-Banken in dieser 2:1 Abwertungsform Gesetzescharakter erhalten, ist das der Anfang des Umschlags in eine neue politische Qualität. Die enttäuschten Wähler der CDU werden sich künftig anderen Parteien zuwenden. Wir ewig Betrogenen haben die Nase voll."[155]

Helmut Kohl gab den politischen Argumenten den Vorrang gegenüber der wirtschaftlichen Vernunft und entschied sich für die Währungs-, Wirtschafts- und Sozialunion, die in einem Staatsvertrag ausgehandelt wurde.

Kohls Entscheidung

Er nannte dafür folgende Gründe:
- Politisch und ökonomisch ungewöhnliche Ereignisse und Herausforderungen in der DDR verlangen eine ungewöhnliche Antwort
- In einer politisch und wirtschaftlich normalen Situation wäre ein anderer Weg richtig: Zunächst schrittweise Reformen und Anpassungen, dann erst eine gemeinsame Währung
- Die krisenhafte Zuspitzung der Lage in der DDR macht mutige Antworten erforderlich
- Die Wirtschaftswissenschaftler berücksichtigen die politische Lage nur unzureichend
- Für langsame Reformen fehlt die Zeit
- Stufenpläne sind überholt
- Es muss ein klares Signal der Hoffnung und der Ermutigung für die Menschen in der DDR gegeben werden.

Die Konsequenzen dieser Entscheidung waren den Verhandlungsführern beim Vereinigungsvertrag klar. Wolfgang Schäuble schrieb dazu:

„Es war Lothar de Maizière genauso klar wie Tietmeyer [dem Leiter der bundesdeutschen Delegation bei den Verhandlungen über die Währungs- und Wirtschaftsunion] und mir, dass mit Einführung der Westwährung die DDR-Betriebe schlagartig nicht mehr konkurrenzfähig sein würden. Wir konnten uns auch ausmalen, in welch dramatischer Weise dieser Eingriff sichtbar würde."[156]

Die politische Notwendigkeit stand der ökonomischen entgegen. Zu fragen wäre hier, ob nicht eine andere Politik möglich gewesen wäre, die den ökonomischen Bedingungen Rechnung getragen hätte, oder ob mit der „politischen Notwendigkeit" nicht nur ein anderer politischer Wille bemäntelt wurde.

Inhaltliche Ergebnissicherung

Wirtschafts-, Währungs- und Sozialunion – Modalitäten		
Wirtschaft	Währung	Sozialunion
• Privateigentum • Wettbewerb • Gewerbefreiheit • Freier Verkehr von Waren, Kapital und Arbeit • Freie Preisbildung	• Einführung der DM • Bundesbank als alleinige Zentralbank • Umtauschkurs 1:1 für Löhne, Gehälter, Renten, Mieten, Pachten, Guthaben von Privatpersonen bis zu einer bestimmten Höchstgrenze • Für alles Übrige 2:1	• Rentenversicherung • Krankenversicherung • Arbeitslosenversicherung • Unfallversicherung • Sozialhilfe

Wirtschafts-, Währungs- und Sozialunion – Risiken		
Wirtschaft	Währung	Sozialunion
• DDR-Wirtschaft auf freiem Markt nicht konkurrenzfähig • Abfluss von Kaufkraft • Preissteigerungen • Firmenschließungen • Arbeitslosigkeit • Ausverkauf von Firmen und Betrieben	• Fehlende Deckung durch Produktivität: Inflationsgefahr • Drastische Preiserhöhungen • Zusammenbruch der Absatzmärkte in den finanzschwachen Ländern des Ostblocks	• Große finanzielle Belastung für BRD auf lange Sicht • Steuererhöhungen • Geldtransfer für Verwaltung und Konsum
Folgen: • Neue Mauer sozialer und wirtschaftlicher Unterschiede • „Ostalgie": „So schlecht war es doch nicht" – „Wir wurden über den Tisch gezogen"		

Legendenbildung

Die Folgen der Wirtschafts-, Währungs- und Sozialunion wurden bald sichtbar. Die Preise stiegen; die eigenen Produkte wurden nicht gekauft; die vorhandenen landeten im Müllcontainer. Westfirmen machten das Geschäft; die Ostfirmen gingen pleite und schickten ihre Arbeiter in die Arbeitslosigkeit. Am Ende stand eine neue wirtschaftliche und soziale Zweiteilung Deutschlands – eine neue, soziale „Mauer". Die gründlichen Analysen und Prognosen des Sachverständigenrates hatten sich bewahrheitet. Dennoch wurde der wirtschaftliche Ruin nun zur Grundlage einer Legendenbildung: Der sog. „Ostalgie". „So schlecht war's doch gar nicht in der DDR!" und „Die DDR wurde über den Tisch gezogen". Gewiss gab es im Rahmen der Privatisierung durch die Treuhand unglückliche und auch unredliche Geschäfte. Aber, wie der Sachverständigenrat analysiert hatte, lagen die wahren Gründe des wirtschaftlichen Zusammenbruchs im Versagen der sozialistischen Wirtschaft und in der ökonomisch verhängnisvollen Wirtschafts-, Währungs- und Sozialunion, die aber gerade von den Bürgern der DDR unbedingt und möglichst schnell gewollt wurde. Dies wurde durch die „Ostalgie" verdrängt.

Ein Blick auf die Statistik der Wirtschaftsdaten im alten und neuen Bundesgebiet zeigt die tatsächlichen Verhältnisse:

Wirtschaftsdaten 1995–1997

Wirtschaftsdaten im alten und neuen Bundesgebiet 1995–1997							
		Altes Bundesgebiet			Neues Bundesgebiet		
	Einheit	1995	1996	1997	1995	1996	1997
Erwerbstätigkeit							
Erwerbstätige	1000	31 924	31 878	32 112	8 159	8 108	8 164
Erwerbslose	1000	2 680	2 601	2 913	1 355	1 402	1 562
	%	8,39%	8,15%	9,07%	16,60%	17,29%	19,13%
BIP	Mrd.	3 049,8	3 112,3	3 202,6	393,0	411,2	421,4
BIP/Erwerbstätiger	DM	107 100	110 500	114 900	61 400	65 600	69 300
	€	54 923	56 667	58 923	31 487	33 641	35 538
% West	%				57,32%	59,36%	60,31%
Löhne und Gehälter	DM/€	4 240	4 320	4 360	3 210	3 310	3 370
	Monat	2 174	2 215	2 236	1 646	1 697	1 728
% Westlohn	%				75,70%	76,62%	77,29%
Verbraucherpreise	1991 = 100	112,5	114,1	116,1	132,7	135,6	138,4

Der Lohn lag deutlich über der Produktivität, was eine hohe und steigende Arbeitslosigkeit sowie einen starken Preisanstieg mit sich brachte. So wurden Subventionen notwendig, da die Löhne – entgegen aller Klagen über die „Benachteiligung" – zu hoch, d. h. höher als die tatsächliche Produktivität waren.

Wirtschaftsdaten 2008–2010

Wirtschaftsdaten im alten und neuen Bundesgebiet 2008–2010							
		Altes Bundesgebiet			Neues Bundesgebiet		
	Einheit	2008	2009	2010	2008	2009	2010
Erwerbstätigkeit							
Erwerbstätige	1000	34 499,6	34 520,7	34 699,6	5 776,3	5 750,3	5 783,3
Erwerbslose	1000	2 369	2 569	2 463	871	860	781
	%	6,4%	6,9%	6,6%	13,1%	13%	11,8%
BIP	Mrd. €	2 206,7	2 124,9	2 210,2	289,1	282,3	288,6
BIP/Erwerbstätiger	€	63 587,7	61 614,5	63 987,6	49 908,8	48 988,4	50 063,4
% West	%				78,49%	79,51%	78,24%
Löhne und Gehälter	€/ Monat	2 361	2 358,8	2 412,2	1 863	1 886,2	1 925,7
% Westlohn	%				78,9%	79,96%	79,83%
Verbraucherpreise	2005 = 100	106,5	106,8	107,9	106,9	107,3	108,5

Nun entsprechen sich Lohn und Produktivität. Die Arbeitslosigkeit ist zwar noch relativ hoch, aber gegenüber 1997 gesunken und durchgehend gefallen.

Es gibt keinen signifikant höheren Preisanstieg mehr, sodass – entgegen der allgemeinen politischen Forderung – keine Subventionen mehr nötig wären.

5.8 Der Beitritt der DDR zum Geltungsbereich des Grundgesetzes

Beitritt oder neue Verfassung

Nachdem die Wirtschafts-, Währungs- und Sozialunion seit dem 1. Juni 1990 in Kraft getreten war, war die politische Einheit der beiden deutschen Staaten nur noch eine Frage der Zeit. Es mussten die rechtlichen Modalitäten der Vereinigung sowohl national wie auch international geklärt werden. National stellte sich die Frage, ob anlässlich der Vereinigung der beiden Staaten eine neue Verfassung erarbeitet werden sollte oder ob die DDR einfach dem Geltungsbereich des Grundgesetzes beitreten sollte. Eine neue Verfassung hätte die Vereinigung zweier Staaten deutlich gemacht, ohne einen zu bevorzugen. Sie hätte die Chance geboten, Errungenschaften der DDR mit einzubauen wie z. B. ein Recht auf Arbeit. Das war die Position der DDR-Revolu-tionäre. Für eine Beibehaltung der BRD-Verfassung sprach auf der anderen Seite, dass sich die Verfassung der BRD bewährt hatte und staatsrechtlich bestehende Verträge der BRD nicht erneuert werden mussten. Das war die Haltung der BRD, die in überlegener Verhandlungsposition dem Gedanken einer neuen Verfassung keinen Raum gab. So trat am 3.10.1990 die DDR dem Geltungsbereich des Grundgesetzes bei. Damit war sie aus der Geschichte verschwunden und eine neue BRD entstanden. Sie feiert seitdem jährlich am 3.10. ihren Geburtstag, der zum neuen Nationalfeiertag wurde. Die symbolträchtigere und historisch interessantere Alternative des 9.11. fand keine Mehrheit, da sie mit der nationalsozialistischen Vergangenheit belastet war. Aber, so könnte man fragen, wäre diese Doppelheit von Licht und Schatten der deutschen Geschichte nicht angemessen gewesen?

5.9 Die internationale Dimension der Wiedervereinigung

Ablehnung der deutschen Einheit

Nicht ganz einfach war die internationale Zustimmung zur deutschen Einheit zu gewinnen. Die deutsche Einheit war europaweit nicht erwünscht. Alle Alliierten – außer den USA – und das restliche Europa verhielten sich skeptisch gegenüber einer Wiedervereinigung. Sie befürchteten eine neue Dominanz der Deutschen – vor allem auf wirtschaftlichem Gebiet, da Deutschland die stärkste Wirtschaftskraft im europäischen Raum war und ist. Eine der entschiedensten und offenen Gegnerinnen der deutschen Einheit war die britische Premierministerin Margaret Thatcher. Sie war nicht bereit, die Kriegsergebnisse in

Frage stellen zu lassen. Helmut Kohl gab ihre und Mitterands Ansichten zur Wiedervereinigung in seinen „Erinnerungen" wieder:

> „«England und Westeuropa haben kein Interesse an einer deutschen Wiedervereinigung. Es mag sein, dass in offiziellen Nato-Dokumenten etwas anderes geschrieben steht, aber das spielt ja keine Rolle. Wir wollen keine deutsche Wiedervereinigung. Sie würde eine Änderung der Nachkriegsgrenzen bedeuten – und das wollen wir nicht, weil sich dadurch die internationale Situation destabilisiert und unsere Sicherheit bedroht werden kann» [...]. Mitterrand unterstützte sie und erklärte, dass er für sichere Grenzen in Osteuropa sei. Er sehe die Wiedervereinigung als unmöglich an. «Niemals wird Gorbatschow ein vereinigtes Deutschland in der Nato akzeptieren», meinte der französische Staatspräsident. «Also machen wir uns keine Sorgen. Sagen wir, dass sie geschehen kann, wenn die Deutschen es wollen, im Bewusstsein, dass die zwei Großen uns davor bewahren.»"[157]

Frankreich und England verließen sich nach Kohls Angaben darauf, dass die USA und vor allem die Sowjetunion eine Wiedervereinigung verhindern werden. Gorbatschow und sein Außenminister Eduard Schewardnadse dachten aber – trotz eines lebensgefährlichen Widerstands im eigenen Land – anders. Valentin Falin, der ehemalige sowjetische Botschafter in Bonn und einer der entschiedenen Gegner der Wiedervereinigung, warf ihnen politischen Unverstand und außenpolitischen Dilettantismus vor, indem sie ohne Not die Errungenschaften des Zweiten Weltkriegs und die weltpolitische Rolle der Sowjetunion aufgäben. Aber welche Alternative hatte die UdSSR?

Rolle der Sowjetunion

> „Was unsere Nachgiebigkeit betrifft, so sollte [...] erwähnt werden, dass uns nicht allzu viele reale Varianten zur Verfügung standen. Genaugenommen waren es zwei. Die erstere bestand darin, im Rahmen der Zwei-plus-Vier-Gespräche und des gesamteuropäischen Prozesses eine Übereinkunft hinsichtlich der endgültigen völkerrechtlichen Regelung der äußeren Aspekte der deutschen Einheit zu erzielen, eine Übereinkunft, die den Interessen unserer Sicherheit und der Stabilität in Europa gerecht würde. Es erwies sich, dass eine solche Übereinkunft möglich war. Und die zweite Variante wäre gewesen, unsere 500 000 Mann starken Truppen in der DDR einzusetzen, um die Vereinigung zu blockieren. Was für Konsequenzen das gehabt hätte, kann man sich mühelos vorstellen. Wie ich mich übrigens später überzeugen konnte, konnten sich das nicht alle vorstellen. Was schlugen unsere Opponenten vor? [...] Die Panzermotoren anlassen? Aber damit wäre man schon am Rande eines Krieges gewesen. Ja – man wundere sich nicht, am Rande eines Dritten Weltkrieges. Bei einer derartigen Konzentration von Truppen und Waffen, wie sie in Mitteleuropa zu verzeichnen war, barg jede gewaltsame Konfrontation ein solches Risiko in sich. Ich möchte keinen Zweifel daran lassen, dass diese Schlussfolgerung auf einer überaus ernsten Analyse durchaus solider Ausgangswerte beruhte."[158]

Schewardnadse war bereit, auf die Ergebnisse des Zweiten Weltkriegs zu verzichten, da sie mit Gewalt errungen und nur mit Gewalt aufrecht zu erhalten waren. Gorbatschow seinerseits tat alles, um durch außenpolitische Erfolge einem Militärputsch gegen ihn vorzubeugen. Auch eine veränderte Rolle der NATO, die von einem militärischen Bündnis in ein politisches umgewandelt werden sollte, spielte bei diesem Nachgeben eine entscheidende Rolle.

Welche Haltung nahmen die USA ein? Der amerikanische Präsident Ronald Reagan forderte bei seinem Berlinbesuch 1987 Gorbatschow auf, die Mauer niederzureißen. Jedermann, der nicht hinter die Kulissen der Weltpolitik schauen konnte, hielt dies für eine verantwortungslose, theatralische Idee des

Rolle der USA

ehemaligen Filmschauspielers Ronald Reagan. Das war sie aber nicht, sondern offenbar das erste Lancieren dieser Idee in die Öffentlichkeit.

> „Am 2. und 3. Dezember 1989 trafen sich auf Initiative der USA George Bush sen. und Michail Gorbatschow auf der Insel Malta. Das Hauptthema des Treffens war die Wiedervereinigung Deutschlands. Wir und die anderen europäischen Alliierten waren gegen eine Beschleunigung der Angelegenheit, aber Bush hatte sich davon überzeugt, dass die Sowjetunion wegen der Wiedervereinigung Deutschlands keinen Krieg beginnen würde."[159]

Daraus geht hervor, dass die USA nicht nur nicht gegen eine Wiedervereinigung waren, wie England und Frankreich erhofften, sondern dass sie zu den Befürwortern gehörten, die noch nicht einmal das Tempo drosseln wollten. George H. W. Bush trat für eine schnelle Wiedervereinigung ein. Die USA waren international die treibende Kraft der deutschen Wiedervereinigung. Das dürfte Helmut Kohl sehr wohl gewusst haben und würde sein radikales Vorpreschen mit seinem Zehn-Punkte-Plan verständlich machen. Er vertraute auf eine absolute Rückendeckung der USA, in deren weltpolitischem Konzept die deutsche Wiedervereinigung ein wichtiger Baustein war. Ob dies allen damaligen Ak-teuren bewusst war, ist nicht sicher. Es gibt jedenfalls keinen nachweisbaren Hinweis darauf. Und nach Kohls oben zitierter Darstellung müsste man annehmen, dass Frankreich und England die politischen Pläne der beiden Supermächte nicht kannten.

Jalta und Malta Es scheint so, als ob das Ende des Kalten Kriegs, das auf Malta verkündet wurde, eine Angelegenheit der Supermächte war, in die sie sich von den Europäern nicht hineinreden lassen wollten. Malta wäre dann das Gegenstück zu Jalta, wo man ebenfalls über die Köpfe der Europäer hinweg sich über eine künftige Aufteilung der Welt einigte. Vernon A. Walters, der während der Wende amerikanischer Botschafter in Bonn war, überschrieb seine Aufzeichnungen mit dem spektakulären Titel „Die Vereinigung war voraussehbar." Damit machte er deutlich, dass nicht alle Beteiligten von der Wiedervereinigungsidee so überrascht waren, wie sie nach außen taten. Auch aus Schewardnadses Buch geht hervor, dass die sowjetische Führung sich deutlich vor 1989 mit der Frage der deutschen Wiedervereinigung befasste. Er berichtet, dass bereits 1986 mit dem deutschen Außenminister Hans-Dietrich Genscher über die deutsche Wiedervereinigung gesprochen wurde:

> „Das Thema der Wiedervereinigung Deutschlands wurde eigentlich am 21. Juli 1986 beim ersten Treffen von Genscher und Gorbatschow in Moskau angesprochen. Dabei war ich natürlich anwesend, und ich bin der Meinung, dass den Beginn eines neuen Abschnitts in den Beziehungen der Sowjetunion und Deutschlands gerade dieses Treffen ermöglichte."[160]

Und an anderer Stelle schreibt er zum Jahr 1989:

> „Als am 12. Juni 1989 Michail Gorbatschow mit seiner Ehefrau und ich zu den Verhandlungen in die Bundesrepublik Deutschland flogen, waren wir tatsächlich die Vertreter eines anderen Staates mit anderen Ansichten über Europa und Deutschland. Als ich zu Hans-Dietrich Genscher sagte: «Wahrscheinlich werden wir in der nächsten Zeit ein ausführliches Gespräch über die Zukunft des Kontinents führen. Auch die Berliner Mauer wird fallen, wenn die Zeit dafür reif sein wird», äußerte ich nicht nur meine persönliche Meinung, sondern auch die Position des Staates,

Internationale Dimension der Wiedervereinigung 173

abgesprochen mit der höchsten Führung. Ich hatte jedoch nicht erwartet, dass sich die Ereignisse so blitzschnell entwickelten."[161]

Auch Gorbatschow war die Idee einer deutschen Wiedervereinigung im Jahre 1986 nicht fremd; er soll damals ins Gästebuch von Schloss Cecilienhof geschrieben haben, dass er den Deutschen ihre baldige Wiedervereinigung wünsche. Ein Wunsch, der nach dem Willen der SED keineswegs an die Öffentlichkeit gelangen durfte.

Bei allem Einvernehmen über die Wiedervereinigung Deutschlands war seine Mitgliedschaft in einem der Militärblöcke doch noch ein ernstes Problem. Die USA, der Westen und Kohl traten uneingeschränkt für einen Verbleib in der NATO ein. Kohl geht in seinen „Erinnerungen" sogar so weit, zu behaupten, dass er eher auf die deutsche Einheit als auf die Mitgliedschaft in der NATO verzichtet hätte. Damit erwies er sich als legitimer Enkel Adenauers. In der Tat war es zunächst der Wunsch der UdSSR, dass Deutschland außerhalb der bestehenden Militärblöcke neutral bleiben sollte. Nach intensiven und raschen Verhandlungen mit den USA im Februar 1990 und der BRD im Juli 1990 im Kaukasus gab Gorbatschow aber dann seine Zustimmung zu einer NATO-Mitgliedschaft des vereinten Deutschlands. Nach Julij Kwizinski, dem vormaligen Außenminister und damaligen Botschafter in der BRD, spielte dabei der 20-Mrd.-Kredit an die UdSSR, von dem 5 Mrd. als Aufbauhilfe zur Rückführung der sowjetischen Truppen gedacht waren, eine ausschlaggebende Rolle.

<small>Bündniszugehörigkeit eines vereinigten Deutschlands</small>

Das Herauslösen der DDR aus dem Warschauer Pakt leitete sein Ende ein, denn weitere Staaten folgten diesem Schritt. Auch das Ende des Warschauer Paktes nahm die Sowjetunion in Kauf. Die USA wurden damit zur konkurrenzlosen Supermacht. Diese Perspektive erklärt hinreichend ihre Unterstützung, ja, ihr aktives Betreiben der deutschen Wiedervereinigung. Dieser Gedanke taucht, so weit mir bekannt, zwar in keinem einzigen Dokument auf und wird in keinem einzigen Gespräch erwähnt; aber anzunehmen, dass ihn die US-Politstrategen nicht gedacht haben sollten, wäre doch sehr naiv.

<small>USA alleinige Weltmacht</small>

Zwei-plus-Vier-Vertrag	
Inhalt	Bedeutung
• Deutschland = BRD + DDR + Berlin • Anerkennung der Oder-Neiße-Grenze • Verzicht auf ABC-Waffen • Beschränkung der Streitkräfte • Das vereinte Deutschland ist Teil der NATO • Keine NATO-Truppen auf ehemaliges DDR-Gebiet	• Ende der Rechte und Verantwortlichkeiten der vier Mächte, d. h. Deutschland ist wieder souverän • Militärisch ungefährliches Deutschland, da in Europa und NATO integriert

<small>Zwei-plus-Vier-Vertrag</small>

Die Modalitäten der Wiedervereinigung wurden im „Vertrag über die abschließende Regelung in Bezug auf Deutschland", dem sog. Zwei-plus-Vier-Vertrag, geregelt. Er war ein Staatsvertrag zwischen der Deutschen Demokratischen Republik und der Bundesrepublik Deutschland auf der einen sowie Frankreich, Großbritannien, den Vereinigten Staaten und der Sowjetunion auf der anderen Seite.

Bedeutung des Vertrags

Der Vertrag machte den Weg für die Wiedervereinigung Deutschlands frei. Er wurde am 12. September 1990 in Moskau unterzeichnet und trat am 15. März 1991, dem Tag der Hinterlegung der letzten Ratifikationsurkunde, mit einer offiziellen Zeremonie in Kraft. Er ersetzte einen Friedensvertrag, der nach dem Zweiten Weltkrieg hätte abgeschlossen werden müssen, aber nie abgeschlossen wurde. Um die Verhandlungen nicht unüberschaubar zu machen, hatte man die weiteren Kriegsteilnehmer nicht an den Verhandlungen beteiligt. Die Vertragsinhalte gelten aber auch für sie. Man nennt einen solchen Vertrag, dessen Rechtswirkungen sich auch auf dritte Staaten erstrecken, einen Statusvertrag. Mit ihm wurden alle bislang noch offenen Fragen bezüglich der europäischen Grenzen beantwortet und damit die Nachkriegszeit formell abgeschlossen.

Internationale Dimension der Wiedervereinigung	
Gegner	Befürworter
• England • Frankreich • Italien • Israel • Kleinere europäische Staaten	• Deutschland • USA
• Befürchtung einer neuen Dominanz der Deutschen	• Überwindung der unnatürlichen Teilung Deutschlands • Erringung einer konkurrenzlosen Weltmachtstellung der USA durch den Zusammenbruch des Warschauer Paktes

Die Wiedervereinigung Deutschlands überwand auch die Teilung Europas, indem sie zum militärischen und politischen Zusammenbruch des Ostblocks beitrug. Den USA stand nun kein vergleichbarer Gegner mehr gegenüber; sie wurden damit zur alleinigen Supermacht auf der Erdkugel.

Nachbemerkung zur Kompetenzbildung

Der grundlegende Aufbau der Wissensbasis der Sach- bzw. Orientierungskompetenz war mit Band 4 abgeschlossen. Daher waren in Band 5 keine Kompetenzschemata mehr anzuführen. Hier ging es darum, mögliche Anwendungsmöglichkeiten aufzuzeigen und dadurch die Kompetenz zu vertiefen und zu festigen. Das ist an den Stellen geschehen, die als „Kompetenzorientierte Urteilsbildung" in der Marginalie gekennzeichnet wurden. Dort haben wir gesehen, wie zentrale Kategorien der Neuzeit verwirklicht wurden, dass aber auch ein Rückfall in Machtdenken und in Interessenpolitik viele Möglichkeiten einer zeitgemäßen Politik- und Sozialgestaltung nicht hat Wirklichkeit werden lassen. Hier sind weiterhin Aufmerksamkeit und entsprechendes Handeln geboten.

Der Vorgang der Kompetenzbildung erreicht kein absolutes Ende, da eine Befähigung grundsätzlich immer weiter entwickelt werden kann. Wir haben hier eine Kompetenzbildung auf gymnasialem Schulniveau angestrebt. Der nächste Schritt wäre eine Kompetenzbildung auf fachwissenschaftlichem Niveau. Hierfür hat die FUER-Gruppe in ihrem Kompetenzmodell ausgezeichnete Graduierungsparameter entwickelt, auf die hier verwiesen sei. Wir haben sie in Band 1 unserer Reihe dargestellt.

Bezüglich der Kompetenzbildung in der Schule war mir wichtig, dass die Elemente der Kompetenzbildung klar und deutlich benannt werden. Das waren die kategorialen Begriffe der jeweiligen Domänen und die entsprechenden Niveaustufen, auf denen die Begriffe gehandhabt werden können. Mit diesen Festlegungen ist der Rahmen des schulischen Niveaus gezeichnet, innerhalb dessen sie sich bewegen. Nur durch eine klare Benennung dieser Elemente können sie entwickelt und reflektiert werden.

Für die Kompetenzbildung sind inhaltliche Kategorien wesentlich und unerlässlich, sie können und brauchen aber nicht orthodox und kanonmäßig festgelegt werden. Die Festlegungen haben eine gewisse Flexibilität und sind inhaltlich offen. Sie sind in erster Linie auf die Anforderungen der Orientierungskompetenz ausgerichtet, ergeben sich aber auch aus den Bedingungen des Unterrichts. Entscheidend für die Kompetenzbildung ist neben der inhaltlichen Bestimmung der Wissensbasis vor allem die regelmäßige und systematische Anwendung der kategorialen Begriffe, um historische Phänomen zu verstehen und zu beurteilen. Dazu wurde durch unser Modell mit den Domänen, den kategorialen Begriffen und den Niveaustufen eine Grundlage geschaffen, die sich in der Praxis des Schulalltags bewährt hat.

Eine besondere Leistung des Modells liegt in seinen Möglichkeiten des Fremdverstehens. Sie sind allerdings nicht ganz einfach anzuwenden, da man sich in Grundlagen der Erkenntnistheorie einarbeiten muss. Diese Schwierigkeit ist nicht zu vermeiden, wird allerdings durch das Ergebnis belohnt, das eine fremde Welt entdecken und verständlich werden lässt.

Anhang

Verzeichnis der benutzten Literatur

Quellen

Der Nationalsozialismus. Dokumente 1933–1945. Hrsg. und kommentiert von Walther Hofer. Frankfurt 1982

Deutsche Verfassungen. Hrsg. von Rudolf Schuster. München [12]1980

Die Vertreibung der deutschen Bevölkerung aus den Gebieten östlich der Oder-Neiße. Band I/1. Hrsg. vom Bundesministerium für Vertriebene, Flüchtlinge und Kriegsgeschädigte 1954–1961. Nachdruck München 2004

Geschichte in Quellen Band V: Das Bürgerliche Zeitalter 1815–1914. Hrsg. von Wolfgang Lautemann und Manfred Schlenke. Bearb. von Günter Schönbrunn. München 1980

Geschichte in Quellen Band VI: Weltkriege und Revolutionen. Hrsg. von Wolfgang Lautemann und Manfred Schlenke. Bearb. von Günter Schönbrunn. München 1961

Gorbatschow, Michail: Perestroika. Die zweite russische Revolution. München 1987 (1)

Gorbatschow, Michail: Erinnerungen. Berlin 1995 (2)

Handbuch des Geschichtsunterrichts Bd. V: Die Neueste Zeit 1850-1945. Hrsg. von Herbert Krieger. Frankfurt [4]1980

Handbuch des Geschichtsunterrichts Bd. VI/1: Die Welt seit 1945. Teil 1. Hrsg. von Herbert Krieger. Frankfurt 1983

Judt, Matthias (Hrsg.): DDR–Geschichte in Dokumenten. Bonn 1998

Kohl, Helmut: Erinnerungen 1982–1990. München 2005

Moltke, Helmuth James/Moltke, Freya: Abschiedsbriefe Gefängnis Tegel. München 2011

Münch, Ingo von (Hrsg.): Dokumente des geteilten Deutschland. Stuttgart [2]1976

Ott, Ulrich/Pfäfflin, Friedrich (Hrsg.): Protest! Literatur um 1968. Marbacher Kataloge 51. Marbach 1998

Scheidemann, Philipp: Memoiren eines Sozialdemokraten. Zweiter Band. Hamburg 2010

Schewardnadse, Eduard: Die Zukunft gehört der Freiheit. Reinbek 1991 (1)

Schewardnadse, Eduard: Als der Eiserne Vorhang zerriss. Duisburg 2007 (2)

Strauß, Franz-Josef: Die Erinnerungen. Berlin 1989

Fachliteratur

Badstübner, Evemarie (Hrsg.): Befremdlich anders. Leben in der DDR. 2. Aufl. Berlin 2000

Bittner, Regina: Kolonien des Eigensinns. Ethnographie einer ostdeutschen Industrieregion. Frankfurt/New York 1998.

Buchheim, Hans/Broszat, Martin/Jacobsen, Hans-Adolf/Krausnick, Helmut: Die Anatomie des SS-Staates. Bd. 1. Olten 1967

Dertz-Schröder, Monika/Staadt, Jochen (Hrsg.): „Teurer Genosse!" Briefe an Honecker. Berlin 1994

Fest, Joachim: Staatsstreich. Der lange Weg zum 20. Juli. Berlin 1994

Giesecke, Hermann: Hitlers Pädagogen. 2. überarb. Aufl. Weinheim/München 1999

Hoffmann, Peter: Widerstand, Staatsstreich, Attentat. Frankfurt ^{2}1970

Nawratil, Heinz: Schwarzbuch der Vertreibung. München ^{7}1999

Poliakov, Léon/Wulf, Joseph: Das Dritte Reich und die Juden. Frankfurt Berlin 1983

Scholl, Inge: Die Weiße Rose. Frankfurt 1982

Weber, Jürgen (Hrsg.): Geschichte der Bundesrepublik Deutschland. Analyse und Dokumentation. Band 1. Paderborn 1979

Weber, Jürgen (Hrsg.): Geschichte der Bundesrepublik Deutschland. Analyse und Dokumentation. Band 4. Paderborn 1987

Weizsäcker, Richard von: Vier Zeiten. Berlin 1997

Wisnewski, Gerhard/Landgraeber, Wolfgang/Sieker, Ekkehard: Das RAF-Phantom. München 1997

Fachdidaktische Literatur

Grosche, Heinz: Der Nationalsozialismus und der Zweite Weltkrieg. Frankfurt 11. Auflage 1977

Heil, Werner: Vorantike und Antike Welt. Reihe „Geschichte im Unterricht" Bd. 2. Stuttgart 2011 (1)

Heil, Werner: Welt des Mittelalters und der Frühen Neuzeit. Reihe „Geschichte im Unterricht" Bd. 3. Stuttgart 2012 (2)

Heil, Werner: Neuzeit. Reihe „Geschichte im Unterricht" Bd. 4. Stuttgart 2013 (3)

Hoffmann, Joachim: Die großen Krisen 1917–1933. Frankfurt ^{6}1975

Maier, Gerhart: Die Wende in der DDR. Bundeszentrale für politische Bildung. Bonn ^{2}1991

Schulbücher

Schmid, Heinz Dieter: Fragen an die Geschichte Bd. 4, Frankfurt 1979

Anmerkungen

[1] Wir bezeichnen die großen Strukturbereiche der Geschichte als Domänen, insofern die zu diesen Bereichen gehörenden Begriffe die Wissensbasis der Kompetenz darstellen. Eine solche Wissensbasis bildet in der Lerntheorie eine Domäne.

[2] Handbuch Geschichtsunterricht Bd. V, S. 168f.

[3] Handbuch Geschichtsunterricht Bd. V, S. 174

[4] Nach C. Böhret u.a.: Innenpolitik und politische Theorie. Opladen 1979, S. 431

[5] Handbuch Geschichtsunterricht Bd. V, S. 183f.

[6] Handbuch Geschichtsunterricht Bd. V, S. 183f.

[7] Handbuch Geschichtsunterricht Bd. V, S. 183f.

[8] Handbuch Geschichtsunterricht Bd. V, S. 184

[9] Handbuch Geschichtsunterricht Bd. V, S. 197

[10] Handbuch Geschichtsunterricht Bd. V, S. 198

[11] Handbuch Geschichtsunterricht Bd. V, S. 198

[12] Scheidemann, S. 159

[13] Nach Verhandlungen des Reichstags, Bd. 361, S. 11933–11943

[14] Handbuch Geschichtsunterricht Bd. V, S. 205

[15] Vgl. Heil (3), S. 161ff.

[16] James Garvin: Observer-Artikel vom 11.5.1919.

[17] Stresemann am 28. Januar 1927 vor der Reichszentrale für Heimatdienst

[18] Hoffmann, Joachim, S. 80f.

[19] Hoffmann, Joachim, S. 83

[20] Hoffmann, Joachim, S. 83

[21] Handbuch Geschichtsunterricht Bd. V, S. 207f.

[22] Handbuch Geschichtsunterricht Bd. V, S. 208f.

[23] Handbuch Geschichtsunterricht Bd. V, S. 208f.

[24] R.H. Bruce Lockhart: Als Diplomat, Bankmann und Journalist im Nachkriegseuropa. Stuttgart/Berlin 1935, S.404

[25] Heil (1), S. 185

[26] Hoffmann, Joachim, S. 121

[27] Grosche, S. 1

[28] Grosche, S. 3

[29] Grosche, S. 4

[30] Handbuch Geschichtsunterricht Bd. V, S. 246

[31] Schmid, S. 47

[32] Schmid, S. 47

[33] Handbuch Geschichtsunterricht Bd. V, S. 252

[34] Handbuch Geschichtsunterricht Bd. V, S. 252

[35] Handbuch Geschichtsunterricht Bd. V, S. 253

[36] Handbuch Geschichtsunterricht Bd. V, S. 254

[37] Siehe S. 91f.

[38] Schmid, S. 48

[39] Schmid, S. 48

[40] Transskript eines Tondokuments zum Nationalsozialismus

[41] Handbuch Geschichtsunterricht Bd. V, S. 262
[42] Transskript eines Tondokuments zum Nationalsozialismus
[43] Das Gedicht stammt aus dem Gedichtband von Gerhard Schumann: Bewährung. München 1940, S. 24
[44] Robert Ley am 10. Februar 1937
[45] Handbuch Geschichtsunterricht Bd. V, S. 255
[46] Handbuch Geschichtsunterricht Bd. V, S. 254f.
[47] Handbuch Geschichtsunterricht Bd. V, S. 255
[48] Handbuch Geschichtsunterricht Bd. V, S. 254
[49] Zit. nach Giesecke, S. 24
[50] Hitler: Mein Kampf. Ausgabe 1936, S. 474f.
[51] Buchheim, S. 231f.
[52] Kurt G. W. Luedecke: I knew Hitler. London 1938
[53] Hermann Rauschning: Gespräche mit Hitler. 1940, S. 198f.
[54] Hitler: Mein Kampf. Zit. nach Hofer, S. 20
[55] Ernest Renan: Histoire Générale. Paris 1855. Dt. Zitat nach Seminarmaterialien Stuttgart.
[56] Eugen Dühring: Die Judenfrage. Berlin 1881, S. 158
[57] Authentischer Bericht; nach Tocha, Geschichtsdidaktik Heft 3, 1979, S. 215
[58] Zit. nach Günter Brakelmann: Evangelische Kirche und Judenverfolgung. Drei Einblicke. 2001 S. 47f.
[59] Aus dem Wannsee-Protokoll. Zit. nach NS-Archiv online. Auch bei Poliakov, S. 116ff.
[60] Hofer, S. 305
[61] Schmid, S. 60
[62] Inge Gleichauf: Hannah Arendt. München 2000, S. 99f.
[63] Handbuch Geschichtsunterricht Bd. IV, S. 214
[64] Schmid, S. 62
[65] Schmid, S. 63
[66] Handbuch Geschichtsunterricht Bd. V, S. 294
[67] Handbuch Geschichtsunterricht Bd. V, S. 293
[68] Handbuch Geschichtsunterricht Bd. V, S. 294
[69] Schmid, S. 65
[70] Schmid, S. 65
[71] Schmid, S. 65
[72] Schmid, S. 69
[73] Schmid, S. 69
[74] Handbuch Geschichtsunterricht Bd. V, S. 317f.
[75] Hofer, S. 342
[76] Schmid, S. 71
[77] Grosche, S. 64f.
[78] Grosche, S. 65
[79] Grosche, S. 65
[80] Grosche, S. 69
[81] Vgl. Heil (1), S. 176
[82] Heinrich Himmler: Posener Rede vom 4.10.1943

[83] Scholl, S. 96ff.
[84] Hofer, S. 339f.
[85] Hofer, S. 334
[86] Moltke, S. 473f.
[87] Hofer, S. 343
[88] Hoffmann, Peter, S. 329ff.
[89] Hofer, S. 349
[90] Heil (2), S. 134f.
[91] Fest, S. 298
[92] v. Weizsäcker, S. 131f.; Zitate bei Weizsäcker im englischen Original.
[93] Fichte, Johann Gottlieb: Schriften zur Wissenschaftslehre. Werke I. Frankfurt 1997, S. 116
[94] Fichte: Reden an die deutsche Nation. In: Fichte, Johann Gottlieb: Schriften zur angewandten Philosophie. Werke II. Frankfurt 1997, S. 659f.
[95] Vertreibung, S. 350f.
[96] H. E. Jahn, Pommersche Passion. Preetz/Holstein 1964, S. 196 ff.
[97] Bericht von Else Zabel, Hopfengarten, Kreis Bromberg. Zit. nach Nawratil, S. 46f.
[98] Zit. nach Nawratil, S. 49
[99] Nach Weber Band 1, S. 49
[100] Hans Mayer: Rede zum Nürnberger Prozess am 2.10.1946. Zit. nach Weber, S. 56
[101] Weber Band 1, S. 56
[102] Ch. Buchheim: Die Währungsreform 1948 in Westdeutschland; in: Vierteljahrshefte für Zeitgeschichte 1988/2, S. 210
[103] Zit. nach Der Parlamentarische Rat 1948–49. Akten und Protokolle Bd. 1. Hrsg. v. J. V. Wagner. Boppard 1975, S. 143f.
[104] Verfassungen, S. 137
[105] Verfassungen, S. 137f.
[106] Vgl. Heil (3), S. 25ff.
[107] Beide Artikel nach Verfassungen, S. 143
[108] Vgl. Heil (2), S. 134f.
[109] Wolfgang Leonhard: Die Revolution entlässt ihre Kinder, Frankfurt/Berlin 1984, S. 315f.
[110] Vgl. Heil (3), S. 25ff.
[111] Zit. nach H. Schütze: Volksdemokratie. 1964, S. 33
[112] SMAD-Befehl. Zit. nach R. Maerker: Es endete im Admiralspalast. 1963, S. 13
[113] Verfassungen, S. 189
[114] Verfassungen, S. 190
[115] Verfassungen, S. 191
[116] Münch, S. 227
[117] Weber Band 4, S. 77
[118] Weber Band 4, S. 138f.
[119] Zitat aus dem Vertragstext, Handbuch Geschichtsunterricht Bd. VI/1, S. 265
[120] Weber Band 4, S. 222
[121] Seminarmaterialien Stuttgart 2012; Vgl. Handbuch Geschichtsunterricht VI/1, S. 298ff.
[122] Strauß, S. 205
[123] Bert Brecht: Gesammelte Werke Bd. 10. Frankfurt 1967, S. 1009f.

[124] Seminarmaterialien Stuttgart 2012; Vgl. Handbuch Geschichtsunterricht VI/1, S. 382
[125] Zit. nach Deutsche Geschichte in Dokumenten und Bildern Online-Portal
[126] Zit. nach Wikipedia Artikel Mauerbau 1961
[127] Bittner, S. 54
[128] Aus: Zahlenspiegel. Bonn 1986
[129] Badstübner, S. 379
[130] Dertz-Schröder/Staadt, S. 74 f.)
[131] Vgl. dazu Informationen zur politischen Bildung Heft 270: Deutschland in den 70er und 80er Jahren. Insbesondere Günther Heydemann zu Gesellschaft und Alltag in der DDR.
[132] Nach Heydemann: Gesellschaft und Alltag in der DDR. In: Informationen zur politischen Bildung Heft 270: Deutschland in den 70er und 80er Jahren. Online-Ausgabe.
[133] Heydemann: Gesellschaft und Alltag in der DDR. In: Informationen zur politischen Bildung Heft 270: Deutschland in den 70er und 80er Jahren. Online-Ausgabe.
[134] Judt, S. 215
[135] Peter Schneider: Ansprachen. Berlin 1970, S. 1ff
[136] Karl Jaspers: Wohin treibt die Bundesrepublik. München 1966, S. 146f.
[137] Vgl. Heil (3), S. 108ff.
[138] Ott, S. 43
[139] C. Kleßmann/G. Wagner: Das gespaltene Land, München 1993, S. 294 f.
[140] Wisnewski, S. 305f.
[141] Aus der Regierungserklärung Willy Brandts am 28. Oktober 1969
[142] Archiv der Gegenwart, 15.7.1963, S. 10700f.
[143] Vgl. Heil (3), S. 39
[144] Beide Zitate Gorbatschow (1), S. 39f.
[145] Gorbatschow (1), S. 17ff.
[146] Gorbatschow (2), S. 935
[147] Angaben nach Ifo-Schnelldienst 7/90 vom 8.3.1990
[148] Maier, S. 80
[149] Wir sind das Volk. Aufbruch '89. Teil 1. Halle 1989, S. 36 ff.
[150] Transskript der Fernsehübertragung
[151] DDR-Journal zur Novemberrevolution. Hrsg.: taz. Berlin [West] 1989, S. 154
[152] Zit. nach Maier, S. 50f.
[153] Zit. nach Maier, S. 67
[154] Brief des Sachverständigenrates vom 9. Februar 1990 an den Bundeskanzler. In: Deutscher Bundestag, Drucksache 11/8472. Bonn 1990, S. 306-308
[155] Wolfgang Sternke, Berlin, in Berliner Zeitung, Berlin [Ost], vom 6.4.1990
[156] Wolfgang Schäuble: Der Vertrag. Wie ich über die deutsche Einheit verhandelte. Stuttgart 1991, S. 99
[157] Kohl, S. 957f.
[158] Schewardnadse (1), S. 238f.
[159] Schewardnadse (2), S. 140f.
[160] Schewardnadse (2), S. 134
[161] Schewardnadse (2), S. 139

Werner Heil

**Kompetenz-
orientierter
Geschichtsunterricht**

*2. vollständig überarbeitete
Auflage 2012
156 Seiten, 66 Abb. Kart. € 19,90
ISBN 978-3-17-022254-0*

Geschichte im Unterricht, Band 1

Kompetenzorientierter Unterricht ist seit dem PISA-Schock in aller Munde. Unbestritten ist dabei, dass sich auch der Geschichtsunterricht wandeln muss. Unterrichtsziel ist heute ein selbstständiger, reflektierter Umgang mit Geschichte, der nachhaltiges Lernen und Verstehen ermöglicht. Dieser Band gibt einen grundlegenden Überblick über die bestehenden Kompetenzmodelle, untersucht ihre Stärken und Schwächen und entwickelt vor diesem Hintergrund ein eigenes Kompetenzentwicklungsmodell, das mit zahlreichen praxisrelevanten Beispielen anschaulich erläutert wird. Praxisnah wird die Grundlage eines modernen kompetenzorientierten Geschichtsunterrichts gelegt; Studierende, Referendare sowie Lehrer erhalten so umsetzbare Hilfestellungen für eine neue Vermittlung von Geschichte. Die zweite Auflage des Bandes wurde vollständig überarbeitet und grundlegend erweitert.

▶ www.kohlhammer.de

W. Kohlhammer GmbH · 70549 Stuttgart
Tel. 0711/7863 - 7280 · Fax 0711/7863 - 8430 · vertrieb@kohlhammer.de

Werner Heil

Vorantike und Antike Welt

2012. 164 Seiten. Kart. € 19,90
ISBN 978-3-17-021229-9

Geschichte im Unterricht, Band 2

Die Steinzeit, die frühen Hochkulturen und die Alte Welt der Griechen und Römer stehen im Mittelpunkt dieses zweiten Bandes des kompetenzorientierten Geschichtsunterrichts. Die Vermittlung von Inhalt und der Aufbau von Kompetenz und Kompetenzen stellen höchste Ansprüche an die Lehrenden und Lernenden. Eine große Schwierigkeit bereitet das Verständnis der anderen Denkweisen und Welterfahrungen. Ihnen wird auf der Basis des Konstruktivismus' besondere Aufmerksamkeit gewidmet. Strukturskizzen visualisieren die Gliederung und den Aufbau des Unterrichts; inhaltliche und kompetenzorientierte Ergebnissicherungen halten den Ertrag der Stunden und der Einheiten fest. Vorschläge zur Selbstevaluation und andere didaktischen Methoden zeigen, wie moderner Geschichtsunterricht die Steinzeit, die frühen Hochkulturen und die Antike Welt optimal vermitteln kann und welche didaktischen Methoden den Lernprozess begleiten und unterstützen. Besondere, die Epoche kennzeichnende Inhalte, werden ausgewählt und miteinander verknüpft und entsprechend aufbereitet. Das Buch bettet den Lehrstoff didaktisch in das Kompetenzentwicklungsmodell ein und zeigt so anschaulich, wie moderner, kompetenzorientierter Geschichtsunterricht aussehen kann.

W. Kohlhammer GmbH · 70549 Stuttgart
Tel. 0711/7863 - 7280 · Fax 0711/7863 - 8430 · vertrieb@kohlhammer.de

Werner Heil

Welt des Mittelalters und der Frühen Neuzeit

2012. 164 Seiten. Kart. € 19,90
ISBN 978-3-17-021634-1

Geschichte im Unterricht, Band 3

Werner Heil

Neuzeit

2013. 176 Seiten. Kart. € 24,90
ISBN 978-3-17-022144-4

Geschichte im Unterricht, Band 4

▶ www.kohlhammer.de

W. Kohlhammer GmbH · 70549 Stuttgart
Tel. 0711/7863 - 7280 · Fax 0711/7863 - 8430 · vertrieb@kohlhammer.de